不一樣的中國史 5

楊照——著

從清議到清談，門第至上的時代

東漢、魏晉

|序|

中國史是臺灣史的重要部分

歷史知識建立在兩項基本信念上，第一是相信人類的事物都是有來歷的，沒有什麼是天上掉下來或奇蹟所創造的；第二則是相信弄清楚事物的來歷很重要，大有助於我們分析理解現實，看清楚現實的種種糾結，進而對於未來變化能夠有所掌握，做出智慧、準確的決定。

歷史教育要有意義、有效果，必須回歸到這兩種信念來予以檢驗，看看是否能讓孩子體會、掌握歷史知識的作用。

不管當下現實的政治態度是什麼，站在歷史知識的立場上，沒有人能否認臺灣是有來歷的，不可能是開天闢地就存在，也不可能是什麼神力所創造的。因而歷史教育最根本該教的，就是「臺灣怎麼來的」。

要回答「臺灣怎麼來的」，必定預設了臺灣有其特殊性，和其他地方、其他國家不一樣，所以才需要從時間上溯源去找出之所以不一樣的理由。臺灣為什麼會有不一樣的文化？為什麼會有不一樣的社會？為什麼會有這樣的政治制度與政治狀態？為什麼會和其他國家產生不同的關係？……

所謂以臺灣為本位的歷史教育，就是認真地、好好地回答這幾個彼此交錯纏結的大問題。那麼歷史教育的內容好不好，也就可以明確地用是否能引導孩子思考、解答這些問題來評斷了。

過去將臺灣歷史放在中國歷史裡，作為中國歷史一部分的結構，從這個標準上看，有著明白而嚴重的缺失，那就是忽略了臺灣複雜的形成過程，特殊的地理位置使得臺灣從十七世紀就在東亞海域衝突爭奪中有了角色，中國之外的各種力量長期影響了臺灣。只從中國的角度，不看來自荷蘭、日本、美國等政治與文化作用，絕對不可能弄清楚臺灣的來歷。

但是，過去的錯誤不能用相反的方式來矯正。臺灣歷史不應該是中國歷史的一部分，然而中國歷史卻仍然是臺灣歷史非常重要的一部分。關鍵重點在調整如此的全體與部分關係，確認不該將臺灣史視為中國史的一部分，而該翻轉過來將中國史視為構成及解釋臺灣史的一部分。這樣調整之後，再來衡量中國史在如此新架構中該有的地位與分量。

不只是臺灣的社會與文化，從語言文字到親族組織原則到基本價值信念，和中國歷史有著太深、太緊密的連結；就連現實的政治與國際關係，去除了中國歷史變化因素，就無法理解了。硬是要降低中國歷史所占的比例分量，降低到一定程度，歷史就失去了解釋來歷和分析現實的基本作用了。

從歷史上必須被正視的事實是：中國文化的核心是歷史，保存歷史、重視歷史、訴諸歷史是中國最明顯、最特殊的文化性格。因而中國文化對臺灣產生過的影響作用，非得回到中國歷史上才能看得明白。

不理解中國史，拿掉了這部分，就不是完整的臺灣史。東亞史的多元結構無法提供關於臺灣來歷的根本說明，諸如：臺灣人所使用的語言文字、所信奉的宗教與遵行的儀式、內在的價值判斷優先順序、對於自我身分角色選擇認定的方式、意識深層模仿學習的角色模式……

歷史教育需要的是更符合臺灣特殊性的多元知識，但這多元仍需依照歷史事實分配比例，一味相信降低中國史比例就是對的，違背了歷史事實，也違背了歷史知識的根本標準。

目次 contents

第三講

漢代的社會運作與社會風氣

第四講

漢代的食衣住行

第五講

漢末亂局與民間宗教

第六講

《三國志》與《三國演義》

第七講

土地秩序與群雄割據

第八講 《論衡》的奇言怪論與魏晉清談

第九講 魏晉新文化的形成

第十講

原始佛教與早期格義

「重新認識」中國歷史

1

錢穆（賓四）先生自學出身，沒有學歷，沒有師承，很長一段時間在小學教書，然而他認真閱讀並整理了古書中幾乎所有春秋、戰國的相關史料，寫成了《先秦諸子繫年》一書。之所以寫這樣一本考據大書，很重要的刺激來自於名譟一時的《古史辨》，錢穆認為以顧頡剛為首的這群學者，「疑古太過」，帶著先入為主的有色眼光看中國古代史料，處處尋覓偽造作假的痕跡，沒有平心靜氣、盡量客觀地做好查考比對文獻的基本工夫。工夫中的工夫，基本中的基本，是弄清楚這些被他們拿來「疑古辨偽」的材料究竟形成於什麼時代。他們不願做、不能做，以至於許多推論必定流於意氣、草率，於是錢穆便以一己之力從根做起，竟然將大部分史料精確排比到可以

「編年」的程度。

很明顯地，《先秦諸子繫年》的成就直接打擊《古史辨》的可信度。當時任職燕京大學，在中國學術界意氣風發、引領風騷的顧頡剛讀了《先秦諸子繫年》，立刻理解體會了錢穆的用意。他的反應是什麼？他立刻推薦錢穆到廣州中山大學教書，也邀請錢穆為《燕京學報》寫稿。中山大學錢穆沒有去，倒是替《燕京學報》寫了〈劉向歆父子年譜〉，錢穆自己說：「此文不啻特與頡剛諍議，頡剛不介意，既刊余文，又特推薦余在燕京任教。」

這是個「民國傳奇」。裡面牽涉到那個時代學者對於知識學問的熱情執著，也牽涉到那個時代學者的真誠風範，還牽涉到那個時代學院重視學識高於重視學歷的開放氣氛。沒有學歷的錢穆在那樣的環境中，單純靠學問折服了潛在的論敵，因而得以進入當時的最高學府任教。

這傳奇還有後續。錢穆後來從燕京大學轉往北京大學，「中國通史」是當時政府規定的大學歷史系必修課，北大歷史系慣常的做法，是讓系裡每個老師輪流排課，將自己所擅長的時代或領域，濃縮在幾堂課中教授，用這種方式來構成「中國通史」課程。換句話說，大家理所當然認為「中國通史」就是由古至今不同斷代的中國歷史接續起來，頂多再加上一些跨時代的專史。

可是被派去「中國通史」課堂負責秦漢一段歷史的錢穆，不同意這項做法。他公開地對學生表達了質疑：不知道前面的老師說了什麼，也不知道後面的老師要說什麼，每個老師來給學生片片斷斷的知識，怎麼可能讓學生獲得貫通的中國史理解？學生被錢穆的質疑說服了，也是那個時代的精神，學生認為既然不合理就該要求改，系裡也同意既然批評反對得有道理就該改。

怎麼改？那就將「中國通史」整合起來，上學期由錢穆教，下學期則由系裡的中古史大學者陳寅恪教。這樣很好吧？問了錢穆，錢穆卻說不好，而且明白表示，他希望自己一個人教，而且有把握可以自己一個人教！

這是何等狂傲的態度？本來只是個小學教員，靠顧頡剛提拔才破格進到北大歷史系任職的錢穆，竟然敢排擠數不清精通多少種語言、已是中古史權威的大學者陳寅恪，自己一人獨攬教「中國通史」的工作。他憑什麼？他有資格嗎？

至少那個年代的北大歷史系覺得錢穆有資格，就依從他的意思，讓他自己一個人教「中國通史」。錢穆累積了在北大教「中國通史」的經驗，後來抗戰中隨「西南聯大」避居昆明時，埋首寫出了經典史著《國史大綱》。

2

由《國史大綱》的內容及寫法回推，我們可以明白錢穆堅持一個人教「中國通史」，以及北大歷史系接受讓他教的理由。那不是他的狂傲，毋寧是他對於什麼是「通史」，提出了當時系裡其他人沒想到的深刻認識。

用原來的方式教的，是「簡化版中國史」，不是「中國通史」。「中國通史」的關鍵，當然是在「通」字，而這個「通」字顯然來自太史公司馬遷的「通古今之變」。司馬遷的《史記》包納了上下兩千年的時代，如此漫長的時間中發生過那麼多的事，對於一個史家最大的挑戰，不在如何蒐集兩千年留下來的種種資料，而在如何從龐大的資料中進行有意義的選擇，從中間選擇什麼，又放棄什麼。

關鍵在於「有意義」。只是將所有材料排比出來，呈現的勢必是偶然的混亂。許多發生過的事，不巧沒有留下記錄資料；留下記錄資料可供後世考索了解的，往往瑣碎零散。更重要的，這些偶然記錄下來的人與事，彼此間有什麼關聯呢？如果記錄是偶然的，人與人、事與事之間也沒有什麼關聯，那麼知道過去發生了什麼事要做什麼？

史家的根本職責就在有意識地進行選擇，並且排比、串聯所選擇的史料。最簡單、最基本的串聯是因果解釋，從過去發生的事情中去挖掘、去探索「因為／所以」：前面有了這樣的現象，以至於後來有了那樣的發展；前面做了這樣的決定，導致後來有了那樣的結果。排出「因為／所以」來，歷史就不再是一堆混亂的現象與事件，人們閱讀歷史也就能夠藉此理解時間變化的法則，學習自然或人事因果的規律。

「通古今之變」，也就是要從規模上將歷史的因果解釋放到最大。之所以需要像《史記》那樣從文明初始寫到當今現實，正因為這是人類經驗的最大值，也就提供了從過往經驗中尋索出意義與智慧的最大可能性。我們能從古往今來的漫長時間中，找出什麼樣的貫通原則或普遍主題呢？還是從消化漫長時間中的種種記錄，我們得以回答什麼只有放進歷史裡才能回答的關鍵大問題呢？

這是司馬遷最早提出的「通古今之變」理想，這應該也是錢穆先生堅持一個人從頭到尾教「中國通史」的根本精神價值來源。「通史」之「通」，在於建立起一個有意義的觀點，幫助學生、讀者從中國歷史中看出一些特殊的貫通變化。這是眾多可能觀點的其中一個，藉由歷史的敘述與分析能夠盡量表達清楚，因而也必然是「一家之言」。不一樣的人研究歷史會看到、凸顯不同的重點，提出不同的解釋。如果是因不同時代、不同主題就換不同人從不同觀點來講，那麼追求一貫「通古今之變」的理想與精神就無處著落了。

3

這也是我明顯自不量力一個人講述、寫作一部中國歷史的勇氣來源。我要說的，是我所見到的中國歷史，從接近無窮多的歷史材料中，有意識、有原則地選擇出其中的一部分，講述如何認識中國歷史的一個故事。我說的，只是眾多中國歷史可能說法中的一個，有我如此訴說、如此建立「通古今之變」因果模式的道理。

這道理一言以蔽之，是「重新認識」。意思是我自覺針對已經有過中國歷史一定認識的讀者，透過學校教育、普遍閱讀甚至大眾傳媒，有了對中國歷史的一些基本常識、一些刻板印象。

我試圖要做的，是邀請這樣的讀者來「重新認識」中國歷史，來檢驗一下你以為的中國歷史，和事實史料及史學研究所呈現的，中間有多大的差距。

也就是在選擇中國史敘述重點時，我會優先考慮那些史料或史學研究上相當扎實可信，卻和一般常識、刻板印象不相合甚至相違背的部分。這個立場所根據的，是過去百年來，「新史學」、西方史學諸方法被引進運用在研究中國歷史所累積的豐富成果。但很奇怪的，也很不幸的，這些精采、有趣、突破性的歷史知識與看法，卻遲遲沒有進入教育體系，沒有進入一般人的歷史常識中，以至於活在二十一世紀的大部分人對中國歷史的認識，竟然都還依循著一百多年前流通的傳統說法。「重新認識」的一個目的，就是用這些新發現、新研究成果，來修正、挑戰、取代傳統舊說法。

「重新認識」的另一個目的，是回到「為什麼學歷史」的態度問題上，提供不同的思考。學歷史到底在學什麼？是學一大堆人名、地名、年代，背誦下來在考試時答題用？這樣的歷史知識，一來根本隨時在網路上都能查得到，二來和我們的現實生活有什麼關聯？不然，是學用現代想法改編的古裝歷史故事、歷史戲劇嗎？這樣的歷史，固然有現實連結，方便我們投射感情入戲，然而對於我們了解過去、體會不同時代的特殊性，有什麼幫助呢？

在這套書中，我的一貫信念是，學歷史最重要的不是學 What ——歷史上發生了什麼，而是更要探究 How and Why ——去了解這些事是如何發生的、為什麼會發生。沒有 What 當然無從解釋 How and Why，歷史不可能離開事實敘述只存在理論；然而歷史也不可以、不應該只停留在事實敘述上。只敘述事實，不解釋如何與為什麼，無論將事實說得再怎麼生動，畢竟無助於我們從歷史而認識人的行為多樣性，以及個體或集體的行為邏輯。

藉由訴說漫長的中國歷史，藉由同時探究歷史中的如何與為什麼，我希望一方面能幫助讀者梳理、思考今日當下這個文明、這個社會是如何形成的；另一方面能讓讀者確切感受到中國文明內在的多元樣貌。在時間之流裡，中國絕對不是單一不變的一塊，中國人、中國社會、中國文明曾經有過太多不一樣的變化。這些歷史上曾經存在的種種變貌，總和加起來才是中國。在沒有如實認識中國歷史的豐富變化之前，讓我們先別將任何關於中國的看法或說法視為理所當然。

4

這是一套一邊說中國歷史，一邊解釋歷史知識如何可能的書。我的用心是希望讀者不要只是被動地接受這些訊息，當作是斬釘截鐵的事實；而是能夠在閱讀中主動地參與，去好奇、去思考：我們怎麼能知道過去發生了什麼，又如何去評斷該相信什麼、懷疑什麼？歷史知識的來歷常常和歷史本身同樣曲折複雜，甚至更加曲折複雜。

這套書一共分成十三冊，能夠成書最主要是有「敏隆講堂」和「趨勢講堂」，讓我能夠兩度完整地講授中國通史課程，每一次的課程都前後橫跨五個年頭。換句話說，從二〇〇七年第一講開講算起，花了超過十年時間。十年備課、授課的過程中，大部分時間用於消化各式各樣的論文、專書，也就是關於中國歷史的研究，並努力吸收這些研究的發現與論點，盡量有機地編組進我的歷史敘述與討論中。明白地說，我將自己的角色設定為一個勤勞、忠實、不輕信、不妥協的二手研究整合者，而不是進入原始一手材料提出獨特成果的人。也只有放棄自己的原創研究衝動，虛心地站在前輩及同輩學者的龐大學術基礎上，才有可能處理中國通史題材，也才能找出一點點「通」的心得。

將近兩百萬字的篇幅，涵蓋從新石器時代到辛亥革命的時間範圍，這樣一套書，一定不可避免地含夾了許多錯誤。我只能期望能夠將單純知識事實上的「硬傷」降到最低，至於論理與解釋帶有疑義的部分就當作是「拋磚引玉」，請專家讀者不吝提出指正意見，得以將中國歷史的認識推到更廣且更深的境界。

第一講

怪異的新，重生的漢

01 歷史的功用只是「以史為鏡」嗎？

問大家一個很根本的問題：在這個時代，我們學歷史做什麼？我們能從歷史中學到什麼？對於這個問題，過去有很簡單的標準答案，那就是「以史為鏡」（語出《舊唐書・魏徵傳》）。歷史作為我們的鑑照，從歷史中看到以前的人做了對的事，我們就可以模仿；相反地，古人做了帶來可怕後果的事，我們也可以提防、避免。

但是這種對待歷史的態度存在著一個盲點，如果一直抱持著「古為今用」的用意看歷史，會將太多的自我讀進歷史裡，以至於忽略、遺忘了歷史人物的生活、他們所面對的情境、他們更深刻的價值觀念，其實和我們很不一樣。從「古為今用」出發，我們很容易對古人的行為賦予自以為是的現代解釋。我們會自然地認定過去和現在的類似行為，就意味著背後有相同的動機。

用這種方式學歷史會產生一個嚴重的問題——無法真正看到時間因素帶來的重大變化和差異。這是我不斷試圖提醒大家的，即使是看待中國歷史，即使看起來這些人的語言文字、社會習俗和現在的我們很接近，都不應該先入為主地認定他們就是和我們一樣的。

我們不應該只看歷史的「同」，只想找出古人和我們一樣的地方，得到對現今當下有用的教訓；我們也要看歷史的「異」，即察覺並思考為什麼古人和我們不一樣，而且有時那麼不一樣。

從「求異」的角度看歷史，推到極端，我們可以將每一個歷史時期都看作一個「異國」或一種「異文化」。那是一個獨特的社會和文化體系，有那個時代特殊的觀念信仰、經濟生產及權力支配。沒有兩個社會、兩個時代會用完全一樣的方式組構。

「求異」，就會在歷史裡凸顯地看到和我們不一樣的現象。學歷史變成了蒐羅珍奇的行為，將所有和現實不一樣的、今天我們不會做的行為集合在一起，這很熱鬧、很有趣，但如此一來，歷史也就很容易失去與現實生活的關聯，失去具體的功用。

過去中國傳統史學太過強調「古為今用」，容易陷入「求同」的知識盲點中，因而我們必須轉而提醒「求異」的重要性。不過如果「求異」過度，變成以「獵奇」的眼光看歷史，歷史又會因為和現實無關而變得瑣碎、邊緣。

我們應該試著在「求同」、「求異」這兩端之間找出一條迂曲的路，讓歷史對我們如何在現實中更好地活著產生幫助，但不是以那麼直接、那麼粗糙的方式。例如，讀到項羽威脅劉邦要殺他父親時，劉邦的反應是：「你曾和我約為兄弟，所以我父親也就是你父親，如果你一定要殺他，把他煮成羹來吃，別忘了分我一碗！」我們從中學到什麼？有人從劉邦後來得了天下、打敗項羽的結果，做出簡單的推論：這意味著要成大事，父親都可以不要！

是嗎？如果歷史給的是這種教訓，如果我們用這種方式依循歷史教我們的，那很可怕吧？歷史教訓不應該是這種近視的模仿，而是需要稍微多用點心，探究發生這件事的那個社會、那個時代，分析劉邦如此反應的動機，再試著回答這和劉邦後來取得天下到底有沒有關係、又有怎樣的關係。

學歷史的第一步，是蒐集各式各樣的不同的人類行為，和現實中習以為常的很不一樣的多種行為。這會刺激我們清楚地看到——別以為你了解人，人遠比你想像的複雜得多。從蒐集差別、相異的行為出發，再進一步解釋為什麼會有這樣或那樣的行為。慢慢地，也許我們有機會在這五花八門、眼花撩亂的行為中，歸納出一點因果規則。

真正有幫助的，不是行為上直接的借鑑和模仿，而是深入了解人類行為的因果，掌握什麼樣的原因會帶來什麼樣的行為反應，於是我們才能多增加一點智慧，才能比較準確地預期在人的互動領域中會發生什麼事。

02 「為什麼」比「是什麼」更重要

兩漢之際，表面上的現象是：王莽取代了漢朝，成立了新朝，短短十幾年之後，劉秀又滅了新朝，在洛陽重建漢朝，於是有了「東漢」或「後漢」。這是我們學到的歷史事實。但真正重要的不是事實，而是依據事實去追問：為什麼王莽能夠不費一兵一卒，完全和平地、幾乎沒有受到阻礙地取得政權？為什麼他在取得政權之後，反而引發了普遍的反對？

認識歷史時，「為什麼」比「是什麼」更重要。「是什麼」只要照抄留下來的材料就好了，但要回答「為什麼」，卻必須動用一項特殊的能力——同理心（empathy），即設身處地去想、去感受、去體驗的能力。我們必須將自己化身為生活在西漢政治、社會環境中的人，甚至化身為王莽，才有機會可以解釋為什麼是王莽，為什麼他是用這種和平的方式結束西漢。

用這種方式學習歷史，能給予我們擺脫自我中心的難得訓練。自我灌注了許多「想當然耳」在我們的身體裡，讓人不加思考地假定所有人都和自己一樣。然而歷史鮮活地、無從否認地顯現給我們看：人是如此不一樣，當然不是每個人都像我們自己。不擺脫被「想當然耳」拘束的想法和感受，我們就無法進入歷史，無法了解為什麼會發生這些事，為什麼這些人會做這樣的選擇。在歷史上，不論是劉秀、阮籍、李白、王安石或李蓮英，他們的共同特性在於：都和我們大不相同。要明白他們怎麼會成為值得被記載的歷史人物，我們非得先暫時擱置自我，試著進入他們的情境、他們的心靈裡不可。

用這種方法來理解歷史、理解歷史人物，也就能用這種方法來理解現實、理解周遭的人。一個人最痛苦的事，經常來自其最大的盲點，就是無法與他人溝通。你以為自己在和這個人溝通，但為什麼就是無法取得真正的了解呢？很多時候，是因為你不自覺地假定他和你是同樣的人，你說什麼話、表達什麼意思，他就會依照你的意思、表現出你預期的反應。但你錯了，從最根本處就錯了——他不見得是和你同樣的人。只有當我們懂得換成他人的立場、他人的角度，也就是設身處地將自己當作他，我們才能找到真正有效溝通的方法。

再說一次，歷史能給予我們的，不是行為上直接的模仿，而是更深層的人類心理、人類個性、人類反應的認識，由此積累智慧。從這樣的立場出發，我試圖帶領大家重新認識中國歷史的方式，會明顯地朝思想史傾斜。我的本位是思想史的概念，也就是持續不懈地探索事件與人物背後牽涉的思想。一個人腦袋裡想的，決定了他外在的行為。行為只是思想的一部分，思想既比行為廣泛，也比行為根本。唯有進入觀念、價值判斷等思想層面，我們才真正得以解釋歷史中種種的「為什麼」。

03 萬事「正名」，天下自平

在意識和觀念的層面，西漢最特殊之處，就在於人們對「經書」的高度信仰。許多人認定關於這世界的問題，都可以在經書裡、甚至只能在經書裡找到答案和解決方法。現實的答案與解決方法，早就封存在古老的文字裡。

和經書地位上升同時發生的，是人們深信文字具備神祕的力量。社會上對古老文字的迷信，加上日益龐大的「感應」世界觀系統，是王莽崛起的基礎。而王莽的敗亡，也和這兩項根本因素脫不了干係。或許應該這樣說，過度相信、過度強調這樣的觀念，釀成了王莽新朝滅亡的悲劇與鬧劇。

對於王莽的新朝，《漢書．王莽傳中》裡有一段關鍵的話：「莽意以為制定則天下自平，故銳思於地理，制禮作樂，講合六經之說。公卿旦入暮出，議論連年不決，不暇省獄訟冤結民之急務。縣宰缺者，數年守兼，一切貪殘日甚。」

王莽相信制度，把所有的心力都放在定制度上。為什麼制度定了就能「天下自平」？因為定制度的方法是「講合六經之說」，即符合經書中包藏的真理，於是所謂「定制度」其實也不真的是專注在制度上思考，而是擴大版的經學討論會，要討論確定經學的意義，再依照這答案來定制度。但這談何容易！整個朝廷都捲在無窮無盡的經學討論中，沒空做其他任何事，政務便以驚人的程度快速地荒廢了。

會發生這樣的事，也因為王莽不覺得除了討論經學意義來定制度之外，還需要做別的事。制度的實施與發揮作用，對他來說不成問題。「天下自平」，怎麼個「自」法？就是靠「感應」。這裡沒依照感應的觀念，對的制度立即就能和要聯繫上的人事物產生自然感應，發揮對的作用。這裡沒有我們現代習慣、熟悉的因果律，或者說，用今天的理性邏輯來看，其因果關係是跳躍的，沒辦法將此因到此果環環相扣建立起來。

以演繹和歸納為基礎的完整因果邏輯，很晚才在西方建立起來。在因果邏輯、科學思考普遍流行之前，不只是中國，不只是漢代，很多文明、很多社會都以直覺接受了感應，以感應作為分類、掌握世界變化的觀念工具。感應的基礎就是「物以類聚」，類似的現象依照想像放在一起，相信它們彼此之間有自然的交互影響。

王莽是西漢感應流行下的產物，他嚴重缺乏程序、因果的思考，從來不想、也不擔心從A出發該如何走到B。對他來說，只要確認A和B是同類，遵循同樣的規則，那麼這邊建立起A，不管B在多遠之外，靠著感應，B就跟著改變了。

王莽極度重視「名」，他相信「正名」。也就是說，給一項事物對的名字，用對的方式稱呼，藉由感應，事物也就同時被糾正，能夠按照名字取得應有的性質，發揮應有的作用。

在《不一樣的中國史》第四冊中，我們整理過漢賦的發展，看到漢賦背後重要的動機是「為新世界命名」。為什麼要發明、運用那麼多新鮮又奇僻的字？因為新朝代的新天新地有很多新事物、新現象需要相應的名字，有了名字才能有固定的分類，才能為人所理解與掌握。

王莽耗費心力所做的，其核心也是「命名」，他認定如果能讓帝國中的萬事萬物都有合適、正確的名字，光是靠名字產生的分類感應力量，就能給帝國帶來合適、正確的秩序。

基於「正名」的原則，漢朝東方的屬國就不應該叫「高句麗」，屬國怎麼能「高」呢？於是王莽的新朝強迫「高句麗」改名為「下句麗」。更嚴重的還有漢朝北方最大的鄰國匈奴，王莽認定，漢朝和匈奴之間會有這麼多衝突，歸根結柢就是名字叫壞了，匈奴「匈」什麼啊，改名叫「恭奴」，這樣一來，匈奴就會因「正名」的感應效果而變乖、變恭順了。

不只如此，王莽還要將匈奴國君「單于」的稱號改為「降奴服于」，這樣地位上明顯比中國皇帝來得低，彼此之間的關係確立了，匈奴就不敢挑戰中原王朝的權威。當然，現實上如此改名非但不會讓「下句麗」、「恭奴」變得恭下，反而產生了徹底相反的結果，在東方和北方邊境帶來巨大的騷亂和不安。

04 改官名的亂局：官僚體制大停滯

王莽花了很多時間定官制。官制為何需要一改再改？其實真正改的，與其說是官制，不如說是官名。對於一個官該管什麼、具備什麼樣的責任與權力、該以怎樣的程序執行職務、又該如何與其他上下或平行的官職互動，王莽並不在意。他認為只要官名取對了，依照名稱，官與民、官與官之間自然會有對的運作；完美的名號，會將大家帶回經書中所記錄的那個完美秩序裡。

但完美的名號真的存在嗎？經學高度發展，在原來的「今文經學」之外，又出現了很不一樣的「古文經學」，經學內部吵嚷不休，加上其他古文獻，還有持續不斷冒出的、假借經學之名並依附其上的「讖緯」，要從這裡面找出特定的官職名稱，簡直就是不可能的任務。

在這套信念中，所謂完美的名號就是最有效的名號。完美的名號透過「感應」就能創造完美的秩序；倒過來看，如果完美的秩序沒有如預期般出現，也就表示所取的名號不是完美的。如此就創造了巨大的盲點，進入惡性循環：改了官名，社會非但沒有安定，反而比以前更亂，於是王莽就更積極改官名，意圖找到更好的、真正完美的官名。

他看不到的是改官名本身製造了亂局。官名受到牽制，進一步官職也毀壞了。今天改一個新名字，還沒搞清楚新名和舊名之間的實際官職如何調整，明天又換了個更新的名字。本來官員批過的公文該送到一個特定的單位，突然這個單位改名了，接著不見了，過去習慣、固定的官僚流程也走不下去了。

官職的大混亂很快地帶來整個官僚體制的大停滯，到後來嚴重到官僚們連薪俸都領不到了。到處都是新的官，沒有人知道該如何為這些新官核薪；連負責發薪俸的單位名字也被一改再改，大家都不知道該找什麼官來詢問、請領薪俸。

官員仍在位子上，卻領不到預期的薪俸，怎麼辦？《漢書》給了很簡單的四字描述——「並為姦利」。他們最直接的反應，幾乎是這個情況逼迫他們不得不做的，就是利用官位去牟利。很多人在改變中根本弄不清楚究竟該做什麼事，於是很自然地就全職替自己謀取利益，而且大家都這麼做。

難道官員沒有廉恥心，不知道這樣做是錯的嗎？他們或許有過不安的念頭，然而在那樣的時代氣氛下，很容易有辦法將自己的行為合理化，以緩和罪惡感。那是經書權威最為高漲的時代，經書加上衍生的各種文本就是真理，所以只要能在這龐大的文本中找出字句，給予所需的解釋就行，基本上經書可以提供絕大部分人類行為的依據。

05 扭曲失控、完全變質的「天人感應」

長期觀察歷史上的權力運作，我們就能夠理解為什麼權力會傾向於墮落。人有了不受約束的選擇時，自然會傾向於選擇輕鬆容易的事，也就傾向於相信可以讓他輕鬆容易活著的想法。王莽一下子取得了至高、近乎絕對的權力，而他要應付的西漢末年社會問題如此艱巨，他勤奮地按照信念持續進行制度改革，至於改革會帶來什麼樣的效果？在沒有固定、嚴格的檢驗模式規範下，擁有權力的人很自然地會選擇最容易得到滿足的方法。

那就是「感應」，也是當時另一個流行觀念。若要以因果模式認真查驗一項一項的改革究竟產生了怎樣的結果，不但太慢、太累，而且往往得到負面的答案。相較之下，相信並依賴感應，既快又讓人安心。

「感應」為王莽提供了逃避現實的方便管道，同時更加強化了改革帶來的破壞作用。真實的問題進入不了王莽的意識裡，明明帝國亂成一片，他還活在自我感覺良好的幻覺中。

史書中記載王莽相信「厭勝之術」，那是感應的一種變形。「厭勝之術」是跳過正常因果律的捷徑，好比不需要依靠兵器、部隊、訓練、布陣等等辛苦且沒把握的程序，只要能聚攏對的因素，創造出「感應」，就能戰勝敵方，讓敵人如摧枯拉朽般敗亡。

社會愈亂，局勢愈不利，這種捷徑愈有吸引力。不用動員或召集上萬人，也不用考慮哪位將軍有能力，是否夠忠誠不會背叛，只需要在宮廷裡依照陰陽五行的「厭勝」原理，儀式性地把各種不同元素擺一擺，敵人就消失了。多好！

天下大亂、反聲四起之際，王莽在做什麼？他在找容易、方便的辦法打擊想像中的敵人。有一天，他在夢中看見長樂宮裡的五個銅人活了過來，醒來後就得出一個重要結論：原來新朝會出問題，都是秦代所鑄的這些銅人作祟。銅人為什麼會有這種力量？因為他們身上有字，字帶有神祕的作用。那麼很簡單，甚至不必費力將五個銅人銷毀，只要趕緊除掉他們身上鑄的字就解決問題了！

再一次，他突然意識到自己最大的敵人就是被他取而代之的劉家。於是他派人到祭拜劉邦的高祖廟裡，乒乒乓乓將門窗打爛，意思是威脅高祖：我知道是你們在阻礙我，給我小心一點，如果你們繼續這樣做，我會叫你們好看！然後又派人將元帝的陵墓外面全都漆成黑色，以示懲罰與警告。

這樣的行為很荒唐，甚至很幼稚。不過，放在那個時代的思想與信仰環境中，卻是很容易理解的。王莽本來就是相信感應的人，他愈依賴感應，現實狀況就愈是混亂；狀況愈糟，他愈是必須依賴感應來幫他解決問題。

從政治效果來看，董仲舒建立的「天人感應」理論，原本是要以「天」及「天」所降下的祥瑞或災異來引導、制衡皇帝。然而發展到王莽的時代，感應理論極度膨脹、近乎失控，到底什麼現象該如何解釋，變得言人人殊。而且王莽自身浸淫在這個傳統裡，他會自己解釋感應，甚至自己設計感應。

他設計出的一種感應之法，是讓自己重新結一次婚，理由是要「以正治亂」。因為一切人間秩序的根本、起點就是夫婦，如果可以「正夫婦之禮」，就能引導天下歸於「正」。為了發揮這樣的作用，皇帝應該做出犧牲，於是六十八歲了再娶一個新娘，用最嚴謹的古法行婚禮，「以正天下」。

王莽娶妻的那幾日天氣異常，先下大雨，後來又颳起大風。大雨大風，這很不吉利，應該是警告性的災異吧？然而群臣上書，卻紛紛恭喜皇帝：「乃庚子雨水灑道」，結婚日到來之前，上天先幫忙將街道洗乾淨了；「辛丑清靚無塵」，還把塵土都吹走了；接著「其夕穀風迅疾，……諸欲依廢漢火劉，皆沃灌雪除，殄滅無餘雜矣。」到了晚上刮起狂風，原來是要將代表舊漢朝的火德一口氣全數吹滅，就不會再留有餘火（伙）作怪，所以「百穀豐茂，庶草蕃殖，元元驩喜，兆民賴福，天下幸甚！」（《漢書．王莽傳下》）

下大雨、颳大風都能用這種方式解釋，實際上也就等於不會再有「災異」，不會有原先董仲舒相信的上天對皇帝的警告。過去被認定為最明顯的「災異」現象，如今都被扭曲改說成「祥瑞」。「天人感應說」到此時已經完全變質。

董仲舒主張「天人感應」，凸顯天象的重要，因為天象不會隨著人的主觀意志而改變，所以能用天象來約束皇帝。「天人感應」將天象解釋為對於人類集體行為的一種客觀反應，如此得以擺脫人的主觀盲點或自我欺瞞。人沒有辦法控制天象，例如主觀上期待風和日麗，天氣就一定風和日麗，總有人所不樂見的狂風暴雨會發生，不隨主觀而消失，更無法以主觀否認或忽略狂風暴雨，於是就有了當作集體行為警告的效果。

但發展到王莽的時代，人們對於天象的解釋已複雜、扭曲到幾乎沒有公認的、客觀的標準可言。連狂風暴雨都能解釋成吉祥的兆頭，天象雖然不隨人移轉，天象的意義卻幾乎可以無限制地隨人的主觀意志移轉，「天人感應」原始的政治作用也就不見了。

06 一切評判都失去客觀標準的時代

王莽身邊有一位介於幕僚和朋友之間的重要人物，名叫甄豐，字長伯。他和王莽的關係親近到什麼程度？親近到京城裡的小孩能朗朗上口地唱著：「夜半客，甄長伯。」意思是如果王莽家裡半夜來了客人，那人肯定是甄豐，不可能有別人。這種「緋衣小兒」在街上傳唱的歌謠，也是那個時代流行的「讖」的一種。

王莽攝政時，有人送上「金匱之符」，上面列了幾個名字，其中就有甄豐，此外還有人人都知道和王莽關係匪淺的劉歆。比較特別的是哀章也名列其上，他就是呈獻「金匱之符」的人。另外還有兩個沒人認識的王興、王盛。其實很容易猜得出來，所謂的「金匱之符」，根本就是哀章用來騙吃騙喝的工具，用這種方式抬高自己的重要性。他找了王莽身邊的八個重要人士列名於上，再加上自己，最後再捏造兩個人名——王興和王盛，湊了十一人之數。

在那個一切評判都失去客觀標準的時代，竟然連這麼粗糙的手法都能得逞。王莽接受了「金匱之符」，當作政權的重要福瑞，於是提拔了哀章，讓他和甄豐、劉歆等人平起平坐；同時還找到了一個叫做王興的城門令史、一個叫做王盛的賣餅人，一起並享高位。

這件事便宜了哀章，更便宜了莫名其妙的王興和王盛，但嚴重損害了甄豐。「夜半客，甄長伯」是何等地位，怎麼會突然淪落到要與賣餅之人同列？甄豐對王莽表達了強烈不滿，但王莽沒有接受。眼看王莽相信符咒更甚於老友、功臣，於是甄豐的兒子甄尋也造了一個符，宣稱王莽的女兒、已故漢平帝的皇后應該嫁給自己為妻。這種符王莽可就不信了，立即判定符是假造的，一氣之下就直接將甄尋抓來殺了，甄豐也因此自殺。

劉歆與甄豐過從甚密，劉家也因此遭到牽連，劉歆的兩個兒子劉棻、劉泳一併被殺。劉歆還有一個女兒，嫁給王莽的兒子王臨。王臨因為和母親的侍女私通，擔心被王莽發現遭受處罰，索性和侍女原碧祕密謀反，結果事發被捕，就連劉歆的女兒也一起被賜死。

透過甄豐和劉歆的例子，我們可以看出王莽遭遇的嚴重統治問題。逐漸地，沒有人有辦法在王莽身邊做事，更難維持對他的效忠。王莽個人獨斷權力很大，官僚行事規範又遭破壞，除了揣摩皇帝的主觀看法，別無其他固定的做事方法。偏偏王莽又信感應、信讖緯、信厭勝之術，各種神怪、荒誕的訊息都可以影響他。於是在王莽一朝，用人沒有標準，誰上來、誰下去，甚至誰該殺，一概都亂了套，毫無章法可言。這種情況下，誰還願意、誰還能維持效忠呢？

王臨不過就是和侍女私通，為何鋌而走險發動反逆？主要是早在王莽取得大權之前，他的另一個兒子王獲因為殺了家中奴婢，就被王莽逼迫自殺。王莽犧牲兒子換來可觀的讚譽名聲，大有助於他在政治上的崛起。王臨預計自己不免也走上王獲的老路，為了求生，寧可冒險。

會有這種反應，清楚顯現就連兒子都不能信任父親，害怕父親會以極端的手段對付他。「親親」的基礎毀壞了，「賢賢」的原則也不適用了，誰還會留在王莽身邊呢？效忠王莽的人愈來愈少，王莽這位皇帝當然就愈來愈孤立了。

07 農民與地主，從階層對立到聯手反抗

更嚴重的是民生凋敝。王莽衷心相信「復古」，刻意用各種辦法毀壞商業貿易，同時又不顧執行上的困難，強行下令「限田」，於是商人、地主都必然成為王朝的敵人。經濟秩序大亂之下，農業生產也無法正常進行，農民非但沒有受益，也一併成了受害者。

王莽奪權的基礎，原本是西漢末年被土地兼併撕裂的社會。出身外戚，理應偏向地主（尤其是大地主），王莽卻表現得體恤小農、重視本業，如此取得了廣大農民和理想派儒生的熱烈擁護。但等到他真正掌權了，對他大有期待的儒生無法在官場上受到重視，農民也被捲入騷亂之中無法安居。

於是西漢末年對立最為嚴重的兩群人，竟然在王莽朝神奇地聯合在一起。一邊是地主，另一邊是農民，他們本來在土地關係上對立，現在因為有了共同敵人，而從情緒上、策略上選擇暫時站在一起。這個顯耀的共同敵人，當然就是王莽。

錢穆先生研究中國歷史得到的一項洞見，就是中國要發生普遍性的農民革命非常不容易。因為中國太大，土地範圍太廣，雖然幾乎年年有水旱災、有飢荒，但天災帶來的不安都是局部性、地方性的。那麼廣的農業範圍，那麼不一樣的氣候條件，不太可能會在同一時期發生荒歉。荒歉

之處的騷動，煽動不了豐收之處；倒過來，豐收之處的收成可以協助解決部分性、地方性的飢荒問題，讓動亂不致擴大。

另外，中國的農業根基帶來主要的社會階層差異——有農民、有地主。一位皇帝、一個政權的做法，很難同時討好這兩個利益分歧的階層，反過來也就很難同時得罪、激怒這兩個利益分歧的階層。農民反對的，地主支持；地主反對的，農民支持，如此就不容易掀起普遍的革命。

王莽政權後期出現的各地騷亂，在現代歷史敘述中一般以「農民起義」總括稱之，但仔細一點看，顯然不是所有的騷亂都起自農民。例如，山東瑯邪有一場動亂，其領導者是個沒有名字的人，史書稱她為「呂母」。《後漢書．劉玄劉盆子列傳》說她「家素豐，貲產數百萬」，她的獨子呂育被縣宰下獄冤死，做母親的一怒，要為兒子復仇。於是她散家財，聚攏了一群少年，周圍貧窮人家的子弟都跑到她身邊來。他們發動攻擊，斬殺了縣宰，既然為了報仇已經犯官，便索性公開叛變。

這呂母好厲害，自稱將軍，游擊海上，以其靠近海邊的地利，不時出海。官軍也拿她沒辦法，於是就有更多的人跑來依附她。

呂母穩占了「中國歷史上第一位抗暴起義的女性領袖」的地位。不過值得探究的是，呂母並不符合「農民起義」的標準，她的階級身分顯然是地主，甚至是大地主，而不是農民。而她之所以能聚眾上萬，也是靠著地主家的龐大資財。

後來呂母死了，她的部眾沒有立即散掉，其中一大部分加入了「赤眉軍」。赤眉軍也起自山束，領導者是樊崇，他們的特色是「以言辭為約束，無文書、旌旗、部曲、號令。」（《後漢書・劉玄劉盆子列傳》）赤眉軍之所以叫「赤眉」，就是因為沒有旗幟，為了在戰陣中分辨自己人，大家都將眉毛染成紅色。

「以言辭為約束，無文書、旌旗、部曲、號令」，意味著這支軍隊的高度鬆散群眾性。沒有高高在上的將軍，所有人都是士兵，彼此之間不存在從屬關係。當然，這樣一支龐大的軍隊不可能徹底扁平化管理，赤眉軍中地位最高的人叫做「三老」，其次有「從事」、「卒史」，這些名號都來自農村古老的村舍組織底層。

從這些描述中，我們就能明白赤眉軍具備了極素樸的農民個性。他們的知識僅及於基層的鄰里村舍組織，所以集合在一起時，就只懂得運用「三老」、「從事」、「卒史」這類的頭銜。呂母帶領的人後來大部分加入了赤眉軍，反推之，也就讓我們有理由相信，這些加入地主呂母行列的人本來也是農民。

08 把新的打掉，讓舊的回來

王莽的施政作為將地主和農民團結在反抗組織中，另一個例證是南陽的劉縯和劉秀兄弟。他們的身分主要是大地主，加上其實已經很遠、很淡薄的劉氏皇家血緣。他們是高祖劉邦的九世孫，往上算的六世祖是長沙王，換句話說，從長沙王以下到劉縯這代，中間六代沒有王侯位分。

他們在南陽建立起強大的勢力，和呂母一樣擁有百萬資財。起兵之初，他們以地名稱呼自己的軍隊為「舂陵軍」，後來這個名號就不見了，因為併入了「綠林軍」。

綠林軍和赤眉軍同等重要，後世說到反官府的盜匪都還通稱為「綠林」，尤其是以正面的價值賦予盜匪浪漫想像時，就說是「綠林好漢」。綠林軍和赤眉軍都是由多股勢力集結而成的，綠林軍起自綠林山，即今天湖北的大洪山。

這些反對王莽的崛起力量，主要源自生活上的困境，生產與貿易遭到破壞，人活不下去了。然而因為地主階層也參與在內，就使得這樣的「起義」或「叛亂」有了更複雜的意義。例如劉縯、劉秀兄弟具備劉姓宗室身分，明顯地與其他人不一樣，於是他們帶領的軍隊就多加了戰鬥主旨，或者說中心思想。他們反對王莽的立場成了「復高祖之業，定萬世之秋」，漢朝、高祖被抬出來了，訴諸於百姓的懷舊心情，因而有了更大的號召力。

「復高祖之業，定萬世之秋」這樣的口號和想法很快地流傳開來，進一步給了反抗軍新的合法性。讓劉家人重新當皇帝，這樣大家就能像以前一樣享受長久的太平，終結王莽帶來的混亂與痛苦。如此既有了明確目的，又有了方法：目的就是重建穩定秩序，而方法呢，則是換掉王莽、回復王莽之前的劉家天下，找回從前的皇帝，就能找回從前有秩序的日子。

王莽的悲哀就在於，明明是憑藉著西漢末年政治敗壞而崛起的，但被他一陣亂搞之後，對於現實的強烈不滿促使人們遺忘了當時的敗壞，轉而美化對西漢的記憶，從而主張：只要把新的打掉，讓舊的回來，一切就都沒事了！

這也是一種讓時光倒流的「復古」思考模式，只是王莽要恢復的，是理想中、經書裡的「遠古」；而反對他的人追求的，則是恢復才剛剛過去的「從前」。不管遠古或從前，他們都相信倒退回去是可能的，而且比停留在現實裡來得更好。

突然之間，漢朝在大家的記憶中變得如此美好！於是「一時皆取劉氏之號」，反抗王莽的各路人馬，全都自稱和舊王朝的劉家有關係。劉家人身價大漲，原本糜爛敗壞以至於輕易被王莽推翻的劉家政權，這時藉由王莽的不得人心，逆轉成為新的號召。

09 劉玄稱帝更始，劉秀隱忍以待

最早明確依隨這個潮流的是綠林軍，他們選擇劉玄擔任領袖。劉玄和劉縯、劉秀一樣，也是遠房的舊皇室宗親。他是在弟弟被殺之後，聚集部下復仇而犯了法，為躲避司法追究才加入了綠林軍。劉玄加入綠林軍的時間比劉縯、劉秀來得早，地位較高也較穩定，得以被推舉為「更始皇帝」。

劉玄以「更始」為號，是新朝末年第一個稱帝的。即位後，他最為忌憚的是同樣具有劉氏宗親身分的劉縯和劉秀，尤其是極其外向活躍的劉縯。劉縯領軍攻下重要的商業中心宛城，立了大功，在軍中聲望快速上升。劉玄感受到強烈的威脅，於是找藉口殺了劉縯。

劉縯被殺時，劉秀帶兵守在昆陽。偃城、昆陽和定陵三座大城，因為牽涉到王朝的經濟命脈，成為兵家必爭之地，王莽下令發動大反撲。依照《漢書》的說法，也就是東漢時確立的官方版本，當時昆陽城內的軍隊大約八千人，而王莽派去圍攻昆陽的大軍高達四十萬人，是一比五十的懸殊比例。不只如此，王莽的軍隊中還有各種猛獸，以及到處徵召來的傑出兵法家，「車甲士馬之盛，自古出師未嘗有也。」（《漢書．王莽傳下》）

從現實條件來看，劉秀必敗。昆陽被圍時，劉秀大膽地只帶著幾名部屬，偷偷出城接應援軍，接回了三千名補充兵力。快回到昆陽城時，他使了一個詐術，假造了一封信。當時消息傳遞不易，他並不知道哥哥劉縯已經攻下宛城，旋即又被劉玄害死，他偽造的書信中宣稱「宛下兵到」，表示從宛城過來的大軍就快要抵達。他把這封假造的信故意留在城外，讓莽軍撿到，果然莽軍軍中傳言四起，惶惶然擔心敵人會有大批援軍隨時可到。

趁著敵軍軍心動搖，劉秀出城突襲，直入敵軍帳中，襲殺了對方的大將王尋。與此同時，狂風暴雨大作，王莽的軍隊自亂陣腳，快速崩潰，昆陽得以解圍。

昆陽保住了，劉秀立下大功，這對劉玄來說卻真不是個好消息。哥哥劉縯攻下宛城，弟弟劉秀又守住昆陽，而哥哥卻被殺了，弟弟劉秀的態度就變得格外關鍵。劉玄設法安撫劉秀，當然也做好了若劉秀不服、必須快速下手一併除去的準備。

劉秀的反應非常冷靜、溫馴，甚至還為哥哥所犯的錯向劉玄謝罪。在這過程中，劉秀不曾流露出激動、難過的模樣，一切維持正常。劉玄狐疑觀察了一陣子，對劉秀放心了，便進一步獎賞劉秀，封為武信侯。劉秀用這種方式不只保住了性命，同時保住了原有的勢力。

10 王莽敗亡後的劉姓後裔擁立戰

昆陽之役後，王莽和更始的戰爭情勢逆轉，更始軍隊快速往長安推進，很快地攻入長安，殺了王莽。接著，更始皇帝在長安大封宗室與功臣，但一開始的慶祝和分賞就惹出了新的問題。

最大的問題在於另外一股反王莽的勢力。相較於綠林軍，赤眉軍在發展過程中犯了一個錯誤，他們沒有及時察覺社會上「復高祖之業」的普遍共識，未曾回應這個情緒而去找個姓劉的、有舊王朝號召力的新領袖。於是更始皇帝成功地打入長安，赤眉軍就只是諸多共同打天下的一支軍隊而已。更始皇帝只給了樊崇一個侯位，甚至連王位都沒有。

樊崇當然不服氣，自己的兵力僅次於更始，結果那麼多人封王，他卻要排在他們後面。所以他決定繼續擴張自己的勢力。這回學乖了，赤眉軍也去找了一個流落民間的漢高祖後代，名叫劉盆子，來當他們的象徵領袖。在《後漢書》裡，曾經正式在長安即位的劉玄，就是和這個本來在放牛的劉盆子同傳。

不只赤眉軍這樣想，另外還有方望，他扶持了被王莽廢黜的劉嬰當皇帝。劉嬰的身分別說比劉盆子，甚至比劉玄或劉秀都高，他是漢宣帝的玄孫、西漢滅亡前的皇太子。方望擁立劉嬰在臨涇稱帝，直接挑戰更始皇帝的正當性，劉玄當然傾全力打擊他們，方望勢力不足，遭到消滅。

然而接連出現了劉盆子，尤其是有明確舊地位的劉嬰，就激發出新政權的另一波危機。「復高祖之業」是眾人的共識，但哪位高祖之後應該當皇帝呢？憑什麼是劉玄？劉玄可以當皇帝，那為何劉嬰不行？作為高祖後裔，劉嬰的資格顯然高於劉玄啊！

一時之間，連劉玄身邊的人也立場不穩了，王匡、張卬不服叛反。劉玄好不容易收拾了王匡、張卬，此時從東方來的赤眉軍已經迫近長安。不得已，劉玄只好抽調原本負責防守洛陽的部隊往西來協防長安。

這段期間裡，劉秀被更始皇帝派到北方去，遠離政治中心，盡量排除他的威脅。劉秀接受了這項安排，積極地經營河北區域，建立起新的勢力。當劉玄將洛陽的軍隊調走，劉秀眼見機會到來，於是率軍南下進占洛陽。

劉秀攻進洛陽的同時，赤眉軍也打入關中，和更始的軍隊混戰，最後劉玄戰敗，短暫的新皇帝、新政權又灰飛煙滅了。

11 新朝的兩個第一，東漢的避新復舊

正當關中因赤眉軍和更始軍隊的混戰而大亂時，劉秀因為遠離關中而得以在東方穩固地打下基礎。至此，劉秀要更上一層樓只欠一樣東西了。此時適時地出現了「赤伏符」，上面寫道：「劉秀發兵捕不道，四夷雲集龍鬥野，四七之際火為主。」在那個相信圖讖的時代，一定要有來自上天的訊息才行。

王莽時將漢朝重新歸於火德，赤伏符最重要的就是彰顯劉秀與「火」的關係。「赤」是代表火的顏色，「四七之際火為主」也是火，意味著上天要讓當年二十八歲（四七二十八）的劉秀，在漢高祖建立漢朝後的第二百二十八年時恢復漢朝。

憑藉著這張赤伏符，劉秀正式稱帝，年號「建武」，也就是東漢光武帝（西元二五年—五七年在位）。當時劉秀所能控制的只有河北、河南兩地，以洛陽為中心，並未統一中國。不過他占有一大優勢，那就是赤眉軍和更始軍隊打得兩敗俱傷，而且造成關中殘破。關中沒有足夠的糧食可以供應龐大的軍隊，即便是戰勝的赤眉軍，也得離開關中到別處就食不可。

劉秀採取的策略很簡單，就是守住從關中往東的道路，圍堵住赤眉軍，讓他們出不來。赤眉軍在殘破的關中活不下去，勢力快速地萎縮，同時也使得關中地區破壞得更加徹底。等一切平定

之後，關中已經無法恢復，劉秀只能定都洛陽。相較於之前定都於長安的前漢，他所建立的後漢，因此也叫做東漢。

經過十幾年的騷亂，產生了一項對劉秀新政權有利的因素——人們開始珍惜舊有的制度與秩序。為什麼恢復劉姓漢朝有那麼大的號召力？因為經歷了王莽新朝翻天覆地的大改造，大家聽到「變」就害怕，聽到「新」就反感。「變」與「新」徹底失去說服力，相對地「回復」與「舊」便大受歡迎。

基於這樣的人心傾向，劉秀建立東漢的過程相對容易。東漢不需要像西漢那樣，耗費七十年的時間尋找出帝國的運作方式。只要取消王莽新造的，恢復王莽之前既有的，就能得到支持，就能穩定運作。在這個意義上，所謂「兩漢」是真正明確相續的，不只是因為劉秀是劉邦後裔這樣的血統意義而已。從西漢到東漢，根本的帝國運作模式確實是一致的。中間王莽用激烈、戲劇性的方式試圖改變這套模式，在王莽敗亡之後，反而給予這套模式重建、維繫的最大力量。

東漢沒有宣稱自己要創造新天新地，恰恰相反，其運作的邏輯是避新復舊。所以東漢很快便取得了充分的合法性，同時取得了一定程度的改革空間，只要別大張旗鼓弄新的規矩，在舊制度上進行調整，相較於王莽新朝的激烈變動，對一般人來說都是溫和的、合理的。

東漢新建，做了很多正確的事，使得王朝有了堅實的基礎。但別忘了，這過程中始終都存在著王莽留給人們的記憶。王莽把大家都嚇壞了。王莽的新朝真的很怪、很特別。前面一段極為平順，趁著那個時代的潮流，王莽未經流血衝突，不費一兵一卒，就從劉家手中取得大權，從攝皇帝、假皇帝一路升為真皇帝。從朝代建立的平順程度來看，在中國歷史上排除掉傳說美化的「堯舜禪讓」，新朝應該排第一名。

但相對地，新朝建立之後和前面一個王朝的斷裂程度，也在中國朝代史上排第一位。不只是終結了西漢王朝，短時間內更中斷了西漢的整套帝國秩序，換上一套截然不同的東西。正因為王莽用如此激烈的方式揚棄西漢制度，弔詭地，反而使得本來已經百病叢生的體制得到了延續的機會。王莽掀起的大亂，使得人們懷念西漢、珍惜西漢，人們寧可守住、容忍原有的西漢體制，也不要王莽給的新天新地。

東漢前期就是在這樣的歷史氣氛下發展的。所以從光武帝開始，歷經明帝（西元五七年—七五年在位）、章帝（西元七五年—八八年在位），這短短幾朝中，採取了許多正面的措施，將西漢末年的巨大問題基本解決了，依賴的就是大家仍然記得王莽、仍然心有餘悸。

本來已經結束的漢朝獲得了新的生命，這是歷史上極有意思的一段轉折。

第二講

外戚、宦官、士族大亂鬥

01 利用經學和孔子，王莽篡漢的根本途徑

從西漢到東漢，顧名思義，是同樣一個漢朝，只不過國都從西邊搬到了東邊。不過歷史事實並沒有那麼簡單。這個「漢」畢竟還是發生了重大的變化，不是單純地國都換了個地方而已。

漢武帝時「獨尊儒術」，將孔子和孔子的主張訂定為朝廷的政治意識形態。孔子活在一個分裂、敗壞的封建時代，他的夢想是阻擋分裂、敗壞的趨勢，恢復完整、不變的周代體制。換句話說，孔子的思想是為了處理分裂處境而產生的，卻在西漢時被套用在一個大一統且愈來愈集權的帝國上。

於是，有一部分為了因應分裂問題而生的孔子思想，就在西漢的帝國意識形態中埋下了危險的威脅。例如核心的「天命」信仰。孔子為什麼要強調天命？因為他所處的是周天子權力下降、諸侯不再尊重周天子而各自作為的時代，周天子作為天下共主，維持封建諸國秩序的功能大減，要防止更進一步的失序，必定要有可以管轄諸侯的新權威。

強調天命，明白解釋了為什麼即使周天子現實力量薄弱，大家還是應該遵奉、服從周天子。因為周天子擁有天命，從翦商之後，天命就從商移轉到周，如此保證、維持了周天子的共主權威。從《尚書》中看得出來，周朝初建時，天命觀念一度很重要，然而一旦新政權穩定了，完整

的封建制度也得以正常運作了，就沒有理由或必要一再強調天命。直到正常運作明顯出現問題的春秋後期，孔子才需要重新標榜天命，意圖以天命的抽象信仰來維繫搖搖欲墜的封建秩序。

天命一度存而不論，到了孔子時代又拿出來強調。西漢崇奉孔子，將孔子誇張地神格化，也將孔子的思想「現實化」。孔子不再是個歷史人物，也不再只是提供歷史榜樣，而是代替漢朝接受了天命，又為漢朝先行訂定了制度規則。於是奇怪地，漢朝等於是轉而將自身權力的合法性建立在孔子，以及孔子所承受的天命上。

如此一來，便開了王莽篡漢的根本途徑，那就是利用經學與孔子，利用大家對於天命的信仰，將孔子拉到自己這邊，連帶地也就據有孔子的天命了。如此，漢朝的合法性基礎就不只是被侵蝕，而是在來不及進行修補前，整個被王莽轉手拿走了！

02 預言戰爭：以圖讖作為政治武器

為了回應高漲的「天命」信仰，漢平帝弄了個「再授命」的儀式，意味著重新得到天命。但結果呢？反而表現出連劉姓皇帝都沒有把握天命就在自家身上，更凸顯了天命是會移轉的，而且在當時的環境下，是隨著孔子思想移轉的。誰最像孔子、最有資格繼承孔子，誰就最有機會得到天命。

王莽藉此崛起，但他實行的尊古、復古措施真是「食古不化」，徹底破壞了社會運作機制，引起大亂，於是終極、至高的皇帝權威又瓦解了，下一波搶奪終極權位的狀態又出現了。大家不僅要用武力爭勝負，同時還要爭天命。

在這波混亂中崛起的人，誰都沒有王莽那樣的經學背景，有那種背景的人想必也無力參與戰場廝殺吧？所以天命落在誰家，主要就靠「圖讖」。圖讖是一種預言的形式，其力量根源於漢代各種神祕數術的發展。西漢一朝，占卜、算命、看相都很發達，由武帝朝爆發的「巫蠱案」也可以看出，祝詛、厭勝信仰也很流行。

它們發達、流行到不只預言個人，還習慣預言天下大勢。當西漢末年社會動亂時，朝廷中進行著政治勢力的鬥爭，朝廷之外的民間其實也在進行著另一場「預言戰爭」，各種預言蜂起，爭相吸引眾人的注意與信任。在這三、四十年的過程中，政治勢力爭鬥和預言聲望爭鬥彼此糾結，各方勢力必須在兩個戰場上都勝出，利用兩個戰場所得互相加強，才能在混戰中脫穎而出。

西漢滅亡，東漢出現，是這種「預言戰爭」下合理的結果。不是每個人都能說服別人自己擁有天命，混亂中大部分人的力量是零碎的，他們一邊參與、一邊觀望，進行聯盟的選擇。最好的選擇是什麼？是選擇最有機會贏的那個人，也就是從預言上看，最有機會取得皇帝大位的人。預言有著自我實現的加強作用，愈多人相信的預言，就有愈多人投靠過來，聲勢自然就愈高，然後如滾雪球般爭取到更多的支持，最後便實現了獲勝的預言。

什麼樣的預言看起來比較可信？最好是有點現實基礎的。假如有三個預言，分別說一個鄉里流氓、一個大地主和一個劉姓宗親會成為未來的皇帝，哪個比較有說服力，能吸引比較多人相信？當然是最後一個。劉姓有個巨大的優勢，用今天的流行觀念來說，他們是個大品牌，擁有最高的品牌辨識度。人人都知道劉家，人人都記得劉家人當皇帝的舊時代，相較於其他從來沒聽過的人，他們當然能夠獲得更多的注意與信任。

以劉家為主角的預言容易被注意、被相信，很自然地，這類的預言就會大量產生。不同來源的預言都指向同一個方向時，又使得這類預言看起來更有力、更可信。

這是群眾心理學，它讓劉家人取得優勢，容易號召依附；當然依附的人愈多，劉家聲勢愈旺，就有更多人相信天命在此。最後，天下落在劉秀手中，重新恢復「火德」，明確繼承前漢。於是後世歷史的固定看法，就將這四百多年視為一個完整的漢朝，只是中間出現了一點波瀾，多了一個新朝的插曲。

但這樣的傳統看法，很容易讓我們忽略造成東漢繼承西漢事實的過程中，一些沒那麼理所當然的因素。

例如「五德終始說」在其間發揮的作用。在光武帝劉秀統一的過程中，最後才降伏的是公孫述。公孫述不肯輕易降伏、堅持那麼久，是因為他手中也有一份「讖」，上面寫著：「八厶子系，十二為期。」前面四個字拼起來就是「公孫」，後面四個字則是天命顯現的明確預言，表示漢朝一共有過十二位皇帝，然後其天命就到期了，劉家沒得玩了，該換成公孫家上臺。

為了打敗公孫述，劉秀除了使用軍事武力外，也動用了心理戰。他派人到公孫述統轄的地區散布關於「八厶子系，十二為期」的「正解」——預言說的是公孫家只有十二年的期限，十二年一到，注定要向新的皇帝投降。於是預言重點就轉為這十二年該從何時算起了。

這樣的「預言戰爭」，包括如何解釋既有的預言，是當時政治勢力消長變化的關鍵，當然不容輕忽。

再看東漢初期兩件牽涉到皇室宗族的大案，一件的主角是劉荊，另一件的主角是劉英。劉荊是明帝的弟弟，劉英是楚王，都是核心的皇室成員。楚王劉英在歷史上有重要而明確的位置，他是歷史紀錄中第一個接近佛教、信奉佛教的人。劉荊呢？史書記載，他身邊圍繞著許多占卜、算命之士。

先不說這兩人被控叛亂、終至自殺的經過細節，光是他們和這些數術之士密切交往進而成為遠近所知的消息，其實就已經埋下危險的種子。在那個時代，可不能隨便算命、隨便探求預言啊！從皇帝和朝廷的角度看，他們身邊聚集這些人要幹嘛？為什麼他們積極地想要知道未來？這便是野心的顯露，也必然是對皇帝和朝廷的威脅。

圖讖、預言、算命，這些可不是我們今天認為的「迷信」，在那個時代是很有力的政治武器。

03 由西到東的遷都，自北而南的移民

從西漢到東漢，國都由西邊的長安搬到東邊的洛陽。有兩個重要的理由：第一，劉秀起自南陽，洛陽靠近他起家的根據地。第二，因為新莽大亂，赤眉、綠林多方軍隊進入關中混戰，造成關中殘破，長安周圍的經濟生產被嚴重破壞，無法供給這個大都市之所需。而國都從西邊搬到東邊，也帶來了連環變化。

首先受到影響的是西北的防衛布局。東漢成立之初，西北方的匈奴內部也發生了大變化。歷經武帝以來漢朝的反覆攻擊，匈奴內部的政治局勢長期不穩，到此時正式分裂為北匈奴和南匈奴（西元四八年）。於是本來激烈敵對互戰的漢朝和匈奴，都面臨著全新的局勢。漢帝國由西朝東移，拉開和匈奴間的距離；匈奴因內亂而分裂，南方這支勢力要和北方抗衡，很自然的選擇便是親近漢朝，倚賴漢朝的協助。

雙方在變動條件的配合下，漢朝接受了與南匈奴聯盟的提議。光武帝將今天的河北西北部到內蒙古的這一帶草原，讓給南匈奴居住，於是南匈奴集體南遷，和漢朝更加接近。

南匈奴和漢朝結盟的目的是壯大自己，以便攻打北匈奴，畢竟北匈奴據有匈奴原有的地盤。但這時東漢新立，才剛結束一、二十年的戰亂，現實條件上不足以支持南匈奴北征。於是這件事

只能先擱置，直到和帝（西元八八年—一〇五年在位）時才由當時的大將軍竇憲領軍，和南匈奴並肩出兵，擊敗了北匈奴，徹底瓦解北匈奴的部落組織。

如果是在光武帝時，漢朝和南匈奴便聯軍攻克北匈奴，那麼可以預見新統一的這個匈奴王朝一定會與漢朝親善，維持相當長時間的和平。然而攻打北匈奴的事晚了將近五十年才進行，情況可就不一樣了。南匈奴進入鄂爾多斯草原定居已有半世紀，相當於兩代人在這裡生活長養，此時大漠對他們的意義改變了。竇憲出征時，不再是漢朝配合、協助南匈奴打北匈奴，而是倒過來，變成南匈奴配合、協助漢朝打北匈奴。南匈奴已經不想統一北廷、回到大漠去了。

北匈奴遭擊潰，殘部朝西邊移動，南匈奴卻還是回來繼續住在鄂爾多斯草原。於是新的遊牧民族從東邊進入北匈奴空出來的區域，這些民族中最有名的是鮮卑和烏桓。

這是歷時長遠的連鎖反應。南北匈奴分裂，南匈奴南下，再結合漢朝的力量打敗北匈奴，但南匈奴沒有回到匈奴故地，這塊空出來的區域就吸引了其他民族進入。總體而言，草原民族南下到鄂爾多斯平原，另外北方開始大遷移，過去不曾和中原王朝發生關係的新民族出現在邊境上，成為「五胡亂華」事件的前兆，這些「胡」大多是在這樣的連鎖變化中進入了中國歷史。

依照《後漢書》的記錄，從西元二年到一四〇年，關中以北的西北地區人口減少到約原有人口的三成。這意味著漢武帝以其雄才大略大幅往前推進的屯戍農耕線，自從漢朝的政治中心由西而東後，就大幅地失守、退卻了。一度被漢武帝推到草原北側的農耕民族與游牧民族的分界線，到東漢時又撤退回草原南側。

不只如此，從西北地區南撤的農業人口，先進入關中，但戰亂之餘，殘破的關中怎麼可能支應多增加的人口？他們只好進一步和其他關中的游民再往南走，進入四川盆地，甚至繼續再往雲南移動。

如此刺激產生的龐大連環移居，有兩層歷史意義。第一，西漢時期民族關係的緊張衝突，主要發生在西北地區，尤其是和匈奴之間的關係；但到了東漢，這種緊張衝突換到了南方，漢人與羌族的關係變成了大問題。

「羌」其實不是單一的民族，而是中國本位史料記載中對於西南非漢族族群的統稱。連鎖移民變化使得漢人在西南的人口增加，他們拓展、占領土地，當然就和西南原住民產生了衝突，於是「羌」在東漢史料中出現的頻率快速增加。

第二層更重要的意義，在於開啟了中國文明重心南移的長遠變化。錢穆先生在《國史大綱》提出的精采論點之一，就在提醒我們注意兩千年來中國文明重心的持續變化。中國文明的重心從黃河河套地區開端，到兩千年後的清朝末年，無論是經濟生產數據、科舉考試登榜名單，還是革命人士的籍貫分布，方方面面都顯示中國文明、中國社會的重心已經偏向長江以南到珠江流域地區了。中國文明重心南移的起始點就是東漢。表面上看，政治中心是從西邊移向東邊，但在各項因素的綜合作用下，另一個人口移動的潮流，是由北而南的移民。東漢的人口分布狀況，明顯地和西漢不一樣了。

04 東漢皇后不能簡單看作皇帝的妻子？

東漢光武帝即位後，曾經針對皇宮內部，也就是一般通稱的「後宮」進行了改革。西漢末年，皇帝的後宮很複雜，皇后以下的後宮女子共分成十四個等級。光武帝大筆一揮，簡化為只剩四個——貴人、美人、宮人、采女。又將後宮的選拔清楚地制度化，每年八月，各地將「入屏」的候選人送來。「入屏」有一定的基本條件，必須是處女、身世清白、面容姣好等等。地方先將「入屏」的候選人分成九等，送入宮後再按照一定程序確定評等。

雖然後宮等級簡化了，但因為選拔方式制度化，結果送進宮的女子其實比西漢時多。多到什麼程度呢？到東漢末年桓帝時，高達五、六千人。

理論上，皇后就是從這麼龐大的後宮中選出來的。但只要看一個簡單的數據，我們就知道理論與事實有很大差距。東漢共分為十三州，後宮女子分別來自十三個州，別說六千分之一，即使只按一成來算，每位皇帝從六百名女子之中選出一位皇后，出現連續兩位皇后來自同一州的機率有多高？再算一下，皇后不僅來自同一州，而且還同姓的機率又有多高？

事實是，東漢末年大亂之前，一共出了十三位皇后，分別是兩位陰皇后、兩位竇皇后、兩位鄧皇后、兩位梁皇后、一位郭皇后、一位馬皇后、一位閻皇后、一位宋皇后、一位何皇后。陰、竇、鄧、梁四個姓都出現了兩位皇后，這夠奇怪吧？再看，東漢這十三位皇后，其中有十人沒有生出子嗣！

這是怎麼回事？如果依照想像，皇帝挑選他最喜愛的女人，封她為皇后，怎麼會那麼剛好，前後幾任皇帝挑的都是同姓，有時甚至是同一家的女人？而且東漢的皇帝怎麼那麼會挑，總是挑到不會生育的女人當皇后？有四分之三的皇后沒有生出子嗣，這比例也太高了吧！

讓我們細看一下這十三位皇后的來歷。先從光武帝的陰皇后陰麗華開始。陰麗華很有名，據說光武帝少年時的一大志願就是「娶妻當娶陰麗華」，她是遠近馳名的大美女。難道她是因此而被立為皇后的嗎？事實應該沒那麼單純。在立陰麗華為后之前，光武帝就有一位即位前的妻子郭皇后，郭皇后來自北方大族。新莽末年亂局中，娶郭氏對劉秀大有幫助。劉秀自己是南陽人，身邊另有很多潁川人，於是大家將他視為南陽、潁川的地方勢力，而娶了郭姓的女兒，讓他能夠擺脫地方勢力的限制，吸引北方大姓的依附。

光武帝新立陰皇后，必須先廢郭皇后，但因為有這層政治考量，他雖廢后卻沒有廢嫡，仍然以郭皇后的兒子為太子，而且善待郭皇后。換句話說，遭廢的郭皇后沒有真正失寵，光武帝仍然以她來維繫和北方大姓之間的關係。

陰家和鄧家都是南陽大姓，兩家一共出了四位皇后，和帝與桓帝都有一位皇后姓鄧。還有兩位竇皇后，她們都是竇融的後輩，竇融是東漢初年河西的大軍閥，光武帝即位後，他甚至還盤據河西長達九年，後來才投降光武帝，對光武帝最終統一帝國大有助益。還有梁家，順帝和桓帝都有一位皇后來自這一家，梁家也是西北大族。

弄清楚這些皇后的出身，加上她們之中四分之三沒有子嗣的事實，我們就能理解：不能簡單地將東漢的皇后看作皇帝的妻子。皇后和皇帝之間不是普通的私人關係，毋寧有更強烈的政治關係。皇后根本就不屬於皇帝的後宮之內，後宮幾百人、幾千人怎麼選，都和皇后無關。一來，皇后不是從後宮中選出來的；二來，更重要的是，皇后不像後宮女子，不是以皇帝的私人欲望為標準來選擇的。

05 大姓共治：東漢的實質統治結構

皇后的角色與作用，讓我們看見西漢和東漢在政治上的根本差異。西漢的實質統治者是劉家，雖然前有呂后、後有幾位太后或太皇太后掌權，但那是一時的變化，絕非制度性的安排。東漢的情況就不再是這樣，雖然都是「漢」，東漢的實質統治結構已變成了大姓共治。

皇帝仍姓劉，但從光武帝開始，劉姓皇帝必須確保幾個大姓的支持、合作，才能坐穩皇帝位子，因而有了種種固定的機制，以聯繫、團結大姓勢力。在這過程中，皇后就從皇帝的妻子，轉型成為劉姓與其他大姓間權力共享的機制。

幾個大姓藉由決定皇后角色、支配皇后，來確保自身的權力與地位。撇除光武帝的開國功臣和東漢末年大亂時，東漢一共立過七位大將軍，就是朝廷破格提拔、最有權力的人，其權力足以和皇帝分庭抗禮。前面提到出過兩位皇后的竇家和梁家各有兩位大將軍，鄧家有一位、何家有一位，還有一位出自耿家。[1] 這絕不是偶然，也不能以單純的「外戚」勢力來解釋。

應該這樣說，西漢的外戚真的是外戚，他們因為嫁入宮中的女兒受皇帝寵愛而成為皇后，所以取得了介入政治的權力管道。東漢的外戚則是在成為外戚之前，已經先具備了和劉姓共治的大姓身分，沒有這種身分不可能成為外戚，也就是說，皇帝沒有在這些大姓成員以外選擇皇后的自由。皇后是既有的共治關係制度化的手段，誰家女兒當上皇后，誰家的男人就能夠理所當然以外戚身分，或以大將軍的地位直接參與統治。

劉家仍然據有最大的、最核心的權力，這些大姓中任何一家都不足以和劉家相比，但劉家皇帝必須在大姓共同形成的結構中行使其權力，這個結構高於、強於任何一位劉家皇帝的主觀意志。光武帝的重要貢獻，就在於運用人際技巧，組構了這樣一個新的政治體系，快速地平息了大姓之間的矛盾，避免新的朝代成立之初各方勢力持續衝突打殺的局面。

1 這七位大將軍分別為：和帝時的竇憲，安帝時的鄧騭、耿寶，順帝時的梁商、梁冀父子，靈帝時的竇武、何進。

從此，東漢的皇后變成了公共性、政治性的角色，主要的作用不是為皇帝生小孩。皇帝私下喜歡哪個女人、對哪個女人有較高的欲望，和選擇誰當皇后不是一回事，兩者是分開的。這或許就是東漢皇后生育率奇低的關鍵原因。

因為大部分皇后都沒有生育，但皇帝生前就要立太子，尤其是皇帝死後要立新的皇帝，因而皇后、皇太后就成為關鍵角色。一般而言，皇后會選和自己有特殊親近關係的嬪妃所生的小孩當皇帝。不過也有更特殊、更極端的情況，例如章帝之後的和帝、殤帝（西元一〇五年—一〇六年在位）、安帝（西元一〇六年—一二五年在位），出現了一連串的繼位問題。然而不論情況如何，不管哪位皇太后掌權，最終畢竟都還是從劉氏的宗室子弟中尋找皇帝人選，不可能由其他大姓取而代之。

在共治體系中，大家對劉姓的地位有高度共識，大姓之間的權力鬥爭，也始終以劉家人當皇帝為前提。不過在這種情況下產生的東漢皇帝，不可能有太好的訓練與準備，真正上臺後也就不能發揮強力的統治作用，只能保住分治的象徵性地位，也就是說，主要是維持大姓之間的權力平衡。這個共治關係中不能沒有劉家，不能沒有劉家的皇帝，大家的共識是皇帝位子留給劉家，其他人去爭取皇帝以外的權力。而劉家皇帝當然可以有所偏愛，拉這個、打那個，所以竇家倒過、梁家倒過，但劉家一直都在。

大姓的此消彼長，都還是看皇帝的態度，不過也取決於皇帝在位的時間長短和年紀大小。皇帝一死，皇后就升為皇太后，有了選擇下一任皇帝的權力。西漢有皇太后，東漢也有皇太后，但她們在政治上的作用大不相同。東漢的皇后幾乎必定出自大姓，背後本來就有家族的巨大力量，皇后、皇太后的外戚，不過就是將既有的家族力量在帝國政治中建制化而已。

西漢的皇帝可以預先排除外戚的因素，就像武帝臨終前所做的；東漢的皇帝就不可能排除外戚了，因為他們的皇帝位子根本就是夾在外戚之間的。

06 掌握土地資本和社會聲望資本的世家

世家大姓取得了中央政治角色，更進一步影響到東漢的社會運作。東漢歷史的基本發展，從政治到社會，就是世家大姓愈來愈重要。只是世家大姓的性質，到東漢中葉之後有了明顯的變化。那就是「累世經學」的出現，世家大姓除了繼續擁有原本的土地資源外，更增添了在知識與真理上的特殊地位。

回頭整理一下，西漢末年王莽之所以快速崛起，是因為當時社會出現了嚴重問題，其中之一便是土地兼併，地主、尤其是大地主的勢力快速拓展，小民紛紛淪為「佃」和「奴」。經過新莽的騷亂，這個問題在東漢並沒有得到真正的解決。從光武帝到明帝、章帝，東漢前三位皇帝回歸到西漢建立之初的政策，模仿「文景之治」，省賦斂、與民休息。然而這種相對被動的政治風格，不可能阻卻土地兼併，更不可能削弱既有的豪族大地主。

豪族大地主並未沒落，勢力更未減少，反而是握有勢力久了之後變成了「世家」。「世家」意味著不再是新貴、暴發戶，他們擁有大筆土地的時日久遠，別人都不記得他們在成為大地主之前的狀態，不只接受了他們的大地主角色，進而必須給予他們一定程度的尊重。換句話說，他們不只財富累積增加，現在還同時累積增加了聲望與地位。

相較於單純的土豪大地主，世家集中壟斷了更多的社會資源。他們掌握了土地資本，又進一步掌握了社會聲望資本，之後再往前一步，將土地資本、社會聲望資本轉換為商業資本。他們可以自由往來、挪移各種不同資本，因而拉大和小民之間的距離，甚至到達徹底隔絕的程度。

魏晉南北朝發展出的「門第」觀念與制度，其實是植根於東漢的。如果執著於看漢朝，我們很容易將西漢和東漢等同視之，特別只看到兩漢之間的相同之處。但換另一種眼光，即意識到東漢與西漢的相異之處，我們反而會看到從東漢到魏晉南北朝一脈相承、持續發展的現象。

從社會結構、資源分配、貧富差距的角度看，從東漢到魏晉南北朝，並沒有斷裂式的巨大差異，和「五胡亂華」所帶來的歷史印象不太一樣。這些在魏晉南北朝時期被放大的門第現象，只能回溯到東漢，東漢之前的西漢並未有類似的結構，由此更明白顯現了西漢與東漢之間存在著不完全連續的關鍵變化。

07 外戚與宦官，東漢政治史最大的主題

奧地利哲學家維根斯坦（Ludwig Wittgenstein, 1889-1951）曾經提出一個簡單卻重要的邏輯學概念，叫做 family resemblance，即「家族相似性」。這個邏輯概念從我們對家族成員的比對開始，看一個家族的人，祖父、祖母、叔叔、伯伯、姑姑、爸爸、媽媽、哥哥、弟弟、姊姊、妹妹，還有堂兄弟、堂姊妹，幾十個人，看起來每個人長得都有點像。看著看著就很容易產生一種錯覺，認為這幾十個人的長相都來自一個家族相貌的典型，他們都是「從一個模子裡捏出來的」，只是這個人鼻子塌一點，那個人眼睛長一點，還有的頭大一點或臉頰胖一點……

藉此維根斯坦提醒我們：遇到相似性現象時，我們往往未經檢驗地假設相似的現象都來自一個原型，並且會試著從這些相似間找到原型，以原型來統合所有的相似現象。

然而事實並非如此，或者說不能用這種方式來掌握事實。家族的相似性就不是因為大家都源自一個中心的原型。比如爸爸和兒子在某些地方像，哥哥和妹妹在某些地方像，妹妹和她的女兒在某些地方像，其實相似是存在於兩個兩個個體之間，是這樣個別相似的連續所組成的。但整個家族所顯現出來的各種不像的、異質的成分，畢竟多到不可能找得出一個原型、典型來。

這個概念對我們學歷史，尤其理解中國歷史大有幫助。過去學中國歷史的方式，經常要人相

信有一種典型的中國人、典型的中國文化貫串在歷史中。於是學歷史的重點，就在找到這個原型，這就連帶產生兩種傾向：一種是拚命描述、形容什麼是中國人、什麼是中國文化；另一種則是相信一旦找到中國人、中國文化的答案，就可以將龐大的歷史材料放到一邊、置之不理了。

歷史知識不是這樣的，歷史的實情比較接近「家族相似性」。前面一個時代和後面接下來的時代有很多共同之處，第二個時代又和接下來的第三個時代有很多共同之處……，如此一路下來。因為看到每個相續的時代都有類似之處，我們就能從中找到一種「本質性的中國人或中國文化」嗎？不是的。從第一個時代到第二個時代，有共同不變的，卻也有改變不同的地方；第三個時代又在繼承第二個時代的情況下，產生了第二個時代沒有、第一個時代也沒有的差異。如此一個時代、一個時代累積下來，有多少是從頭到尾不變因而可以拿來當作本質、原型的呢？又怎麼能維持呢？

歷史學要做的，不是取消這一長串的時間變化，讓大家以為可以找到一個本質、原型的中國、中國人和中國文化；而是誠實地面對史料，耐心地建立起所有的變化環節，從這朝到那朝，從這環到那環，認真記錄到底什麼變了、什麼維持不變。變與不變都是歷史，不能偏廢，因而不能假裝看不到變，將變的部分蒙混過去，刻意強調不變的部分。

東漢政治史最大的主題，是外戚和宦官；甚至可以說，如果拿掉了外戚和宦官，就無從講述東漢王朝政治史了。單純從名稱和角色上看，東漢的外戚、宦官和西漢是相同的，但細察內在的實際運作，我們卻又看到了從西漢到東漢的絕大差異。

圍繞著皇后、皇太后而產生的外戚，在東漢成為大姓介入政治的建制化管道。明帝的皇后是馬援的女兒，馬援是和光武帝一起打天下的大族勢力。明帝找人畫「功臣圖」於雲台閣，表彰在王朝建立過程中的功臣們，畫完成後立即引來眾人驚訝反應——上面竟然沒有馬援？怎麼可能沒有馬援！

那是明帝的統治手段。故意將馬援從功臣圖中除名，裁抑馬援，但同時又選馬家的女兒當皇后作為補償。明帝去世之後，章帝即位，馬皇后就升級為馬太后。這位皇太后很了解大姓共治的權力運作，因此刻意限制馬姓親族，避免引來其他大姓認為馬家要壟斷權力而不滿，防止其他大姓聯合起來與馬家為敵。

章帝的皇后來自竇家，當時竇家最有權力的人是竇憲。竇家在取得外戚身分之後，可就沒有像馬家那麼節制了。竇憲甚至侵奪沁水公主的園田，沁水公主是誰？沁水公主是劉家人、是劉姓宗室，竇憲竟敢奪沁水公主的園田，公主卻不能怎麼樣，皇帝也拿他沒辦法。

章帝去世，竇皇后升為竇太后，竇憲更囂張了。因為竇太后信任都鄉侯劉暢，引起竇憲不滿，直接就殺了具有侯位的皇室宗親劉暢，然後再嫁禍給利侯劉剛，順便又除掉另一位皇室宗親。

這種事在西漢是不可想像的。西漢時，劉家仍然是皇權的中心，外戚權力來自皇后或皇太后，外戚怎麼能和自家皇太后作對，在沒有激烈政治鬥爭的情況下就除掉兩名劉姓宗親？

08 皇權空洞化，外戚、宦官輪番掌權

西元八八年，十歲的和帝即位，四年之後，和帝聯合宦官鄭眾，反撲攻擊竇憲，逼迫竇憲「就國」，即離開洛陽回到封地，之後又逼他自殺。這樣的事，也就是皇帝年幼時皇太后與外戚專擅，等到皇帝長大了要親政，就憑藉宦官力量從外戚手中將權力奪回，我們也在西漢的歷史中看過。這就是「家族相似性」，但在表面的相似之外，有些新的、不同的元素加進來了。

西元一〇五年，和帝駕崩，要立新的皇帝。和帝當時的皇后是鄧皇后，她是另一位開國功臣鄧禹的孫女。鄧皇后自己沒有生育，在和帝留下來的兩個兒子中，她決定「捨長立幼」，選擇後來的殤帝。

在這過程中，我們看到了東漢和西漢的兩項差異。首先，西漢的皇帝要與外戚爭鬥，除了宮中最親近的宦官外，必然能夠信賴的還有自家的劉姓宗親。然而到了東漢，劉姓宗親的力量從皇權鬥爭中出局了，皇帝的叔伯兄弟等人已經持續被壓抑、削弱到沒有影響力了。少了宗室這股力量，東漢皇帝就不得不更依賴宦官。

其次，西漢外戚的力量很大一部分取決於宮中皇后和皇帝的關係。等於是皇后或皇太后從皇帝那裡獲得權力後，轉交給自家父兄行使。東漢的外戚少了這層考慮，他們本身就是大姓，長久

形成了對劉家的牽制，當然就比西漢的外戚更獨立、也更強悍。

東漢的宦官比西漢的強大，東漢的外戚也比西漢的強大，兩頭夾擠之下，當然皇帝既幼弱又可憐。發展到後來，皇帝基本上被架空了。和帝死後，鄧太后「捨長立幼」，就是故意選了年紀小、身體又差的皇子當皇帝，他沒有能力行使任何權力，只能由鄧太后臨朝掌政，而且沒多久，根本來不及長大，這新立的皇帝就死了，所以才謚號為「殤」。

西元一〇六年，才即位一年的殤帝去世，於是又立了安帝，仍然是鄧太后選的。鄧太后早就預見殤帝活不久，便早有準備，從劉氏宗親中積極物色，找到她覺得最乖、最聽話的一個，將之留在宮中，殤帝一死就安排安帝繼位。

安帝年紀較大，所以即位三年後，大臣杜根便上奏建請皇帝親政。奏書一上，鄧太后便「令盛以縑囊，於殿上撲殺之」（《後漢書．杜欒劉李劉謝列傳》），命人直接用布袋蓋住杜根，要在殿上活活打死。執法的人私下告訴行刑的人不要打得太用力，打完就將杜根送出城，杜根靠著裝死才得以保住性命。

杜根做了什麼？不過就是為皇帝說了句話，認為皇帝應該當個真皇帝了，如此就引來鄧太后「令盛以縑囊，於殿上撲殺之」的反應！在東漢的皇后、皇太后中，鄧太后還不是以跋扈出名的。她的反應清楚顯現出，此時的皇權已經空洞化，朝廷的實際權力不在皇帝身上，皇帝無法發揮實質作用。

朝廷的實際權力有時在外戚手裡，有時在宦官手裡。西漢時皇帝和宦官的關係，源自皇帝為了對付外戚而拉攏宦官，主動權在皇帝；但到了東漢中期以後，情況倒過來了，往往主動的是宦官，宦官挾持著皇帝來保護或增加自身的權力。

皇權空洞化後，東漢的政治就陷入固定的輪轉中。當皇太后在位時，外戚是政權實際的主人；當皇太后去世，皇后還沒升級為皇太后時，表面上外戚勢力消退了，但也仍然不是皇帝自己做主，而是宦官當政。等到皇帝一死，皇太后及其背後的外戚想要掌權，一定先對付宦官。而宦官為了保護自己、對抗外戚，必然更牢牢地緊抓住仍然有至高權力象徵作用的皇帝。

幾朝這樣輪轉下來，一個新變數接著出現了。宦官長居內朝，一直到順帝之前，宦官勢力出不了宮門，只能依靠皇帝。但外戚就比宦官靈活，他們可內可外。有皇太后可以依恃時，他們當然靠皇太后；沒有皇太后時，就轉而向外拉攏外朝。

也是從鄧太后開始，她和其後的外戚勢力刻意攏絡士人、表彰儒學，有意識地將外朝的力量拉過來，成為外戚和宦官鬥爭中的另一股力量。

09 士族與清議，人品排比階層高下的新主張

東漢時期的外朝也和西漢時大不相同，最大的變化在於「士族」的興起。什麼是「士族」？士族的形成和經學、太學有關。不過從東漢的政治勢力結構來看，士族現象的重大意義在於那是外朝力量一種新的集結方式。

從西漢到東漢，大姓、宗族、豪強勢力日益坐大，原先在西漢時還被視為嚴重社會問題的土地所有權集中，到東漢逐漸變得理所當然。於是身分和財富緊密相連，階層流動愈來愈小，幾個大姓永遠都是大姓，他們的土地只會愈來愈廣，他們家的財富只會愈累積愈多。相應地，地方上其他人的出路都被堵住了。

東漢中葉以後，延續著表彰儒學的政策，配合地方上的流動停滯，而有了新的發展。表彰儒學的實質作用便是凸顯儒師，於是部分儒師便能藉由所得到的尊崇向上流動。學習儒學，尤其是到京師裡進太學，成為許多地方人士僅有的社會階梯。因而在太學、在一些有名的儒師或官員身邊，便集結了一群人，從弟子到門生到賓客，形成一種新的群體集結形式。

他們為什麼走上這條路？因為他們明確看到社會上有許多有形或無形的資源，都控制在大姓豪族手中，對自己關上了大門，僅剩儒學開了一小扇窗，讓他們有機會參與分享龐大的資源。不

集結，他們完全沒機會；但就算集結了，要取得資源，相較於眼前的大姓豪族仍然極度困難。

如此產生了這個集團的不滿與不安性格。形成集團的主要力量，是對現實僵化社會關係的反動；而表現集團團結意識的方法，就是「清議」。清議的本質，用《後漢書》中的描述，就是「品核公卿，裁量執政」，大家聚在一起，評論一些有權力的人，看他們誰做得比較好，誰比較差；看他們誰是好人，誰品德有缺。

「裁量執政」和「品核公卿」稍有不同。「裁量執政」是針對事，以事為評量對象；「品核公卿」可就是直接對人了，看哪個人的人品比較好。清議從批評時政開始，逐漸將重點轉移到人物評等上，進而發展出日益細密也日益流行的「人品分等」，實質上就是在既有的社會階層高下之外，新創一種不一樣的價值架構。不用也不接受既有的地位、財富標準，而是伸張一種以人品排比階層高下的新主張。

清議的形成，清楚反映了士族對當時社會地位、財富固定僵化情況的抗拒。無法在這套僵化制度中往上流動的人，也撼動不了這套制度，於是他們聯合在一起，自創新的階層觀念，發展出自己的標準，用以對抗原有的標準。有田宅、有高位，了不起嗎？不，在我們眼中你的人品低下；在我們這套標準中，我們可以睥睨、瞧不起你。這是清議背後最主要的心理反應模式。

士族用清議來表達對主流社會價值的叛逆，進而進行社會價值上的自我重建。他們拒絕接受已經固定的、他們進不去的那套社會品級，而是自成一個圈子，在這個圈子內實踐社會品級的重訂。如此一來，清議便對既有的社會階層形成了挑戰，刻意和既有的社會價值產生緊張關係。

10 順帝的一道詔書，讓宦官勢力家族化

只因為建議安帝親政，杜根就差點被鄧太后當廷打死，可想而知，必須等到鄧太后歸天，安帝才有親政的機會。安帝親政後，鄧氏外戚收斂了，輪到宦官勢力抬頭。西元一二五年，安帝駕崩，原來的閻皇后升為閻太后，挾著背後閻氏外戚的力量，選了只有八歲的北鄉侯為少帝，接下來必然要整肅宦官。大權落入閻太后和閻家手中。

但少帝立了沒多久就過世，於是朝廷又要再選一位新的皇帝。就在此時，發生了過去不曾出現過的新鮮事，在閻太后還來不及選定新皇帝之前，宦官們在中常侍孫程的領導下，先立了一位皇帝。

這可不是皇帝聯合宦官來鬥外戚，而是宦官索性擁立自己想要的皇帝來鬥外戚。宦官所立的皇帝就是順帝（西元一二五年——一四四年在位），既然皇帝是宦官立的，當然就輪到原來的外戚倒楣了，閻太后的哥哥閻顯被抓，閻太后和閻家受到宦官的阻擋而失去大權，勢力快速滑落。

西元一二九年，由宦官擁立的順帝下了一道詔書，改變了宦官的權力空間。詔書中說「宦官養子悉聽得為後，襲封爵，定著乎令」（《後漢書．宦者列傳》），也就是從此時開始，宦官可以有養子，也可以將他獲得的身分地位由養子繼承。

以前宦官可以封爵，但因為宦官無後，爵位不可能世襲，只能及身而終，也就無從累積爵位帶來的財富與影響力。但順帝下詔後，情況徹底改變了。宦官可以養子，而且因為是收養的，能保證養的一定是兒子，兒子不只可以繼承爵位，又不必被限制在宮中。宦官養子一定在宮外，於是宦官原本被困在宮中的勢力，這下子就能拓展到外面了。

此事非同小可。這等於是讓宦官的勢力也家族化了，他們不再是一時依附在皇帝身邊才能取得權力，而是從此得以培養自己的權力基礎。另外，宦官的勢力藉養子從宮中進到社會，不再只局限於「內朝」，也就必然和「外朝」有了新的關係，更多是新的衝突。

原本外朝官員和宦官幾乎全然無涉，一個進不去，一個出不來，不管合作或衝突都不可能。能進又能出的只有外戚。因而在政治鬥爭中，外朝的角色僅止於要不要和外戚合作，就算宦官當權時，外朝也只對皇帝負責，不會和宦官有直接的權力或利益關係。

順帝之後，新的衝突出現了，使得東漢的政局更加動盪。宦官的勢力延伸到宮外、到地方上，與圍繞著外朝形成的「清流」有了直接的價值與觀念矛盾。

順帝朝宦官勢力高漲，唯一能制衡宦官的是梁皇后。梁皇后的父親梁商策略性地拉攏外朝，透過外朝和宦官對抗。不過他們改變不了根本的權力態勢，那就是順帝是由宦官擁立的，在和皇帝的親近關係上，他們比不上宦官。

梁商比順帝死得早，他經營的勢力由兒子梁冀繼承。西元一四四年順帝去世，梁皇后升格為梁太后，風水輪流轉，掌控權力的機會又到了外戚這邊。

11 跋扈將軍的跋扈行徑和外朝分裂

順帝死後，二歲的沖帝（西元一四四年—一四五年在位）即位不久就過世，於是梁冀協助妹妹梁太后立了八歲的質帝（西元一四五年—一四六年在位）。梁冀的個性和父親梁商很不一樣。梁商低調，在幕後厚植人際關係，得到外朝清流人士的信任；梁冀卻高調、囂張，跋扈到天下皆知，就連八歲的小皇帝都感覺得到，給了他一個外號叫「跋扈將軍」。

「跋扈將軍」受不了小皇帝這樣叫他，一怒之下就毒殺了質帝。東漢皇權空洞化又降到新低點，皇帝連保護自己生命的能力都沒有了。又死了一位皇帝，接著該誰繼位？梁冀屬意立蠡吾侯，並安排將另一個妹妹嫁給蠡吾侯，如此梁家就又能穩占下一個皇后位子。然而梁商拉攏、結盟的外朝，其領袖李固卻堅持該立清河王。

選擇清河王，符合清議的標準。清河王不但年長，已經有了一定的令譽，而且和蠡吾侯相比，還有一個更明顯的優勢：一邊是王，另一邊只是侯，在宗族的親疏上，清河王的地位比蠡吾侯高得多。

但梁冀不讓步，於是就在立新皇帝這件事上雙方鬧僵了，梁商建立起的聯盟也破局了。和李固的清議派分裂後，梁冀找上了司徒胡廣，他是外朝中不屬於清議派的人士。於是環繞著立新皇帝又再節外生枝，造成了外朝的公開對立。李固這派對胡廣那派發動了嚴厲的批判，胡廣那派也高聲反擊，在當時的風氣下，雙方的攻訐都是「對人不對事」，用尖刻的語言指責對方的人格，這就讓衝突更加激烈，難以收拾。

原本外戚、宦官、士族的三角關係，此時變得更複雜了。部分士族與外戚合作，對立的另一部分士族卻反對外戚；而宦官的影響力又藉由養子快速蔓延到宮外，和部分士族產生了利害衝突，但同時也就有機會拉攏另一部分的士族力量。多方的合縱連橫混亂交錯，東漢的政局便隨之每況愈下、不堪聞問了。

梁冀拉攏胡廣，成功地立蠡吾侯為皇帝，是為桓帝（西元一四六年——一六八年在位），梁冀的妹妹也成為新的皇后。梁家掌握了皇太后、皇后兩個關鍵位子，過程中又製造了外朝的分裂，在這段時間裡，梁冀幾乎掌控了所有的權力。這樣的情況如果晚個一百年、出現在南北朝時，那麼漢朝根本就不會繼續存在了，梁冀一定會推翻劉家皇帝，建立自己的新朝代。

可以這樣說，其實南朝那種朝代快速遞變的情況，這時候就已經出現了。只是漢朝殘餘的體制仍然有那麼一點表面作用，讓即便像梁冀如此有權力、如此跋扈的人，都還是覺得不能順理成章地建立自己的新朝代。但若從事實而不是從名義上看，梁冀當政時，劉姓皇帝根本沒有任何作用，整個政局其實處在一個變相的「梁朝」裡。也就是說，桓帝名義上具有的皇權已經徹底空洞化，真正在行使皇帝權力的不是桓帝，而是梁冀。

12 東漢大姓女子的強悍、異質存在

受到「清議」品評月旦的影響，後世史書對於梁冀當然沒有太多好話。《後漢書・梁統列傳》不只記錄了梁冀的種種惡行，還特別凸顯他的妻子孫壽。

其中一段記載：梁冀的父親梁商曾經送一名美人友通期進宮服侍順帝，後來友通期犯了過錯，被送回梁家。梁商不敢讓友通期留在家裡，積極安排她另行出嫁。然而梁冀喜歡上友通期，竟然命手下將嫁了人的友通期搶回來。梁商去世後，守喪的梁冀不能跟妻子同房，就藉機去城西和友通期住在一起。事情被孫壽知道了，她算好梁冀回家的時間，派人將友通期修理一頓，又是打，又是刮臉毀容。孫壽鬧了好大一場，梁冀不得不去求岳母出面，才算平息了家亂。

但事過之後，梁冀仍然繼續和友通期私通，還生下一個兒子。這事又沒躲過孫壽的耳目，孫壽派人殺了友通期，梁冀只好到處藏匿私生子，才沒一同被害。

孫壽如此激烈對待梁冀私通之事，但她自己也有私通的對象。梁冀喜歡一名叫秦宮的監奴，本來是家中的下人，因得寵竟然「官至太倉令」。秦宮卻經常進出孫壽住的地方，他一來，孫壽就將旁人支開，說有重要的事要談，實際上是祕密私通。

孫壽住的地方也大有來頭。梁冀大張旗鼓地建造豪華宅第，妻子孫壽就在對面也不甘示弱蓋起另一幢豪華宅子。一對夫妻蓋兩幢房子也就算了，更誇張的是還彼此競爭，比誰蓋得更奢侈、更華麗。每一間廳堂都講究得很，有光線可以照進來的地方，還有陰暗的密室將房間連接在一起。雕梁畫棟，窗牖雕花刻畫。又有庭院，還有園囿，裡面養著名馬和奇珍異獸。梁冀、孫壽夫婦閒來沒事就坐著豪華輦車，張著華麗的車蓋，在自己的園子裡優遊。不時還召來樂隊舞女，整路歌唱跳舞。

梁冀、孫壽權力鼎盛時，大家都要巴結接近，以至於光是管通報的門房收到的賄賂都足以致富。他們家的林苑和皇家同等級，不只面積廣大，更是戒備森嚴。

引用《後漢書》這些描述，目的不在提供歷史八卦談資，而是具體地顯現兩個重點：第一，讓大家知道，中國傳統「正史」中，有很多源自後世評斷而來的誇張之辭，不能簡單地都視為事實，當我們看待史料時，必須意識到這種偏見與誇大的作用。第二，也提醒大家，只從傳統的角度看，我們對像孫壽這樣的人了解太有限了！

東漢大姓人家的女性，值得更仔細的研究與認識。像馬太后、鄧太后、梁太后……這些女人，不能只以單純的皇后或皇太后角色來理解。在歷史上，她們和其他朝代的皇后、皇太后很不一樣，絕非「母儀天下」的典範。她們不是以女人、妻子的身分進入宮中，得到在皇帝身邊地位的；她們代表著家族大姓，承擔特殊的政治角色，就必定要有相當的政治能力與政治手腕。她們的養成、她們運用及保持權力的方式，都是讓人好奇的主題。

像孫壽那樣的女人，竟然能和權傾一時的梁冀如此平起平坐，毫不相讓。由她的例子推想，那些一輩子在政治場裡的皇后、皇太后，想必也都有強悍、不馴的一面吧！她們不符合傳統中國女性的形象，是歷史中的異質存在，卻也是確確實實、不該被忽視或扭曲的存在。

13 宦官、士族鬥垮了大漢江山

西元一五〇年，梁太后去世，不過皇后還是梁家人，梁家的外戚地位沒有根本的改變。但對梁家來說，不幸的是這位梁皇后竟然比桓帝死得早，死於西元一五九年。

梁皇后一死，桓帝就和五常侍[2]聯手誅殺梁冀，情況又變成宦官勢力大漲。宦官聯合皇帝鬥倒外戚梁家，這過程中外朝士族大致未受損傷，於是政治上對立的兩造轉成了宦官和士族。

《後漢書》中的說法是：「是時宦官方熾，任人及子弟為官，布滿天下，競為貪淫，朝野嗟怨。」（〈楊震列傳〉）關鍵在於「布滿天下」，這正是順帝開放宦官養子繼承爵位產生的結果，這

2　指宦官唐衡、單超、徐璜、具瑗、左悺五人，見《後漢書・宦者列傳》。

般勢頭發展到一定程度，宦官的權力觸角便伸進了外朝官僚體制裡，宦官與士族就在許多場域短兵相接了。

梁家垮臺之後，士族取而代之，和宦官對立。此時的宦官也已經不是西漢朝廷政治中的宦官了。宦官和士族連環惡鬥，最終不只鬥垮了東漢王朝，還將中國帶入分裂的全新狀態。

第三講

漢代的社會運作與社會風氣

01「歷史之變以漸不以驟」

錢穆先生談歷史時，特別強調「歷史之變以漸不以驟」[3]的觀念，意思是歷史的變化是慢慢來的，不會一下子就變。錢穆經常被歸類為保守主義的史學家，他的保守主義立場，一部分來自所處的時代、所見證的經歷。他的時代給出的真的是血淚的教訓，因為那是革命的時代，革命的本質就是相信快速的改變。

革命態度當然是不耐煩、不願等待的，要對眼前所見的種種不滿現象，一次性地、立即地予以改變。革命態度相信我們能夠主觀地給社會動手術，找到對的計畫和對的方式，就能一下子更新原來的社會。好比一個人推進手術室，出來就變成另一個人，甚至是老人變成年輕人、女人變成男人。

錢穆所經歷的中國，進行了一波又一波的手術。但手術的結果，一來都不是革命提倡者所設想的，二來都無法徹底改變社會根本的運作模式。魯迅的《阿Q正傳》，甚至可以說魯迅所有作品最大的貢獻之一，就在於悲觀且深刻地指出，革命之前和革命之後的中國社會，只是多了很多口號、很多流行的裝模作樣，但革命原本真正要革除的，不管是人心或行為或事物，實際上仍繼續存在。

讀錢穆的史學著作，會讀到聯繫著「歷史之變以漸不以驟」而來的一項歸納洞見——歷史從來不會按照人為的計畫而改變。中國歷史上出過幾位政治設計家，他們對於社會該如何運作，不只提出了完整的設計，還取得了足夠的權力來落實他們的設計。王莽是這樣的設計家，宋代的王安石也是，然而他們的大力改造，最終得到的都不是設計中的模樣，他們的理想沒有實現，卻給社會帶來了翻天覆地的騷擾。換句話說，社會集體付出了昂貴的代價，卻沒有得到想像中的美好結果。

王莽和王安石所犯的根本錯誤，就在於不相信、不尊重「歷史之變以漸不以驟」的法則。歷史是不遵循設計的，歷史的變化由數不清的諸多變化互相影響、互相作用而成，沒有人能以主觀意志操控、決定所有這些數不清的變化因素與力量。

而從「歷史之變以漸不以驟」的觀念出發，也提供我們如何讀歷史、看待歷史的一些重要提醒。要真正洞視歷史、理解歷史，有些必定會遭遇的困難。

第一項困難在於，要描述「驟」，即快速、巨大、一時的變化事件相對容易；但要形容「漸」，那就困難多了。過去的、傳統的歷史敘述，把重心放在人的決定、行為及其帶來的結果

3 可參考錢穆，《國史大綱》（臺北：臺灣商務，二〇一七年）第八章〈統一政府文治之演進〉，《中國思想通俗講話》（臺北：東大，二〇一九年）第四講〈氣運〉。

上，其實就是一種描述「驟」的手法。那樣的歷史時間感是短暫的，歷史的視野是切近的，看的是一個人、一群人在生命週期間會有的變化，也就是將歷史放入幾十年、幾十年這樣一段一段的變化週期中來理解。

這樣的歷史敘述，很容易就凸顯「驟」，讓人誤以為歷史就是充滿獨立的事件、快速的變化，以至於看不到變化速度慢得多、卻也重要得多的結構性情況。從這種歷史知識形式中得到的印象，使得很多人相信：西元前二二一年，原來的「秦王政」變成「秦始皇」的那一天，中國就變成了一個完全不一樣的中國，最重要的變化就是在這個日子裡發生的。

如此，歷史變成了一個一個事件的聯繫。為什麼我們習慣用皇帝來記憶中國歷史？因為一個個皇帝即位、去世，是一個個容易掌握的事件。為什麼朝代在中國歷史上那麼重要？因為改朝換代是再明顯不過的事件。久而久之，我們就將這些事件和歷史等同起來，以為歷史就是這些事件，知道、記得這些事件就是了解歷史。

這其實是對歷史的偷懶認識。歷史沒有那麼簡單，歷史的變化遠遠複雜得多。只是要碰觸複雜的「漸」的變化，就沒有那麼方便的語言可供使用。要描述「赤壁之戰」、「淝水之戰」很容易，我們可以說得活靈活現，而且還有清楚明白的結果——曹操吃了敗仗、苻堅大軍受阻；相對地，要講述曹操如何建立起那樣一支龐大的軍隊，再往前看，為什麼會出現曹操這樣的勢力？曹操權力的政治、社會、經濟基礎是什麼？……，那就困難得多了。

皇帝來了、皇帝又去了，朝代來了、朝代又去了，但有些更基礎、更根本的東西還在那裡。

例如親族宗法組織。但親族宗法組織也不是始終不變的，周代的封建制度建立在嚴格的宗法基礎上，封建的瓦解必定伴隨著宗法的連帶變化。秦的法家意識形態強調「連坐」，將人民納入「編戶齊民」，對宗法帶來了新的衝擊。到漢武帝「獨尊儒術」，抬高《孝經》的地位，再度微妙地改變了親族宗法與政治、社會間的關係。

因而相對於戰爭、皇帝，甚至朝代更替的「驟」，親族宗法是中國歷史上的「漸」。但親族宗法該如何描述呢？如果我們不偷懶，不只看歷史的「驟」，還要看到歷史的「漸」，那麼認真地看待、說明親族宗法，就成了一項逃避不了的大挑戰。

02 爵制：歷史演進中「漸」的例證

歷史不是照著設計改變的，這帶來的另一項困擾是：有些事物在歷史中內容改變了，名稱卻沒有變；也有倒過來的現象，有些事物取得了新的名字，內容上卻維繫或繼承了過去的某種相同的內容。

例如「封建」二字，在中國歷史上存在了將近三千年。但漢代所說的「封建」，就已經和周人的「封建」有著決定性的差異。那就更不用說到了二十世紀，人們口頭上所說的「封建」，和周代、漢代的「封建」有多大的不同。

如此提醒後，我們就可以來看看「爵制」，將這個制度當作「漸」的例證，並分析在歷史演進中，同樣的名稱如何慢慢地被賦予不同的內容。

「爵」原本是封建制度中的貴族劃分，後來在秦國被擴張、應用在一般非貴族身上。秦地處西陲，是封建體制下的偏遠國家，既有的制度根基沒那麼深，相對容易產生變化。因應商鞅變法中對於軍功的強調，於是將「爵」予以擴大，每個人都有一定的爵位，也就是每個人都有政府分派的一個社會等級，然後可以靠著建立軍功讓自己往上升等。倒過來，如果這個人犯了錯，爵位也會被降等，以作為懲罰。

這樣一種擴大的爵制，大有助於動員和控制百姓。從春秋進入戰國，戰爭不只愈來愈頻繁，而且戰爭的參與者也從貴族變成了平民。在這變化過程中，能夠更有效動員更龐大的軍隊、更有效激勵士卒奮勇作戰的，當然就能在戰爭中獲得優勢。普遍化的爵制，讓秦國人民有強烈的動機願意上戰場、願意奮勇殺敵，因為在戰場上的表現好壞，可以具體且直接地反映在自身的爵位升降上。

可以這樣說，擴大的爵制原本是秦國走向全民皆兵的一項制度性工具。如此設計的制度，在秦朝滅亡後，被新建立的漢朝繼承了。「漢承秦弊」，漢朝在前面幾十年沒有對秦的制度進行全面改造，於是爵制留了下來，逐漸蛻變為構成漢代社會組織骨幹的「二十爵制」。也就是說，這不是漢朝皇帝、將相的主觀選擇，知道爵制有用所以留著，還進行了有效的改造，毋寧是在時間的變化中，不依任何人的主觀設計而形成的。

日本史學家西嶋定生（1919-1988）花了幾十年的學術工夫，專注地研究漢代二十爵制，還原了二十爵制的社會功能，改變了我們的理解與想像。[4] 傳統的史學研究沿用秦代的概念，將二十爵制視為「軍功制度」的一部分，理所當然地認為一旦進入漢朝，不再是像秦朝那樣的軍功社會，二十爵制就只是歷史的遺跡，只是象徵性的名詞而已。

但分散在各種史料中的眾多片段顯示，漢代的二十爵制沒有那麼簡單。經過西嶋定生的耐心整理後，我們驚訝地發現，那麼大的一個漢帝國要能在社會層面正常運作，竟然就是建立在二十爵制的基礎上。要從社會角度認識漢朝，不可能忽略、繞過二十爵制。

4　可參考〔日〕西嶋定生著，武尚清譯，《中國古代帝國的形成與結構——二十等爵制研究》（北京：中華書局，二〇〇四年）。

03 二十爵制，意外發揮社會的安頓效果

「二十爵制」將所有人分成二十種不同等級。最低的第一到八等屬於平民的等級，第九等以上則是官職的分等。從前在秦代的制度中，平民的等級基本上都是由軍功決定的。過去大家忽視二十爵制，因為理所當然地認為沒有了持續的戰爭，沒有了鼓勵軍功的作用，這樣的等級制度自然也就沒有意義了。

的確，漢代沒有普遍的「軍功晉爵」，但人民仍然可以透過許多方式晉爵。一個最常見的方式便是朝廷「賜爵」，朝廷有重大的喜事，例如新皇帝即位或皇帝改元，在頒布訊息的同時，通常也會附加讓全民晉爵的恩賜。這就有了一個說小不小的作用——保證朝廷的重要消息一定能有效地傳遞到基層村里中，而且讓基層的人民對這些重大事件都保有關切的動機。皇帝、帝國不是幾千里外遙遠而陌生的事物，而是和每個人息息相關的。

人人身上都有朝廷授予的爵位等級，遇到「賜爵」時就能得到升等的好處，於是連帶地，就要有完整登錄爵級的辦法。你是第二級升第三級，還是第五級升第六級，如果缺乏有效、正確的記錄管理，那麼「賜爵」要如何落實？豈不是眾人吵成一團？

很明顯地，二十爵制在地方上發揮了另一項關鍵的作用，那就是正確、有效地保存人民普遍

資料的動機。甚至再往前推，在戰亂流離的失序狀態之下，二十爵制就先有助於社會的重整與組構。

周代以降，中國社會的核心組織是宗族，藉由宗族中自然的尊卑位分，延伸安排社會地位的高下。祖父比父親高、堂哥比我高、兒子低於我弟弟、弟弟的女兒又低於我兒子……，對這樣的尊卑高下排序，大家有強烈的共識，因而由宗族延展出去，也就提供了地方上必需的秩序。

只要宗族系統存在，社會就能依照宗族秩序來運作。但這樣的社會組織原則最怕各種因素造成的宗族離散，人們一旦離開了宗族環境，也就等於失去了彼此連結的組織基礎。在亂世流徙的狀態下，人們不只從固定的地方離開，也離開了宗族組織，來自不同地方的流民聚集到新的地方，要如何重新建立有效運作的集體秩序？

在宗族秩序失效之處，二十爵制意外地發揮了特殊功用。這當然不是原本設計二十爵制時就刻意思考、照顧到的。在一個新興集結的群體中，人與人之間沒有親族聯繫，無法以親族關係規範彼此的行為，於是就選擇依靠爵級來形成暫時的上下秩序。

我們可以具體地如此想像：有一群人分別從不同地區、不同宗族中離散出來，到達一個新的地方，如果能夠盡快建立起新的合作關係，對大家都有顯而易見的好處。但是這種關係要如何形成？最簡單、現成的辦法就是依照每個人既有的爵級，進行上下秩序的安排。爵級牽涉到國家的「編戶齊民」，對於國家的義務以及能從國家得到的利益，使得人們會有較高的動機保留爵級的證明記錄，也會有較高的動機想要恢復爵級，如此就能同時提供組織社會的原則、產生組織社會的方式。

這樣的作用原本並不在二十爵制的設計中，卻因歷史的變化意外發揮了極大的社會安頓效果。二十爵制提高了人民對於帝國的認同與需求。在組織鬆脫、宗族離散的特殊狀況下，要解決新地方的組織問題，最容易的方式，就是找到帝國官僚體系中的基層人員，像是「三老」、「遊徼」、「嗇夫」等。找到了他們，就找到能登錄身分與爵級的方法，大家就能按照身分與爵級，快速建立臨時的組織，維持基本的秩序。

如果不是提供了這種動機，流離失所的人民不會那麼快回歸帝國體系裡，朝廷也就需要花更多的時間摸索，才能在正常的宗族組織之外建立起地方組織。人民有了較高的「帝國動機」，主動回歸到「編戶齊民」的系統中，對於漢帝國的穩定大有助益。

04 分肉、贖罪、減役，二十爵制的運作

中國最早的一部數學專著是漢朝的《九章算術》。書中有一道題目問：五個人去打獵，獵到了五隻鹿，請問該如何分？（今有大夫、不更、簪裊、上造、公士，凡五人，共獵得五鹿。欲以

爵次分之，問各得幾何？）這很簡單，誰都會回答吧？不見得！因為《九章算術》中的這道題目另有限制。這五個人分屬不同的爵別，關鍵在這裡，計算上難也難在這裡，不同爵級的人應該分到不同比例的鹿肉。5

這樣的題目，反映出爵級意識在當時社會的普遍性與重要性。讀《史記》、《漢書》時，我們看到劉邦身邊的一位重要謀士陳平，他在鄉里間最受重視的本事就是公平地分肉。肉要怎麼分？為什麼能公平地分肉會獲得特別的名聲？因為肉有不同部位，有瘦有肥，不是簡單秤重分一分就好了。

分肉最難、最複雜的地方，在於不一樣的人有不一樣的爵級，要記得每個人的爵級，還要依照各自的爵級算出正確的比例，這可就需要真本事了！顯然陳平對鄉里人士個個都熟，還有一顆精巧的數學腦袋，在組織裡當然就很有用了。

社里分肉是漢代真實且重要的日常儀式。透過這樣的儀式，不只讓大家高高興興聚在一起，還能彰顯彼此之間的爵級高下關係。有陳平這樣的人，社里分肉就可以進行得很順利，大家對分到的肉都服氣、都滿意，也就意味著同時接受、強化了爵級的權威，爵位高的人得的多，爵位低

5 《九章算術．衰分》裡的解答是：「大夫得一鹿、三分鹿之二。不更得一鹿、三分鹿之一。簪裊得一鹿。上造得三分鹿之二。公士得三分鹿之一。」

的人得的少。

一個人擁有的爵級不只用在分肉上，更切身的是牽涉到刑罰。法律訂定的懲罰，很多都可以用爵級來「贖」，也就是藉由爵級降等以減輕被判的刑罰。

經由二十爵制的介入，漢代判刑往往不等於真正的處刑。承襲秦代的法律，漢代的死罪條目很多，動輒就被判死。但一個人被判死刑不見得就死定了，絕大部分的情況是，遭判刑的人都有爵級，可以用爵級換抵免死或減刑。史書上經常看到的說法是「贖為庶人」，指的就是爵級很高的官員，因罪判死時，最終得到的懲罰是取消他身上所有的爵級，回歸到最低的庶人，在爵級制上重新爬起。

如此一來，判刑和處刑之間有很大的差距，減輕、緩和了法律的嚴苛程度；二來，增加了爵級的價值，因為取得一定程度的爵級是可以救命的。

高的爵級可以救命，還可以減免傜役。不只傜役的分配也考慮爵級高下，爵級愈低的人負擔愈重，而且必要時爵級也可以用來抵勞役之徵。遇到公共工程或戰爭需要大批人力時，朝廷就按照爵級高下進行動員，先「發」爵級較低的，不夠了再逐步往上，於是爵級又有一定的保護生活安定的具體作用。

東漢初立，光武帝每征服一個地方，通常立即要做的就是「賜爵」和「復爵」。「賜爵」是讓一個人的爵位上升一級，那「復爵」呢？如果在新莽時期，一個人因為任何事而被奪爵，或拿原有的爵位去「贖」，現在新的政權便取消其效力，讓這個人恢復之前較高的爵級。

這樣的做法，在象徵層次上否定了新莽政權；而在實質層面上，則是盡量讓更多人都能感受到改朝換代的好處。還有，如此可以有效地收編流民，讓因戰亂流散的人，為了恢復原來的爵級而主動歸入帝國系統中。

漢代的皇帝常常下令「賜爵」。這樣的詔令要有意義，要能產生實質作用，前提是必須隨時有每個人當下級別的記錄，否則要如何普遍地讓每個人都升一級呢？

光武帝重建社會秩序的手段中，還包括規定「民有嫁妻賣子欲歸父母者，恣聽之。敢拘執，論如律。」（《後漢書・光武帝紀上》）在戰亂中被迫進入別人家中當媳婦或當養子的，現在可以有回歸原家的自由。但這項規定真正的重點不在尊重個人自由，而是朝廷強力介入，否定在前一個政權下形成的婚姻或收養關係。朝廷權力凌駕於社會風習之上，使得國家與個人之間的關係日益密切。

整體的社會潮流走向，是帝國對人民的管轄愈來愈全面，而二十爵制正是使得這種管轄成為可能的關鍵因素。包括可以用爵制來贖罪，也有引導人民願意接受帝國法律而不至於逃亡「法外」的作用，可以用降爵的相對便宜代價去贖罪，當然就不會選擇放棄所有的身分財產去逃亡，而有愈多人願意接受帝國法律的管轄，法外的灰色空間也會跟著縮小。

05 自然血緣和人為組織力量的消長

二十爵制運作最有效的單位是「里」。里以百戶為單位，在這樣的規模中，第一等到第八等不同爵級的人幾乎都彼此認識，也都彼此知曉、遵守爵級的上下秩序。漢代地方上一年到頭有許多固定的節令儀式，其中大部分都有標示和肯定爵級上下秩序的作用。

實質是，中國底層社會取得了新的面貌，在既有的宗族之外，添加了其他連結的紐帶。宗族一直都在，只是相較於周代細密的封建制度，此時宗族的拘束力必然減弱許多，然而加上了二十爵制及相關的儀式，「里」被有效地建立為一個緊密的社群。在這個社群裡，有自然的血緣關係，還有人為的組織安排。

從西漢到東漢，自然血緣和人為組織的力量出現明顯的消長。帝國進行了緩慢卻持續的調整，親族仍然是私人組織的主要組成部分，不過在此之上，還發展出另外的公共組織原則，那就是爵制。

長此以往，爵級和軍功分離了，想要取得升級機會，最主要就是靠朝廷「賜爵」。於是每個帝國子民的基本生命型態，也就是靠每隔幾年會有一次的「賜爵」，逐步從第一等升到第八等。過程中如果有「贖」的需要，不管是付不出賦稅、服不了勞役，還是犯了罪，他就得退回爵級原點，再慢慢往上爬。正常狀況下，一個人活得愈老，爵級就愈高。這樣的傾向，符合原來的宗族尊卑原則，不至於和宗族高下地位產生太大的衝突，反而有加強的效果。

於是這樣的社會，產生了濃厚的敬老、尊老風氣。一個人活得愈長久，不只在家族中能成為受人尊敬的長輩，也有愈多的機會升到最高的爵級。年輕人再有能力、再有其他成就，都不太可能躐等取得較高的爵級。

中國社會自漢代逐漸地從原來的封建社會轉變為帝國社會。帝國的發展是先有上層的政治制度，例如打破原有的封建制，改為郡縣制。然而社會組織的改變遠比政治制度要慢得多。花了超過百年的時間，社會才琢磨出固定、必然與帝國系統間的聯繫，進而整合為帝國的有機組成部分，而等到帝國社會形成後，有了基層社會的支撐，帝國也就更加穩定、更不容易瓦解，遇到動亂也有更強的恢復能力。

促成帝國社會的形成，二十爵制扮演著重要的角色。除此之外，農業在這段時間內的變化，是另一項決定性的因素。

06 代田法和牛耕的發明

和社會組織關係最直接的農業發展是新興的「牛耕」。

我們印象中典型的中國田園景象，一定是有一頭牛、一具犁，和一名戴斗笠的農人，不是嗎？然而從歷史上看，這樣的情景其實是在漢代才確立下來的。在此之前，牛耕並不普遍。牛耕發明之前，中國傳統的農耕方式，先是一個人推一具犁翻田；後來有「耦耕」，也就是兩個人一起推犁，可以產生較大的力量，將土翻得更深些；之後又發明了「兩頭犁」，但兩頭犁需要的推犁力量更大，所以往往是由三個人一起推；最後，人們才普遍養牛，用一頭牛取代三個人就能拉兩頭犁，人只需在後面扶犁，並控制牛行走的方向即可。

有鐵製的犁，又有牛力可供使用，使得漢代華北的旱田農業生產效率大幅提升。到漢武帝末年，當時擔任搜粟都督的趙過發明了「代田法」。代田法是將田地整成一條一條高低相間且平行的畦和壟，畦低壟高。將作物種在畦上，留出壟來。在作物生長季節中，遇到需要除草時，不需將雜草拔掉，而是將壟上的部分土鏟下來，覆蓋在畦上。如此一來，壟上的草和畦上的草全都被覆蓋在土中，不只省掉了除草的工夫，而且讓作物根基處的覆土變厚，有更好的保溫效果，還降低了作物長高後被風吹倒的危險。

反覆將壟上的土鏟到畦上，壟愈變愈低，畦則相對地愈變愈高。這個生產季結束後，重新整地，就將原來的畦整成壟、原來的壟整成畦，於是又有輪作的效果。也就是把土地分成兩部分，一季只用其中的一半耕作，另一半休耕，以便下一季使用。

代田法是很聰明、很有效的發明，朝廷先在長安附近的官田進行試驗，得到極大的成功，然後推廣到民間。代田法的普遍運用，使得漢代的農業生產再次往上升級。

值得注意的是，為什麼代田法要先在官田上進行試驗？朝廷對官田有充分的控制權只是理由之一。另外的理由是，將田地整成一低一高的畦壟平行狀，需要耗費龐大的勞動力。官田有鐵犁、有足夠的牛，一定可以做得來。一季耕作完成，第二年再將畦整成壟、壟整成畦，又需要龐大的勞動力。

還有，代田法之「代」，實際上就是讓土地的利用率減半，每季只有一半的面積用在播種生產上，另一半開成壟的部分是休耕的。官田有足夠的面積，而且沒有固定非養活不可的人數，可以承擔這樣的代價與風險。

代田法的成功與推廣，增加了牛隻和鐵犁在農業上的作用。在原先播種前的犁田之外，代田法需要先以牛隻和鐵犁將土地整成規則的畦壟平行狀；而在生長季節裡，除草也不再單純依賴人力，而是部分靠牛隻和鐵犁一次又一次將壟的土挖起來堆到畦上。等到收成後，又要用牛隻和鐵犁將土地高低狀態逆轉，重新整出一組平行的畦和壟。

換句話說，農家是否擁有牛隻，關係到他們能否實施代田法來有效增加生長效率；農家是否擁有足夠大的土地，能在土地上動用牛隻進行新的輪種方式，也關係到他們實施代田法進行生產的效果。

不只如此，鐵器的重要性也提高了。在《鹽鐵論》記錄的會議論辯中，我們看到「賢良文學」對國營政策的強烈攻訐之一，就是鐵器專賣使得鐵器品質低劣。國家賣給農民的鐵器偷工減料，以至於硬度不夠，這樣的鐵器無法應付新的農業技術反覆犁田的需要。

07 土地兼併和大農制度並肩得利

這些農業技術的發展，產生了連帶的社會效應。農業生產的經濟規模變大了，然而土地不夠大、買不起鐵器、養不起牛隻的小農，在這波變革中就運用不了最新的代田法，也就享受不到代田法帶來的生產提升的好處。

缺乏大型鐵器、沒有耕牛勞力協助的小農，同樣單位面積的生產量，低到可能只有實施代田法土地的三分之一。很明顯地，在代田法的推行下，大農的經濟效益高過小農，有大塊土地的人能得到的農業收穫，不只是小塊土地的簡單倍數而已。從財富孳生與累積的角度看，土地大的人愈來愈富，相對土地小的人愈來愈貧。

新的生產技術對於小農，尤其是負擔不起牛隻和大型鐵器的底層小農而言極度不利。此外，新的生產技術也刺激了將土地集中的高度動機。五戶底層小農如果把擁有的土地合起來，運用鐵器、牛耕、代田法進行生產，就能獲得比原先五戶所得加起來多三倍的收成！

然而在那個時代，沒有入股或合作社之類的多元方式，可以將土地整合在一起。流行的方法只有兼併。於是本來就有大塊土地的人，提升了生產力，累積了財富，有更多的本錢收購更多的土地；相對地，只能守住小塊土地的農戶，長年生產不足，稍遇荒歉，就只好賣土地以維持生計。如此，當然小農就愈來愈少，土地所有權也愈來愈集中。

從西漢末年到東漢，我們看到的農業生產現象，不只是土地所有權的兼併，連帶發展的，還有生產制度上的「大農制」。地主收來許多土地，並不是將這些土地交給原本的一戶一戶小農——現在變成了佃——去耕種。在集中土地所有權的過程中，地主同時也進行了生產上的整合，將小塊土地加在一起，成為實行代田法輪耕的大單位。很快地，大單位的農作收成，就多過原先這些小塊土地個別收成的總和。

在東漢，土地所有權的兼併和生產制度的大農制，是並肩進行的。土地兼併到一定程度，又出現另一項更進一步有利於大農生產的重要因素，那就是水利工程建設的條件。

在《不一樣的中國史》第一冊中曾提過魏復古（Karl A. Wittfogel, 1896-1988）的「水利國家說」，他主張中國起源於大型水利工程的發展，因為灌溉的需要，刺激了中國發展出大型的、集中的政治組織，換句話說，中國相對早熟的政府，是為了灌溉工程而出現、存在的。

現在我們確知魏復古的說法不符合中國古史的實際狀況。中國古代農業主要是旱耕，沒有那麼多水利上的建設。中國國家起源另有途徑。不過「水利國家說」之所以出現，指出了水利工程的一項關鍵特點——需要大規模的組織。個別的農戶在水利灌溉方面做不了什麼事，簡單挖個水塘都需要大塊土地、需要大量人力，更遑論開水道引水，有土地、有人力還不夠，還需要能連結相關人士的組織與權力。

在東漢，水利工程建設得到空前的優勢條件。前面提到帝國社會的形成，人們願意臣服在帝國之下，接受帝國管轄，於是朝廷就能有效地整合資源，進行農田灌溉的改造。另外，土地兼併和大農制結構下，大地主也才有能力進行區域性的水利工程。

朝廷普遍興築並維護灌溉渠道，大戶豪族則到處挖「塘埤」。相較於灌溉渠道，水塘在開挖人力上較為減省，但即便是挖水塘，也不是小農的資源可以支應的，而能夠負擔自備水塘的大戶地主，就得到在農業用水上的雙重保障。當自然降雨不足時，他們不但能從國家興建的灌溉渠道取得用水，也能從自家的水塘中取水，確保農作物不會因缺水而歉收。

如此一來，大農的出現更有理、更有利。水澇來時，大農得以將多餘的水導入水塘，避免對作物的傷害；乾旱時又可以從水塘中取水，維繫農作生產所需。這些生產安全保障措施，個別小農都得不到，於是天候條件稍微差些，自然就有更多小農維持不下去，只能出賣土地，併入大農生產系統中。

08 從市集到市籍，從坐賈到行商

兩漢的社會變化中，城市也有了特殊的發展。

在《不一樣的中國史》前幾冊說明過，中國人是個善於築城的民族，從很早就開始普遍築城，不過城的功能主要是政治性的。也就是說，有「城」卻不見得有「市」，在圍起來的城牆之內出現熱鬧的市集交易，並非早期中國的一般地理景觀。周代分封諸侯的過程中建起了上千座城，每座城就是一個小國，也是封建制度的政治中心，但大部分並不提供集中的商業貿易功能。

周代以降歷經短暫的秦，進入漢代，過去歷史上以政治功能壓過商業利益的「城」，開始有了愈來愈明顯的「市」的功能。「市」就是商業買賣的集中地。史料上說，西漢長安城最多有九個市，九個市的分布不同記錄有不同說法，但其中最明確的有兩個大市——東市和西市。

不過「市」在「城」裡的發展，中國與西方還是不同。從近東到古希臘，大聚落都是因商業機能形成的，所以築城是為了方便及保護商業行為。但在中國，逐漸將商業行為放進城內，與其說為了方便與保護，毋寧更是為了加強看管。

古代中國對於商人與商業行為有根深柢固的歧視。最早在封建制度中，人與人之間都有非常明確的親族關係，並依循嚴格的宗法儀式不斷強化彼此關係。在這樣的組織中，人們必然對外來者、陌生人產生強烈的不信任與隔閡感。商人的行業本質是移動的，本來就不容易安納進既有的宗法系統裡。

到了春秋戰國的高度競爭環境裡，出現了更進一步的「重農」價值。農民既是土地生產的主要勞動力，又是新型態戰爭中的主要戰鬥力。各國之間彼此的敵意愈來愈強，連帶地也就要清楚劃分自己的人民和別人的人民。商人不生產、不打仗，又遊走在各國之間，在這樣的環境下，他們就更不被信任、更不討好了。

重農思想在春秋戰國之際形成，並被固定下來成為中國社會的核心價值觀念，也使得商人相對地很難出頭。

「市」是集中看管商業買賣的一種機制。長安城的大市，其實面積不過三百公尺見方，而且規定店鋪只能開在這個劃定出來的空間裡，在此之外的城內其他地方是不准做買賣的。另外，在市裡居住的人要有「市籍」，其實就是一種次等公民的身分。

在分配公共工程任務或戰爭徭役時，朝廷通常的做法是先動員罪犯刑徒，如果人數不足，其次就徵發有市籍，也就是做買賣的人；人數再不夠，就徵發其上世、二世有市籍的。也就是說，如果父親、祖父有市籍，即使子孫自身脫離了市籍，都還是被看作不能和一般正常人平等。

另外，很多時候，帝國法令明確規定有市籍者不准當官。從規定上看，放入市籍中的人社會地位很低、很可憐。不過，制度的設計規定是一回事，現實不見得都和規定相符。市籍主要管轄的是「坐賈」，也就是在定點開店鋪做買賣的；但除了坐賈之外，另有「行商」，那是到處流動做生意的。

因為市籍帶來的種種不利，大多數人寧可當「行商」而不當「坐賈」。在漢代，行商格外發達，而他們從事販賣的，主要是方便運送、且運到不同地方能夠換來高額利潤的商品。這些商品顯然不會是日常用品，而是一些珍稀的奢侈品。誰能負擔奢侈品？當然是那些不用自己下田勞動、能夠聚集土地和佃戶的地主。於是地主和行商有了自然的連結，行商將奢侈品運到各地、賣給新興崛起的地主，地主的盈餘消費幫助這些行商致富。當行商有錢了，他們也去買土地，讓自己轉型成為地主。

會做生意的商人買土地成為地主，另有一些地主拿剩餘的財富去做生意。如此一來，地主累積財富的方法不只更有效，還更加多元，社會整體的貧富差距因此拉得更大了。

09 為什麼豪左都成了豪右？

西漢的社會階層分野上，有「豪左」和「豪右」的區別。雖然都是「豪」，都是有錢人，但要區分「左」和「右」，也就是區分地位高下。「豪左」指的是有錢的大商人，其財富來自生意買賣；「豪右」指的是有錢的大地主，其財產形式與土地密切結合。「右」高於「左」，因此「豪右」的地位高於「豪左」，甚至可以說，就是因為地主不願和商人平起平坐，即便同樣有錢，地主都必須與商人劃清界線，表現出較高的社會身分，才會有「豪右」和「豪左」的分別。

有意思的是，到了東漢的日常用語中，「豪左」基本上消失了，只剩「豪右」。東漢王符、仲長統等人的社會批判文字中，說來說去都是攻擊「豪右」。並不是他們認為「豪左」比較好，而是到他們的時代，過去以商業致富的「豪左」們已紛紛成功轉型，將財富形式轉到土地上，沒有人還笨得守住「豪左」的身分。

也就是說，「豪左」都併入「豪右」了。稍微有點辦法，就趕緊將做生意賺來的錢換成土地，擺脫較低的「豪左」身分，升等為「豪右」。大家都這麼做，慢慢地「豪左」這個名詞就沒有實質意義了。有錢的商人必定會規避市籍，轉型為地主，以取得相應的較高社會地位。在這過程中，很明顯地，土地集中、兼併的狀況當然就益發嚴重了。

東漢地主的規模遠比西漢來得大，東漢大地主的政治影響力更是不可同日而語。東漢時期，每隔一段時間就要進行土地丈量，過程中都會發現一些土地登記與實際不符的狀況，幾乎毫無例外；而每一次丈量中登記與實際最嚴重不符的，都出現在南陽地區。

南陽是光武帝起家的根據地，那裡聚集了皇室宗親和開國功臣後裔，因此也是土地兼併最熱鬧、最激烈的地區。幾個大姓家族憑藉王朝的政治勢力，不斷在家鄉換取土地資源，因而使得南陽這一帶的土地登記永遠趕不上現實情況的變化。

從西漢到東漢，不只土地兼併的現象更嚴重、更普遍，而且朝廷看待這件事的態度也改變了。西漢朝廷將土地兼併視為應該解決的問題，但找不到有效的方法，以至於出現了王莽那種激烈又不切實際的做法。到了東漢，朝廷基本上不認為土地兼併是問題，更不想抑制土地兼併。東漢政權是由南陽劉家聯合其他幾個大姓組構而成的，靠著大姓（當然是大地主）的支持讓劉家人當上皇帝，這樣的背景下，朝廷不可能施行挑戰大姓家族根本利益的政策。

10 以個人身分服務大姓的「客」

宗族組織在東漢也有了微妙而複雜的變化。在底層的村里小單位中，宗族相對變得不重要，帝國塑造的人為組織在許多方面取代了原本宗族的作用；然而在更上面的階層，即擁有財富與權力的階層，宗族大姓卻變得更為重要。豪右基本上是建立在宗族組織上的，大姓家族控有愈來愈多的財富、愈來愈多的土地。

在社會下層，人們對宗族的認同沒那麼強，宗族也發揮不了太大的支持作用，於是連帶地，人們安土重遷的習性也減弱了。留在同一個地方，留在宗族組織裡，並不會帶來太多的好處，遇到困難時也得不到太多的協助。相反地，在社會上層，人不會也不能輕易離開宗族組織。土地、財富、權力被大姓家族掌握，一旦離開了宗族，就等於放棄參與享受土地、財富、權力的機會。社會上層的利益分配是封閉的，如果不屬於幾個大姓，就愈來愈難分霑到土地、財富與權力。

東漢中期以後，宗族組織綁不住中下層的人，他們逐漸游離出來，到別的地方尋找機會。他們身上擁有的，一項是國家授予的爵級，另一項是不受土地限制的本事。不需要土地、不需要其他條件的本事，最主要指的是廣義的知識、狹義的儒學。

這些人尋求在社會中向上流動的機會。然而他們闖入的社會環境已經形成堅實的天花板，再怎麼努力往上爬，很快就到頂了，再上去是屬於豪右的世界。沒有先天的宗族身分，絕對打不進以宗族為明確界線的豪右家中。

在這樣的結構逼擠下，產生了一個特殊的歷史現象，發源於東漢，到魏晉南北朝時變得愈來愈重要，那就是「客」。「客」是什麼？他們是從底層出身，離開既有的宗族組織，游離在上不上、下不下的處境中，最後選擇依附了豪右。

除了上層大姓家族外，對一般百姓而言，家族作為組織原則，相對變得沒有那麼重要。東漢中期之後，出現了許多以個人身分服務大姓的現象，而且愈來愈普遍。他們不是以一家一姓為單位加入官僚或其他組織，而是還原為個人。由此另外發展出余英時先生所說的「士的自覺」，也就是一個讀書人對自己所學知識的認同，高過了原本對自己家族的認同。

這就孕育出新一波的個人意識，或者說新的個人主義價值。佛教開始被普遍接受，因為家族的約束力變小了，容許個人有個別的信仰選擇。還有，道家對倫理秩序的批判與反抗，也進入讀書人的態度中，所以才會有後來如「竹林七賢」這樣的魏晉名士風格。「名士」的起點，就是一股反抗集體家族禮儀約束的個人精神。

在東漢，「客」最早出現的形式是「屬吏」和「門生」。東漢中期之後，大姓人家有了新的炫耀身分的做法，那就是在墓碑上列出死去之人的門生。二世紀中葉的一位名臣劉寬，他死後的碑上竟然列了約三百個門生的名字，其中有九十六人是當時在職的官吏，包括三十五位縣官、十一位郡守。不只如此，他的另一塊碑上則列出了他的屬吏，上面也有五十個名字之多。

由此我們看到了後來中古社會的雛形——每個大姓都形成了「世家」。世家有其自身的人才與社會資源系統，原本是從帝國體制中發展出來的，但慢慢地，世家擁有的這套資源系統凌駕於帝國體制之上，轉而成為帝國的最大威脅，甚至左右了帝國的命運。

11 東漢的厚葬風氣與六朝的門第雛形

門生和屬吏加入之後，大姓宗族的勢力更大，內部組織也更複雜了。加上前面提過二十爵制帶來的影響，東漢社會於是有著濃厚的尊老、敬老風氣。再往後發展，就出現了厚葬的習俗。

東漢的史料中，對於厚葬的描述與討論非常多。厚葬反映出社會的貧富差距現象，貧富差距拉大帶來了奢侈炫富的條件與衝動。豪右的生活愈來愈豪華，於是連死後的葬禮配備也變得愈來愈誇張。

王符在《潛夫論．浮侈》中有一段文字形容：「今多不脩中饋，休其蠶織，而起學巫祝，鼓舞事神，以欺誣細民，……」意思是女人不管家事，不從事織造，而去學巫祝之術，起乩跳舞，眩惑平民百姓。這裡說「欺誣細民」，顯現王符所說的婦女不是「細民」，而是有錢人家的女人。

她們「或裁好繒，作為疏頭，令工采畫，雇人書祝，虛飾巧言，欲邀多福。或裂拆繒綵，裁廣數分，長各五寸，縫繪佩之。或紡綵絲而縻，斷截以繞臂。……」不只學巫祝跳舞，而且有著非常華麗、講究的裝扮，用最好的布料綁在頭上、臂上，布料還要添加彩繪及寫上祝語。

「此等之儔，既不助長農工女，無有益於世，而坐食嘉穀，消費白日。……今京師貴戚，衣服、飲食、車輿、文飾、廬舍，皆過王制，僭上甚矣。……」王符話鋒一轉，從這些有特殊嗜好的婦女，連結到更普遍的社會現象，那就是「京師貴戚」生活上的豪奢。穿的、吃的、用的、住的，沒有一樣遵守原來的規範，奢華程度樣樣都超過皇帝。

「從奴僕妾，皆服葛子升越，筩中女布，細緻綺縠，冰紈錦繡。犀象珠玉，虎魄玳瑁，石山隱飾，金銀錯鏤，獐麂履舄，文組綵褋。」更誇張的是，這些豪門貴戚連家裡的奴僕也打扮得十分豪華，衣服用的是最好的布料、最細巧的繡工，還掛上各種稀奇飾品，鞋也是用最好的動物皮做成的，畫上最漂亮的紋樣。

這種奢侈風氣，不曾在西漢看過。奢侈源自於財富集中。土地生產所得由少數人壟斷，他們當然就擁有愈來愈多、用都用不完的可支配財富。

不過，厚葬風氣有著奢侈炫耀以外的理由，那就是尊老。老人在宗族裡的輩分最高，加上能得到最多的賜爵升等，尊老刺激了人們安享人生終點豐盛華美的動機。對那個時代的普通人而言，每多活一天，在社會上的地位就高一分，死的那一刻就是人生的最高峰，人在生命的巔峰死去，葬禮就變得尤其特殊、重要。

豪右家中的老人去世，尤其是家族宗長去世，也就成了整個家族向社會宣示、展現財富與權力的場合。在這個脈絡下，我們才能理解劉寬的墓碑上為什麼要列出那麼多門生和屬吏的名字。

豪右當然有很多土地、有很多錢，但從「豪左」提升為「豪右」的社會價值要求，使得他們不會直接凸顯土地和財富，這種做法太粗糙了。他們慢慢找出了新的炫耀方式。受到儒學、經學潮流的影響，誇耀的重點轉向一人、一家所掌握的「知識資本」，看有多少有知識、有學問的人聚集在其門下。這是一個極特別的時代，「知識資本」如此重要，卻以這種形式被運用。

在那個社會中，擁有權力和財富的人，必須用權力和財富去尋求、換取知識上的服務，並以能夠聚攏具備知識能力的人為其誇耀的重點。東漢士族的知識，主要是儒學、經學，但很顯然地，他們掌握和運用的儒學、經學，和孔子的學問大不相同了，甚至和西漢董仲舒意念中的儒學、經學也迥然相異。西漢的經學帶有高度政治性，深深捲入王朝政治中，最後醞釀出了王莽篡漢這一歷史變化；相對地，東漢的經學走入豪右宗族裡，其社會性遠高於政治性，最終發展成六朝時的「門第」。

再度提醒大家，在歷史中，尤其是中國漫長的歷史過程中，同樣的名詞在不同時代、不同的環境因素裡，往往有不同的意義與性質。要理解歷史，不能一看到同樣的名詞，就理所當然認為它們的內涵是一樣的。

第四講

漢代的食衣住行

01 從漢字看漢朝人吃的米

中國文字持續使用超過三千年，在歷史研究和理解上，我們必須警覺的一個盲點是：看到同樣的字詞，很容易就視之為同樣的事、同樣的現象，而忽略了時移事往的諸多變化。

不過，持續使用的文字，尤其是中文這樣的非表音文字，在歷史研究與理解上的方便好處遠遠大過障礙盲點。遠在兩千年前漢朝人的生活，保留在我們今天依然使用的文字中。文字是超越時空的密碼，把漢朝人的生活包裹遞送到我們這裡來，讓我們得以立即掌握，甚至感到熟悉、親切。世界其他文明大多缺乏如此悠久的文字系統，相對不容易有這樣的好處。

舉個例子，當下現實中，統一超商當紅的商品是三角形的御飯糰，而統一超商在宣傳御飯糰時，特別標榜使用的是臺灣本地產的「台粳九號」米。

「粳」這個字就是遠從漢朝傳下來的，它和另外兩個字——「秈」和「糯」——一起構成了當時人對於米的基本分類和認識。三個字一組，指的是不同硬度的米：秈是最乾、最硬的，粳中等，糯則是最溼、最軟的。

過去臺灣有「在來米」和「蓬萊米」。在來米就是一種「秈」，比較硬，很難煮熟。水加得少了，米粒感覺上沒有水，很難咬；水加得多了，米會結成一塊一塊，看不到也吃不到粒粒分明的口感。因為難煮難吃，現在幾乎沒有人吃了，少量生產的在來米也都只供磨成米粉當原料。

到今天，用來做油飯、粽子的米，我們都還叫做「糯米」，以區別一般日常白米飯使用的「粳米」。只不過在漢代時，秈、粳、糯指的不是明確的米種分類，而是比較接近相對的硬度形容，口感上較硬的叫秈、較軟的叫糯。

這一組名詞會在漢代出現，顯示了從戰國到秦漢的飲食習慣變化，即米食的重要性提高了。隨著農業技術的進步，原本比較適合在南方生長，而在北方較為少見、稀有的稻米逐漸變得普遍，所以稻米從少數人的偶而享受，進入多數人的飲食生活中。累積了足夠吃米的經驗，才會在語言文字上予以正式分類記錄。

因為水利灌溉的普及，稻米的生產區域往北移動，這個時代的文化核心區裡，愈來愈多的人種米吃米，這是漢朝人生活的一個新現象。

02 一天兩餐，麥飯是北方主食

漢朝人的飲食習慣和我們不太一樣，他們不覺得一天要吃三餐。當時的習慣是吃晝、晚兩餐。晝食在早上八、九點，晚餐則是下午五點左右。這是一般人吃飯的時間。

不過，皇帝不是一般人，所以一天要吃四頓飯，而且是依照陰陽五行理論安排的。早上起床，屬於「少陽」的時刻，吃一頓；接近中午，屬於「太陽」的時刻，吃一頓；黃昏則是「少陰」的時刻，也要吃一頓；同理可推，晚上屬於「太陰」的時刻，還要再吃一頓。這不是考慮皇帝肚子餓不餓，也不是為了滿足他的口腹享受而安排的吃飯方式，主要是皇帝要盡到協調天地陰陽的責任。

漢代之前，中國北方黃土地帶居民的主食是黍與稷，到此時主食才逐漸轉成麥。南方人吃米，北方人吃麥，今天看來好像天經地義，不過一來，北方普遍吃麥要到漢朝才成為事實；二來，漢朝人吃麥的方式和後來很不一樣。

那個時候人們吃麥，就是將麥子外面的殼打掉之後，直接拿去蒸或水煮。現在即便是在中國北方，應該都沒什麼人有嚼麥子的經驗吧？更不用說經常、天天嚼麥子了！嚼過麥子就知道，即便是蒸過、煮過的麥子，還是很硬，很難嚼得動。麥不像米，米煮過之後會變軟，就算是秈這種硬米，吃的時候也不需花太大力氣。

麥不一樣。到了中古時期，中國醫學進一步發展，有了比較系統的牙醫，就注意到北方人一般牙口不太好，年紀稍大或營養稍差的就開始掉牙，歸結其中一大原因就是長期嚼麥飯嚼壞的。或者倒過來說，因為麥飯又硬又難嚼，牙口稍微差些就嚼不動，所以在南方吃米飯時不成問題的稍弱牙口，在北方可就變成足以妨礙正常生活的病症。

在北方，麥飯是最普遍、最容易做的主食。若將麥飯繼續加工，蒸煮過後曬乾，就成了「糒」或「餱」。如此加工過的食糧，主要是為了帶出門在路上吃的。那個時代，人們在外面吃飯的機會不多，路上更不會隨地有飯館或餐廳提供飲食，所以出門一般都得自備食糧，糒、餱就是最基本的行糧。

用麥飯製成糒或餱的過程中，一般會加入乾果或蜜汁，以增添味道，比較好下嚥。吃的時候很簡單，用水泡開、泡軟就可食用。中文裡有個字「飧」，本義就是用水泡飯，將曬乾的米飯或麥飯放在碗裡，加水泡開來吃。

大家都熟悉的詩句：「誰知盤中飧，粒粒皆辛苦。」現在通行的解釋是：看著盤裡一顆一顆的米飯，每一顆都是農夫勤苦種出來的。我不確定詩人李紳寫這首詩時，這個「飧」字是否還保留了古義，但如果取其古義，那詩裡的形象或許還要更鮮明些。因為在盤裡看到的，不是新鮮煮好的米飯，而是煮過、曬乾後保存下來，需要時用水泡開吃的「飯乾」。飯乾泡開的時候，一粒一粒浮在水上，所以看到的不是一口飯、一團飯，而是粒粒分明的飯，於是格外感覺到這一粒一粒都得來不容易啊！

另外，如果煮麥時多加點水，就成了麥粥。不過漢代時麥粥遠不如麥飯普遍，因為得耗費較多燃料來煮。而當時，中原地區的山林幾乎被砍伐殆盡，一般人沒那麼容易取得方便、免費的燃料，所以會特別考慮燃料的運用。

03 誇大的甘豆羹，平民享受有湯餅

漢朝人不太常吃麥粥，但「豆粥」就常吃了，一個理由是要將豆子煮爛比將麥子煮爛容易得多。漢代人常吃的「甘豆羹」，就是豆粥，將豆子煮得糊糊爛爛的，除了豆子之外還放進一點米，讓「粥」變得更濃稠，成為「羹」，而且添加了米的甜味，所以會「甘」。

「羹」這個字的古義指的是肉湯，「甘豆羹」因而是誇大的美稱，叫做「羹」，讓你誤以為喝到了肉湯，但其實裡面並沒有肉，只是加了米的豆粥。到了漢代，「羹」的意思開始改變，不一定是指肉湯，而是指濃稠、黏呼呼的湯，這就很接近今天臺灣人說的「肉羹」、「魷魚羹」的用法了。

因為加入米一起煮，容易煮出濃汁來，所以在漢代很多被稱為「羹」的，其實都是以米湯為底。單純的米湯也有個好聽的名字，叫做「白羹」。各種粥加入了「白羹」，自然變成各種「羹」了。

人們以麥為主食，除了煮麥飯、麥粥之外，也做成麥餅。但是做麥餅比較費工，需要磨麥子，把麥子磨成粉之後才能做餅。我們今天吃麥，九成是先將麥子磨成麵粉，再用麵粉做出各種食物。那個時代，麵粉沒那麼普遍，其中一個理由是沒有那麼充裕的勞動力將麥磨成粉，不過更

關鍵的因素，應該是漢代人還不懂得發酵。麵粉不發酵，做不了饅頭、做不了窩窩頭，做出來的麵餅很硬，並不比麥飯好咬，同樣耗牙口。

麥餅的一種做法是用蒸的，沒發酵，揉過之後直接蒸熟。還有更簡單、更草率的做法，就是將餅直接放進水裡煮，做出來的叫做「湯餅」。

東漢末年，出現了連皇帝都愛吃的新東西——「胡餅」。後世已經亡佚的《續漢書》中，有記錄說「靈帝好胡餅，京師皆食胡餅。」胡餅特別之處在於它是用烤的，比較接近我們今天所理解的餅。一直到三國兩晉時期，外來的、烤的胡餅仍然很稀奇，一般人能吃的都還是蒸或煮的麥餅。西晉時，束晳寫了一篇〈餅賦〉，特別歌頌吃餅，賦中所寫的仍然是湯餅。

「玄冬猛寒，清晨之會，涕凍鼻中，霜凝口外。充虛解戰，湯餅為最。……弱似春綿，白若秋練，氣勃鬱以揚布，香飛散而遠遍。行人失涎於下風，童僕空噍而斜眄，擎器者舐脣，立侍者乾咽。」什麼時候最適合吃餅？冬天寒流來時的一大早。怎樣的餅最好？要像春天的棉花一樣軟，像秋天趕製的白絹一樣白。煮湯餅時，香味飄出去，下風處的行人聞得流口水，弄得大家都想吃餅了。

不過看看賦中提到的人，童僕、擎器者、立侍者，就知道湯餅其實是一般勞動者得以飽腹兼禦寒的平實享受。

04 外來食材和烹飪方式，看兩漢飲食文化

胡餅有「胡」字，一看就知道是外來的。影響兩漢飲食文化的一項重要因素，是外來食材和烹飪方式。

今天通用的食物名稱中，有「胡」或「番」的，都是外來的，而兩漢是引進外來食物的第一波高峰，後面陸續還有好幾波。漢代引進的有胡蘿蔔和胡瓜。今日再平常不過的這兩樣東西，在當時可還很珍貴。另外有一種皮為黃色，裡面有很多細籽的瓜，和我們今天也稱為「黃瓜」的食物同樣都叫胡瓜。這種黃色胡瓜有較高的甜味，所以是漢朝貴族家的流行珍品。那個時代的飲食中，甜味食物相對少，黃瓜就算甜的了，黃色胡瓜還更甜些。這種果實當時主要都是生食，以品嘗其難得的甜味。

另外，從西域傳入的還有菠菜，也有石榴。更後來又有了外表形狀像石榴的果類，就被命名為番石榴。石榴外皮皺皺的，裡面有一顆顆紅色的種籽，沒有什麼果肉，主要就是吃帶有甜酸味道的種籽。番石榴外表是綠色的，裡面有比較厚的果肉，吃果肉才是重點。

葡萄也在這時候傳入，另外因為養馬，而從西域人那裡學會了種植苜蓿。那個時代的苜蓿是給馬吃的，不是人吃的。

從飲食習慣來看，這段時間傳入的食材中最重要的首推大蒜。大蒜改變了中國人的調味方式。古代留下來的飲食史料沒有太多調味的記錄，從兩漢以降，調味逐漸變得愈來愈重要，也愈來愈講究。大蒜傳入後，和原本就有的蔥、薑、韭等結合，形成一組特殊的調味材料，兩千年來沒有太大的改變，成為中國菜的核心元素之一。

大蒜之外，漢代常用、現在卻少見的香辛料是「蘇」，類似今天日本料理中普遍使用的紫蘇，帶有特殊的濃香。還有一項從漢代開始發展、後來愈來愈重要的調味料，就是豆豉。有黃豆豉、黑豆豉，都是以鹽醃製而成。《漢書》就記錄了樊少翁和王孫大卿這兩位「豆豉大王」，靠著賣豆豉而成為富豪。豆豉之所以重要，因為它可以帶來必需的鹹味，又多加了能引發食欲的額外滋味。在當時相對簡單的飲食方式中，豆豉的刺激應該算是很強烈的。

05 肉食以豬肉為最，飲品以米漿為常

當時人使用的基本食材中，有一些至今保留在中國菜裡。蔬菜類中有白菜，還有芹菜。芹菜又稱水芹，原來是長在水邊的野菜，這時候轉型成為主要的種植菜類。另外，芥菜也很普遍。有

竹子的地方，自然就有筍；種荷花的會採收菱角和蓮藕。攀藤類植物中，葫蘆也是很早就在中國主流食材範圍內。

那個時代還有些食物，名字看起來很陌生。例如《史記．貨殖列傳》中說：「汶山之下，沃野，下有蹲鴟，至死不饑。」這是形容汶山土壤肥沃，住在那裡永遠不必擔心會餓到。汶山出產什麼，可以保人「至死不饑」？原來是一種叫做「蹲鴟」的東西，「鴟」是貓頭鷹，「蹲鴟」傳神地描述了它的模樣：矮矮的、圓墩墩的，像窩起來的貓頭鷹一樣。那是什麼？今天我們叫做「芋頭」，它富含大量澱粉，是可以提供基礎熱量的根莖作物。這項食材現今仍在，但「蹲鴟」這個名字完全消失了。

在那個時代，北方的冬天基本上不長蔬菜，唯一的例外是冬葵。漢代的人經常吃冬葵，那是冬天僅有的調劑。但這樣東西不知為何，從兩晉以降就從中國人的飲食中淡出，或許和長期的天候變化有關。今天我們熟悉的只有秋葵，只能依此推想，冬葵和秋葵應該有一定程度的類似吧。

還有「雞頭米」，底下的葉子像荷葉，上面有果實，果實上長著細細的小刺，大概像栗子吧，但比栗子小。小小顆的雞頭米剝開來，裡面是淺色的、珠玉般的小球。雞頭米後來在中國飲食史上的地位，還不及在文學史上的地位高。中國文學，尤其是色情文學中，「雞頭米」成了女性乳頭的形容詞，甚至是代詞。

當時人吃的肉，主要有豬和雞，這我們不意外。稍感意外的，是狗肉相當普遍，史書上出現好多殺狗的「狗屠」，吃狗肉的機會僅次於豬肉和雞肉。此外，中國傳統所謂的「六畜」，這時候已經明確出現豬從中脫穎而出的傾向。豬愈來愈重要，在漢朝，豬肉的普及程度和在飲食中的重要性，已經不是其他動物性肉類趕得上的。

環繞著豬肉產生的肉食文化，在中國延續了兩千年。在宋代以後的近世中國社會裡，豬是唯一一種普遍進行專業養殖的肉類動物。相對地，雞是農家在家戶環境裡養殖的，雞和雞蛋沒有商品化，供應比較不穩定，也就相對比較珍貴。近世以降，供應最穩定、最容易取得的一直是豬肉，所以豬肉的吃法也最多。這種以豬肉為中心的飲食習慣，早在漢代就已經開始了。

考古出土的「居延漢簡」中曾經記錄和豬有關的內容，分類極為詳細。其中一片漢簡上寫著：「頭，六十。肝，五十。肺，六十。乳，二十。蹄，二十。舌，二十。胃，一百。髖，三十。心，三十。腸，四十。」這是什麼？這應該是一份價目表。再從竹簡的上下文推斷，這應該是豬的價目表，因為竹簡上另有一個項目指的是牛，另一個項目指的是雞。牛和雞都只列單一項目，豬卻從頭到其他部位、到內臟都分得那麼仔細。這種買賣方式上的差異，清楚顯示了豬的特殊地位。豬肝、豬肺、豬舌、豬肚、豬蹄……，在那個時代就已經有特殊的調理與食用方法，這也是豬食占據肉食中心位置的明證。

那個時代的人喝的東西，當然有酒。至少在一萬年前，人類就發現了釀酒的方法，一路傳下來，每個社會、每個文明都懂得以穀物或水果釀酒。

不過兩漢時期有一種特別的飲料不能不提，那就是「漿」。兩漢史料中經常出現「漿」，指的是米漿。但漢朝人喝的米漿也不是現在臺灣早餐店賣的那種。我們喝的米漿是先將米炒過、炒熟，甚至炒到有點焦，然後再磨再煮的，這樣做出來的米漿呈現褐色，而且帶有濃厚的焦香。

古代的米漿就是單純用米煮的汁，顏色是白的。有時會混進一點麥，顏色變得沒那麼白；有時會加一點甜味，可能來自蜜。這是當時人最常喝的東西，不單純當飲料喝，還是下午餐與餐之間最普遍的點心。那時候還沒到吃飯時間若肚子餓了，就喝米漿，所以常在史料中看到「飲漿者」、「賣漿者」一類的字詞稱呼。

當時也已經開始喝茶，但還沒發展出細膩且講究的茶文化。另外，也吃一些樹上長的果子。前面提到兩種不同的「黃瓜」，那是從外地傳來的胡瓜，比本地產的瓜果好吃。本地產的瓜果一般拿來解渴，而且被視為窮人的食物。那時的瓜果跟我們今天習慣吃的水果，吃起來很不一樣。當時對瓜果的形容，一般都是硬、澀、乾，不像經過多少年改良後的現代水果那樣軟、滑、甜，且充滿水分。因為不好吃，通常都是窮人或遇飢荒時才不得不吃的果實。如果連果子都吃完了，恐怕就得吃草或吃樹皮了。

06 從炊具、食器到食物烹調的重視

到了兩漢，煮飯用的灶已經固定下來。灶是方形的，有兩眼灶或三眼灶，底下放柴火，上面開兩個洞，或一大洞、兩小洞，可以擺鍋子。生火用的燃料基本上也確定了，就是柴、草和曬乾的牛糞，其後兩千年裡幾乎沒有太大變化。

菜餚的做法也多樣化了。最簡單的是「膾」，即生切生食；再來是「炙」，就是在明火上燒烤。另外有「炮」，指的是間接地烤，像是有名的「叫化雞」，就是用泥巴將雞包覆起來，放進火裡燒熟，然後剝開泥巴食用。這種做法就叫「炮」。

還有一個常引起誤會的字，就是「濯」。屈原〈漁父〉中的名句說：「滄浪之水清兮，可以濯吾纓。滄浪之水濁兮，可以濯吾足。」「濯」的本意是用水洗，後來這個字用在烹飪上，成了將食物放在水裡煮熟的意思。有一段時間，把食物放在油中煮熟也叫「濯」，這種做法，我們今天叫做「炸」。「炸」這個字其實就是用來取代「濯」的，以免混淆了洗、炸這兩種很不一樣的意思。早先「炸」和「濯」是同音字，算是同音假借，所以當我們說「炸雞」時，「炸」應該唸二聲而不是四聲，就是來自對於「濯」字發音的記憶。

保存食物的方式有「脯」，這是將肉先用鹽醃過，或先泡過鹽水再曬乾。還有「臘」，是將肉用糖醃過後再曬乾。還有「醢」，是先將肉剁碎了再醃，成為類似香腸肉那樣的肉醬。

還有一個我們今天常常讀錯的詞，叫做「鮑魚」。《孔子家語．六本》中說：「如入鮑魚之肆，久而不聞其臭。」這裡的「鮑魚」二字可不是名詞，不是指貝類中的珍品，而是動詞，指的是讓魚發酵後予以保存的動作。這也是現在做魚露的方法，過程中會散發出強烈的腐爛腥臭。

還有一個字「菹」，指的是醬菜，也指將菜醃起來保存的做法。

食物料理好之後，會盛放在陶製的餐具上，然後用筷子夾著吃。用筷子這件事，到兩漢時也固定下來，用餐基本上都會準備筷子。不過和今天不一樣的是，當時的人使用筷子時，一般會搭配「匕」來使用。「匕」就是湯匙，或許那時候的人運用筷子的技術還不是那麼靈巧吧，所以習慣以湯匙來輔助。

一般人的食具是陶製的，但在有錢人家和帝王之家，這時開始鄙夷陶器了，他們有更輕便、更豪華的選擇，那就是漆器。漆器是在木頭表面塗上特製的漆，不只可以防水，還能塗上各種華麗的色彩與圖樣。漆器餐具逐漸成為重要的身分象徵，和使用陶器的人家區分開來。漢代存留下來的古物中，可以見到很多漂亮的漆器。

食具、器皿在中國文化中一直占有特殊地位。從新石器時代開始，陶土所製造的器皿，構成了個人或家族主要的財產形式，大量出現在墓葬中作為陪葬品，同時也用於祭祀。祭祀牽涉到食物，也牽涉到財富的展示，因而很自然會運用到既可用來儲水、後來又大量用於烹調的器皿。

至晚到了商代，器皿又取得了神聖、神通的意義。放入器皿中加水加熱，就能將原本堅硬不可食的穀物變成可食用的、人們生活體力的依賴，這樣的轉化對古人來說極其奇妙，於是連帶地賦予器皿特殊的地位。商代以貴重青銅所鑄造的器皿，不只單純地當作烹調和食用上的工具，更是現實世界與超越的祖先世界之間進行溝通的關鍵管道。

器皿如此重要，產生的效應就是炊具或食器的形制得以保留下來。保留一種炊具，實質上等同於保留了運用那種炊具的烹調方式，這或許就是中國人重視食物、重視烹調方式，並且累積多元多樣烹調手法的一個理由。

器皿的保存也和器皿稱呼的保存相連動。中國的文字系統中，有很多與器皿相關的字。有多少不同形制的器皿，就有同樣多的用來稱呼各種器皿的文字；而文字傳留下來，更進一步也使得器皿的形制與用途不會被遺忘。

07 漢朝人衣服怎麼穿？如何彰顯身分？

那個時代的富人和其他時代一樣，會在食材、食具上顯現出不同於其他人之處。不過，他們能做的區別選擇不多，因為沒那麼多珍稀食材或精緻烹調可供炫耀。相對地，在穿著方面，富人的表現空間就大得多了。

理解漢代人的衣著，關鍵在於要知道當時有很多規範。衣服穿在身上，既顯現一個人的外表，也直接代表、象徵了你是什麼樣的人，因為不同身分的人得依照各自的身分穿不同的衣服。不過仔細研究那個時代留下來和穿衣有關的史料，我們會發現，事實很弔詭地，那麼多規範產生的最大作用，竟是提供了可以違背、僭越的機會。

在反省、批判社會現象的文獻中，幾乎一定會講到衣服，講到「衣裝逾制」的問題。很多人穿上和身分不符的衣服，將自己打扮成具有較高地位的樣子。所以規範是一回事，現實中人們的打扮是另一回事。

衣服不容易存留，我們很難看到兩千年前的實物，要了解漢代的衣裝，不得不從文字記載所提到的規範、規矩做整理，看出一些基本的傾向。

首先，在衣服的社會價值上，材質愈粗的愈下等，愈細的愈高級。麻的等級最低，錦、絲的等級最高。有錢、有地位的人，要盡量讓自己穿在身上的衣服表面細滑平整。其次，衣服上的配件、裝飾以「寬博」為上，像是衣帶、領襟都要寬，因為「寬博」費料，得用掉較多的布，成本高，而負擔得起這種多餘的成本，即是財富寬裕的表現。再者，衣服上有彩繡或紋繪，顏色愈多愈華麗，圖樣愈細愈複雜，當然就愈能體現穿衣之人崇高的地位。

漢代的完整衣裝分為幾個部分。首先要有「冠」，人們出門必定要戴帽，沒戴帽是極度窮酸或極度失禮的表現。然後要有「服」，服分內、外，且內外之分很嚴格。內衣有領，外衣有襟。

領口比較高、比較小的穿在裡面，有著「寬博」大襟的穿在外面，但會露出部分的內衣前胸，所以內衣也不能隨便穿。外衣衣襟的寬度，還被視為人格的象徵，在閩南語中到現在仍保留著將衣襟稱作 ban 的說法。寬衣襟就是 dua ban，而 dua ban 同時也是慣常用來形容人品的語詞，說一個人 dua ban，就是指他慷慨、寬容，不小氣、不計較。

內衣分為「衫」或「汗襦」，以及「縛」兩種。衫是最貼身、最薄的。所以一直到今天，我們都用「汗衫」指貼身內衣，閩南語說一個人沒穿衣服就是「沒穿衫」，連最貼身的衫都沒穿，那當然就是光溜溜了。比較厚一點、一般天較涼時穿的內衣稱為「縛」，衫是單層的，縛則是兩層的。

內衣按照厚薄分類，外衣則照長短分類，長的叫「襲」，短的叫「襦」。隨著語言上的遞變，到後世「襲」就轉成了單位詞，現代詞語裡都還有「一襲長袍」的說法，「襲」指的就是長衣，不能說「一襲短夾克」。不管是襲或襦，底下都要穿「褲」。

另外還有「袍」，是套在最外面的，具備保暖和展示的雙重功能。袍也依厚薄分。漢代最有價值、最寶貴的衣物，是一種很薄很薄的袍，天不冷或居家時穿的，叫做「襌」。長沙馬王堆一號墓出土了一件兩千多年前的「襌衣」，保存得非常完整，那是一件長袍，卻只有四十九克重。大家不妨將衣櫥裡的外衣都拿來秤一秤，看看以現在的織造技術，有沒有接近這般重量的衣服？

比「襌衣」厚一點的是「襜褕」；再厚一點、有夾裡的，則是狹義的「袍」。所以「袍」這個字有兩重意義，廣義泛指所有披在最外面的衣服，狹義則專指有內裡的外套長衣。

08 履、舄、屐，各是什麼樣的鞋？

漢代的衣服顏色也有特別的意義。衣服顏色愈多、愈鮮豔，一般價值愈高，但有些顏色是不能隨便用的。一種是「赭」，很暗很暗的暗紅色。「赭衣」是罪犯穿的。漢代的文獻中會看到「赭衣塞路」的說法，就是批判刑罰太重，太多人被判為罪犯。罪犯依規定必須穿上赭衣，那也是犯罪懲罰的一部分；有的甚至會在赭衣上寫下所犯的罪名，將犯人示眾，公開羞辱。

還有，白色也不能亂穿。漢朝時，白色已經明確地和死亡、喪葬關聯在一起。兩漢以降，中國人在喪禮中就固定穿白衣，叫做「縞素」。「縞素」源自周代的貴族文化習慣，在漢代逐漸傳播到整個社會的不同階層，變成全民上下共通且嚴格遵守的禮俗。

有「冠」有「服」之外，還有「鞋」。漢代人穿的鞋主要分三種材質：皮做的、布做的和草編的。三種鞋有地位差別，皮做的最高級，布做的其次，但布做的鞋沒有比皮做的低很多。因為當時做鞋用的布可不是粗實的帆布，而是錦，做成的鞋稱作「錦履」。這種鞋穿了很舒服，但一定不耐穿，很容易壞，人們不會隨便穿到外面去，都是在屋裡穿的。

「履」指的是正式的鞋，有錢人用皮做、用錦做，一般人的則是「草履」。草履不是我們想像中的草鞋，而是用麻做的，穿出去還算像樣，人人必備。這種草履在漢代有一個別號叫「不借」，意思是人人都有，所以誰也不用跟人家借，而且因為是正式外出鞋，不會多買或多準備，也沒有多的可以借人。

當時做的鞋和今天的鞋最大的差別在於鞋底。我們習慣了鞋底和鞋面材質不同，但那時候的鞋，皮鞋面上是皮，底下也是皮；布鞋面上是布，底下也是布，沒有我們今天認為的鞋底。這樣的鞋把腳包起來，有鞋的樣子，但絕對不適合用來走路，隨便走幾步，大概鞋就磨破了。

用來走路的有「舄」、有「屐」。舄有木頭做的鞋底，等於是將原本的履加上木頭底，所以會比較穩，若是稍微要走路、要久站，那就穿舄。至於屐，就是一整塊木頭上加了布或草的面，而且底下通常會有「齒」，將木頭刻出凹凸不平狀，以增加摩擦力。這才是真正用來走遠路的鞋，不怕磨，不怕進水，就算雨天在泥地上，也可以止滑，避免跌倒。

鞋裡要穿襪，襪子多半是白色的。那個時代的襪子比現代的長，標準的大約有一尺長（約二十三公分），上端套在小腿外的部分還要有裝飾。當時一般的禮儀是，進到人家家裡要將鞋脫掉，只穿襪子。而皇帝賜給大臣的最高特權是「劍履上殿」，就是允許大臣可以帶著劍、穿著鞋進入宮殿。同樣的道理，如果一個人犯了錯，要向人家道歉，最基本該做的是「免冠徒跣」，也就是把帽子摘了，把襪子脫了，光頭光腳，先羞辱自己，降低自己的身分外表。這些都是穿著所附帶的社會、文化意義。

09 主要家具床、榻、几，基本格局兩室一堂

在漢代一般的房子裡，沒有我們今天慣用的桌、椅，他們最重要的家具是床、榻、几。

床是很古老的家具，很早就發展成離地約一尺多的高度，讓人睡覺的地方和地面保持一段距離，避免濕氣，同時不會感到那麼熱或那麼冷。床上也早早就有放在頭下方的「枕」，那時候最流行的是「通中枕」，材質是木頭或竹子，將裡面挖空，或用揉的方式將之捲曲形成中空，如此製造出彈性。

這樣的枕也就決定了當時人睡覺的姿態。「通中枕」是硬的，人不可能抱著，也不可能將頭側趴在上面，唯一舒服的姿勢是正面仰躺，枕墊著後腦和脖子中間的位置。那時候的人睡覺顯然很規矩，不太會也不太能隨意翻身，所以每個人需要的床面空間也不大。

床上除了枕，還有「褥」，鋪在床上，墊在身下。還有「被」，蓋在身上。

漢代時從北方——應該是匈奴那裡——引進了「榻」，又叫「胡榻」。榻比床窄且矮，最特別的是不睡覺時可以收起來往牆上一靠，就省下了空間。除此之外，榻可以躺也可以坐，因為比較矮，方便人們跪坐在上面。當時人坐的方式主要是跪坐，今天日本人的坐姿也是如此。日本人鋪在屋內的草墊，我們都還翻譯為「榻榻米」，保留了「榻」字和那種跪坐姿勢之間的關係。

歷史故事裡形容管寧這個人，特別說他長年坐在同一個位子，保持同一個姿勢，以至於兩膝跪的地方都被磨凹了，可見他多有恆心、多有耐力。跪坐不容易，日本人的跪坐法是將重心放在臀部，但依照管寧的故事來看，漢人跪坐的重心可能是在膝蓋上，那就更不舒服了。

所以需要「几」來輔助。我們今天說的「茶几」是用來放東西的，古代的几不是，是供人倚靠的。如果坐得不舒服，就拉一張几過來，靠在几上，這叫做「倚几」。倚几是古代常見的一種姿勢。

桌椅相對出現得晚，唐代才逐漸普遍，要到宋代以後才成為中國家具的定制。所以自宋代之後，中國的桌椅製作工藝長足進步，而有了明代的高峰輝煌表現。

漢代房屋的基本格局是一堂兩室，聽起來像現代的一廳兩房。「堂」類似廳，是公共空間；但相較於現代，「室」就不像房那麼隱密了。現代的房間是獨立的、有門可以關起來的空間，然而古代的「室」只是大空間中的一種安排、擺設，並沒有固定的隔間。

房子裡普遍運用「帷帳」，是一種長布簾，垂下來將空間隔開。這是比較正式、比較固定的隔間。另外有「屏風」，那是活動的、更私密的空間區隔。一間房子裡，人們會用帷帳將睡覺的地方隔開，但即使在帷帳區隔的空間裡，如果要換衣服，就得到屏風後面去。

漢代房屋裡的裝飾，最重要的突破性發展是燈具。蠟燭很早就有了，大約戰國時期已經在家戶中普遍使用，但直到漢代才出現固定的燈具，而且燈具的形制愈來愈複雜、愈來愈精緻。從考古資料中看到的古文物，有羊尊型的燈，將燈做成羊的模樣，還有仿造朱雀外型的燈。不過當時最流行的燈具應該是「人俑燈」，造出男子或女子捧著燈座的模樣，就像是家中有個侍僕或侍女隨時舉著燈照亮空間似的。

河北滿城漢墓出土了一盞格外精巧的燈，[6]不只有燈罩，而且燈罩是活動的，可以視需要調整燈光的方向和亮度。這種燈是漢代之前沒有的，卻在漢代成為家居生活重要的一環。

長信宮燈，河北博物館藏（圖片來源：Refrain）

羊尊燈

人俑燈

朱雀燈

10 漢代居屋怎麼蓋？以及堂間建築風格

漢代的一般房屋是木造加上夯土牆，除了木頭梁柱外，還加上夯實的泥土構成牆面，以承受屋頂的重量。這種建築材質與形式已經存在很久，是一般平民居屋的主要構築形式。

不過對上層階級有錢有權的人來說，宮殿建築卻有不同的蓋法。這同樣要回溯到漢朝之前幾百年、甚至上千年前，在夏朝的遺跡中，就已經發現了宮殿的夯土地基。隆起的堅實夯土地基上，散布著一個個「柱洞」，顯示當時在那些位子上立著一根根或大或小的柱子。由「柱洞」可以清楚看出，柱子不是等夯土地基打好了才立上去的，而是必須先安排好、立好一根根柱子，然後再運來泥土鋪上，一層層打實。

這種工法很不簡單，必須有事先詳密的規劃，以及龐大人力的協同調配。為什麼要用這種複雜、不方便的方法？因為要將柱子埋在夯土裡，夯土打實後的力量大大增加了柱子的支撐力。如

6 滿城漢墓位於今河北保定，是西漢中山靖王劉勝及其王后竇綰的陵墓，一九六八年被發掘，共出土金器、銀器、銅器、玉器、陶器、漆器、絲織品等一萬多件文物，其中最知名的就是「金縷玉衣」和「長信宮燈」。

此一來，柱子才有辦法支撐屋頂大部分的重量，相對減輕了對於牆面支撐力的要求。

用夯土地基將宮殿建築的基底墊高，讓柱子埋在夯土層裡，這樣做的好處是，一來可以為建築物設計出更複雜的屋頂結構。中國宮殿建築很早就出現了複式屋頂，也稱為「重簷」，那是抵擋風雨、防止漏水最有效的方法。水本來就不容易積留在斜屋頂上，加上斜屋頂有兩層，即便上面一層漏雨，下面還有另一層屋頂擋住，可以讓水流出去。

二來，宮殿建築的牆面不需承力，光靠柱子支撐就夠了，所以不需要像民間土屋一樣用夯土牆，甚至可以根本不要有牆。

兩漢的大型建築工法持續進步發展，設計出更有效的「斗拱」結構，能將屋頂的重量更平均地分配在梁柱上，讓垂直的柱和水平的梁有更合理的結構關係。逐漸地，建築上的奇蹟式成就出現了，在中國完成了特殊的「堂間建築」風格。

堂間建築的特色就是將屋頂的重量完全由柱子承受，不只沒有承力牆，也不需要厚重的夯土。堂間建築在中國出現得很早，到唐代發展到最高峰，但今天在中國基本上消失了，少有能保留的古代案例，反而是日本保存得更好。

日本京都名所中的「三十三間堂」，其名稱就是直接來自堂間建築。由周圍柱子圍成的空間叫做一「間」，連續三十三個「間」就構成了長屋，堪稱建築奇觀。因為屋頂的重量都被分散在柱子上，因而這種建築可以將牆當作門全部推開，或說使用活動式牆面，於是製造出獨特的空間效果，可以讓屋內屋外通透，去除了內外的截然區隔。

日本京都三十三間堂（圖片來源：663highland）

從漢代就訂定下來的宮殿建築典範是中間有「殿」，四周則是有水的庭園。建築被水聲包圍，處於殿內卻還是覺得被自然環繞。到日本參觀古建築就能體會，所有的牆都是門，門都是活動的，不只可以拉開，甚至可以卸下。門卸下時就沒有了牆，人坐在屋子正中央，都能毫無阻礙地看到庭園，視角、視野和在外面沒有差別。這就是在兩漢確切形成的堂間建築的美學作用，以及生活享受上的功能。

堂間建築在東漢還有一些有趣的變化。因為所有的牆都不需承力，意味著屋內每一堵牆都是「假牆」，所以就很方便造「複壁」，也就是密室。畢竟多幾堵牆或少幾堵牆都不影響房屋結構，也很難藉由結構來辨別房子的格局，這就很容易隔出外人察覺不到的空間。東漢很多有錢人家裡都有複壁，在裡面藏東西，甚至藏人，祕密養小孩。

堂間建築法式成立後，又逐步在技術上擴大建築的規模。其中一種做法叫做「飛格」，英文術語是 covered bidge，也就是加上屋頂、墊高地板，形成屋與屋間的連通，進一步延展不分內外的空間。如此不分晴雨，人可以經由這空間走動，更重要的是，可以在這空間裡享受既在戶外又不完全受戶外天氣限制的曖昧自由。

在室內裝飾的安排上，到漢朝也有了關鍵變化。其中一項是地磚的普遍運用。以前室內的地面基本上就是泥地，當時人藉由發達的燒窯技術，不只燒製出用來蓋房子的磚、放在屋頂上的瓦，還有了專門鋪地，以增添室內舒適感與豪華感的地磚。地磚可以防潮，可以止滑，對於居住品質有很大的提升效果。

以往人們會在屋內牆壁塗上燒過的白灰，讓室內看起來比較亮。漢代也有了新的技術和新的流行，那就是開始用漆，有錢人家中要「塗椒」才算夠豪華。塗椒應該是在牆面塗上近乎紅色，主要是暖色系的漆，一方面顯示漆的製造與染色技術有了進步，另一方面也顯示當時人追求室內舒適感的潮流。

還有一種比塗椒更奢侈的壁面裝飾，就是用錦或漂亮的布將牆面包起來，叫做「壁衣」。壁衣不只有顏色、有質感，還能產生光線折射的效果，而且方便更換，當然顯得更氣派、更豪華，也更適合屋主拿來炫耀了。

一個明顯的趨勢是，一般人家和富豪王公家的住屋條件的差距愈來愈大。財富的集中使得有錢人能夠在建築內外投注更多的花費，而喜好炫耀的社會風氣，也讓他們有更大的動機將錢花在人人都看得到的屋宅與庭園上。

11 漢朝人出行，和支持帝國運作的交通網

再來說說漢代的「行」。

當時主要的交通工具有牛車和馬車。牛車基本上用於載重運貨，馬車則是載人的。都會地區流行的馬車是「軺車」，這種車和我們想像的車有一定差距，因為不是用來坐的。人在軺車上是站著的，前面還有一個負責駕馬的人也是站著。這樣的軺車有點像古羅馬時代的戰車。

自從秦始皇推行「車同軌」制度後，兩漢的馬路大多有淺軌，軌道寬度固定，石板路的軌道是刻意鑿出來的，泥土路的軌道則應該是同樣寬度的車輪反覆壓過而自然形成的。

特別值得一提的是漢帝國建立的交通網。《史記．太史公自序》中提到了司馬遷年輕時的「壯遊」，他基本上走遍了重要的歷史地區，那是讓他後來成為稱職、傑出史學家的重要條件。不容忽略的是這樣的人文養成，需要有基礎建設的配合。司馬遷在短短幾年內走遍大漢帝國的主

要區域，遊歷中國文明起源和開展的核心地區，如此經歷即使在同等輝煌的羅馬帝國境內都很難想像。

這套範圍廣闊的交通網支持著漢帝國的正常運作。交通網中最底層的單位是「亭」，原則上每十里設一亭，亭由「亭長」負責掌管。亭長要承擔雙重任務，一方面負責維持這一段交通網的暢通，必須確保附近路面安全，沒有盜匪威脅行人；另一方面還要管一棟實質的房舍，它只比一般人家大一點，供行旅之人休息過夜，通常亭長自己也住在亭裡。持有朝廷許可的人，路過時就可住進亭裡，由亭長負責提供住宿並保護安全。

亭之上有「驛」，原則上每三十里設一驛。從名稱上就看得出來，驛主要是服務騎馬或乘馬車的人。十里一亭，亭與亭之間步行可到，行人不用擔心夜宿荒郊野外；而驛與驛之間的距離較長，那是按照騎馬的路程來安排的。各驛之間連結起來，就構成了帝國的文書遞送系統。

驛之上還有「傳」，傳就不是依照固定距離設置的，而是設在每個縣府內。「驛」為人馬提供休息之處，休息夠了繼續上路；「傳」呢？從字面意思看得出來，這是換馬（有時也換人）的傳遞之處。像是接力一樣，文書或訊息需要送到比較遠的距離外，就將路程分成好幾段輪流交接，這樣可以遞送得更遠、更快。用這種方式，龐大的漢帝國得以在文書程序及訊息交流上有效地組構起來，不會分崩離析。

漢代的官方文書遞送系統相對快速且嚴格。從長安到洛陽，以當時的算法是九百五十里，依照規定，單程兩天要到，四天內來回。這種速度靠的就是完備的交通建置，不只需要良好的道路，還要有到處散布的亭、驛、傳。

而且這套文書遞送系統也有詳密的記錄，什麼樣的文件，由誰在什麼時候遞送到哪一站，到達是幾時，離開是幾時，又在哪裡交給誰，在哪個「傳」換了人或馬繼續上路等等。公家人員可以有效地運用這套系統，並且留下明確且毫不含糊的資料以備查驗。

如果是私人行程，可就無法利用公家的亭、驛、傳了。不過道路系統的存在，鼓勵了人們在地理上的移動，同時也就因應刺激了服務旅人的設施。在公家設施之外，出現了「逆旅」，就是類似私人民宿的地方。「逆」是迎接的意思，「逆旅」會出現在路邊民家作為標識，指的是歡迎路上行旅之人進來，不會把旅人趕走。這樣的用法起於漢代，後來延伸為文學上的比喻，「人生如逆旅」，逆旅變成了去到陌生地方、不在家狀態的通稱。

12 遺忘的美學，消失的態度

簡單整理漢代社會食、衣、住、行的概況，讓大家可以具體感受，有些一直延續到現代的習慣，竟然早在兩千年前就形成了，而且兩千年間沒有太大的改變。

當然，從另一個角度，我們也可以藉此更深刻地盤點，又有哪些特殊的生活景況可惜地消失了。例如，精巧且帶有濃厚生活美學潛力的堂間建築，在漢代確立下來，後來竟然逐漸遭到遺忘。連帶消失的，是中國人對空間的敏銳感受，一種追求優游於內外之間的態度。儘管在抽象道理上我們強調「天人合一」，然而離開了土地上的農業生產，中國人並沒有太多真正和自然自在共存、真心關切自然的生活環境。

現代新造的中國式宮殿建築，不論在臺灣或大陸，都只保存了外表，並沒有復原傳統的堂間建築架構法。臺北的圓山大飯店或兩廳院，採用的都是西式建築結構法，一方面才能將建築蓋得那麼高、那麼大，另一方面也就必然喪失了這種建築原先最適切的尺度感，尤其是徹底失去了從前更為巧妙、更為靈活的內外空間安排。

人處於屋內，卻不與戶外的自然環境隔絕開來，這其實是多麼難得的居住智慧，甚至是對空間的絕佳藝術安排。中國人發明的堂間建築，卻在日本社會中發揮得淋漓盡致並得以完整保留。幸好有日本人的堅持保守，我們今天至少還能實地走訪、體會堂間建築的美好，進而有效地解讀、還原中國古代史料上的描述。

第五講

漢末亂局與民間宗教

01 解釋世界、規範世界的五行思想

西漢時期的世界觀，以陰陽五行和天人感應為中心，這樣一套世界觀，在東漢有了進一步的變化發展。

作為解釋世界、甚至規範世界的思想，五行遠比陰陽重要。五行包括金、木、水、火、土五種元素，以這五種元素將所有的現象與事物進行分類。不只所有的現象與事物都被固定分為五類，而且這五類之間會有固定的、必然的關係。

五行有相生關係，還有相剋關係。金生水、水生木、木生火、火生土、土生金，這是相生的循環；金剋木、木剋土、土剋水、水剋火、火剋金，這是相剋的循環。這樣的關係被運用在所有現象與事物上，幫助人們掌握世界運行的秩序。任何以五為單位的觀念，在這過程中都被組合起來。例如有東（木）、西（金）、南（火）、北（水）、中（土）五個方位，就配之以五種元素，於是處於不同方位的人或事物，彼此之間就因此而產生了相生相剋關係。這種關係是經由神祕的「感應」來進行的。

五行、感應不只用來分類與描述這個世界，連帶地也規定了這個世界。任何來自東方或歸類為東方的，就具備「木」的性質，與屬於南方、具備「火」的性質的事物，就被認定有著「相生」的關係。

五行深入人心，到後來，很多原本不是以五為單位分類的事物，都硬性地被重新分為五類，如此才能納進五行的普遍架構裡。最明顯的是原本理所當然的四季，在五行的世界觀裡很不方便，於是有人就在既有的春、夏、秋、冬之外，多加一個「長夏」。本來各為三個月的四季硬是變成了五季，這很難分配、很難計算，但沒辦法，不分為五，季節就進不了五行架構中。人們寧可改變傳統，忍受計算上的不方便，也要讓季節來配合五行，由此可見五行世界觀全面且龐大的影響。

02 相信感應，用簡單的掌握複雜的

商朝時，人們信仰上的至高權威是「帝」，「帝」處在一個較高的世界，俯瞰人類，主宰人類禍福，所以人必須畢恭畢敬地尋求和「帝」及其所在世界的溝通。周人翦商成功後，同時進行信仰上的大改革，以「天」取代了「帝」。「天」不是人格神，而是抽象的原則總和，祂依照一定的原則，神祕卻又公平地管轄世界。我們不知道「天」如何運作，如何將「天命」從這邊拿走

交給那邊，但透過觀察人類行為，我們能夠充分理解什麼事有利於取得天命，什麼事會導致失去天命。

周代以降，中國文化中有著強烈的人文精神，因為決定禍福的不再是難以捉摸揣測的人格神，而是抽象的「天」。「天」公平地回應人的行為，做對了，「天」賜福獎賞；做錯了，「天」相對降禍處罰。禍福的關鍵不在「天」，而在人的行為。

「天」的信仰為周人帶來了憂患意識，那就是不能靠一個永遠站在我們這一邊的人格神，祭祀、崇拜、討好這個「帝」沒有用。因為在堅持對的原則、對的行為上只要稍有鬆懈，隨時可能會失去天命。於是，周人除了必須研究、理解行為對錯的法則之外，憂患意識又刺激出他們對變化的敏感，因而要研究、理解各種變化的跡象，從變化中預先了解「天」的傾向。

「《易》有三義：變易、簡易、不易。」[7]意思是說，表面上的千變萬化，我們當然要注意，但變化其實是遵照一定、有限的原則進行的，懂得掌握這些原則，複雜的變化就能呈現簡單、清晰的條理，因為變化背後有一個根本的原理是永恆不變的。

《周易》深刻的核心精神，是要探究「不變」，要從種種「變易」中找出不變的原理原則。我們可以從這樣的精神延伸，去了解五行與感應在漢代所發揮的作用。

五行加感應，給了當時的人容易掌握的變動規則，同時也就帶來了安全感。他們能夠用五行、感應來解釋變化，進而認為自己能夠藉五行、感應的規則來預見變化。

感應有用，因為在變化上，有些領域複雜、有些領域簡單。例如，四季的變化相對簡單，人際關係的親疏變化相對複雜。有了感應，相信感應，相信人際親疏和四季變化會有感應影響，當時的人就能用簡單的原則來化約複雜的現象，藉由簡單的來掌握複雜的。

先了解簡單的原則，再以感應的信念將這些原則推演到複雜的領域，於是本來不知該如何處理的複雜事務，就呈現出可對應的秩序。

03 運用感應，將未知的投射到已知的

在這樣的世界觀裡，所有的事物與現象都是彼此相關的，沒有任何兩樣東西是真正無關的。只要是能看到、能感受到、能碰觸到、能理解到、能知覺到的任何一件東西，在漢代人的心靈想像中就都不是孤獨的。首先，這樣東西在一個五行分類裡；其次，它必然因為處於這個五行分

7　此說出自《易緯．乾鑿度》：「孔子曰：『易者，易（簡易）也，變易也，不易也。』」《乾鑿度》有鄭玄注，是緯書中較為醇正可取的。

類，而與其他五行分類的現象或事物發生關聯。

一個世界，雖被分成許許多多不同的領域，但每一個領域都依照五行分成五部分，分別帶上金、木、水、火、土的性質。每一個領域中分在「金」的，就有屬性上的相似；分在「土」的，就具備了和所有分在「金」的事物之間的「相生」關係連結（土生金）。

感應可以發生在不同領域間。當時的人相信，每一個領域都依照同樣的元素關係（即五行）而有同樣的分類，所以領域與領域之間會彼此影響。例如，人的領域分為「五倫」，也就是五種人際關係，自然的領域也分為五個不同季節，於是人如何對待「五倫」，就會相應影響自然界五個季節的遞變更替。

天文學在中國發展得很早，在漢代尤其取得了長足進步。漢代史籍中出現超過七百個星宿名稱，說明當時的人對於天體運行有很細密的觀察。天文學最重要、最直接的運用是訂定曆法，尤其是必須解決月亮運行週期與太陽週期之間的差異。漢朝曾經進行過好幾次曆法改革，其中最重要的是武帝時制定的「太初曆」，將一年之初重新定為一月（秦朝和漢初以十月為歲首），是之為「太初」。

然而漢人對於天象的觀察與整理，遠超過單純曆法設計所需。他們會以如此仔細的方式觀看並記錄天象，更大的驅動力量來自「感應」思想。龐大、延展的天象，對應龐大、延展的帝國領土；天上有那麼多不同的星宿，地上有那麼多不同的州郡縣。要從現實中掌握地理上的多元變化，不是當時的技術所能應付的，相對地，仰望天象，經由感應的邏輯，借道天文變化來解釋可能發生的地面現象，就比較容易進行。

將天分成十二個不同區域，對應地理上的十二個地區，然後藉觀察天文變化，來預知或控制地上所發生的事。如此人們就找到一種將無力掌握的現實簡化為可以掌控的捷徑，這是感應的用法與效果。

感應也影響了漢朝人的生死觀。漢朝人相信：人活著時有魂有魄，魂和魄俱在，才使得人能存活，死亡就意味著魂魄分離。人死了之後，魂先離開身體，往上升；魄則跟隨著已經不會動的身體進入地下，保護屍體。

離開了身體的魂會在空間中進行一段旅程，朝向東方扶桑日出之處。這趟旅程不會立即就到，也不必然一定會到。到不了東方的魂只好回來，找到原來的魄，又和魄結合在一起，但這時已無身體，所以就變成了「鬼」。

鬼是什麼？鬼就是到不了東方日出之處，帶著不滿、挫折、冤屈的魂，回來和魄重新組合而成的存在。所以鬼不會是好東西，鬼的不滿、挫折、冤屈使得它們傾向於「祟人」，給活人帶來傷害。

魂為何到不了東方目的地？原因之一就是由魄留守的身體沒有得到適當的保護，在魂還在旅途中時，身體就遭到破壞。這樣的觀念，在漢代引發人們對於葬禮的重視，死者的身體不是單純的外物，還附著魄，而且魄會神祕地感應、影響正在朝東方飛行的魂。人死後的身體必須好好下葬，至少在魂到達目的地安定下來之前平安無事，否則魂回來找魄，就會結合成可怕的鬼。

用這種方式，漢朝人解釋了為什麼會有不意、可怕的災厄發生？——那是鬼在作祟。進一步又解釋了為什麼會有鬼？——因為屍體沒有被保護好，魂去不了東方。因果相連，於是人們找到了預防災厄發生的具體方法，那就是好好埋葬屍體，重視葬禮，乃至發展出「厚葬」的習俗。

或許可以這樣說，在那個時代，對於不能解釋、沒有答案的事物或現象，人們必然帶著困惑與恐懼，會不斷在有限的知識中盡量給予解釋、找到答案。感應是製造解釋、提供答案的一套有效架構，將不知道的投射到已經知道的事物上，建立起彼此之間的感應關係，人們就覺得能夠了解原本未知、不可知的事物了。如此不斷減少未知、增加已知，進而使人安心。

04 巫者、日者、龜策，感應的中介指引者

「五行」、「感應」提供解釋，同時也必然指引行為。例如一直到今天，華人圈都還在用五行算命。先算一個人命中金、木、水、火、土的組成，算出五行成分之後，接下來一定是對於如何調和五行的建議。好比命中缺「土」的，就在名字裡多取土字邊的字；命中缺「水」的，就專找水字邊的字取名。

感應也有助於人們簡化解決問題的方法。例如，現實中遇到孩子缺乏數理能力，數學老是學不好，怎麼辦？他可以放棄數學，去發展其他能力，這是一種方法；他可以加強補習數學，比別人花更多資源與時間投注在數學上，這是另一種方法。若是依照漢人的感應思想模式，還有另一種方法，就是去研究歸類，發現數學在知識體系中屬於五行中的哪一種。數學固定、不能變通，性質上像「金」，於是就能得到結論：既然數學屬「金」，那麼數學不好的人就是身體上或能力上缺「金」，任何能幫他添「金」的做法，都將有助於他提升數學能力。所以，給他取個字形上有「金」的綽號會有幫助；還有，到了同樣屬於「金」的秋天，他的數學能力會相應變好……

附隨著感應思想，漢代出現了許多協助中介的角色。《史記》中有〈龜策列傳〉，記錄的是占卜者，他們是藉占卜技術來掌握感應訊息的人。另外有〈日者列傳〉，「日者」就是專門算五行的人。閩南語中至今保留著「算日子」的說法，這可不是算數字，算哪天到哪天中間一共有幾天，它算的是特定日期的好壞，適不適合做某些事。而算日子的好壞吉凶，基本上還是依照五行分布而來的。日者對各種不同日子的分析評算，後來就進入「黃曆」，讓一般人可以自行查看，決定什麼日子做什麼事。

更重要的中介者是「巫」或「巫者」。巫的功能是溝通上下不同世界，將超越世界的訊息遞送過來，也能將此世的祈禱、請求傳達到另一個世界去。巫往來溝通的基本方式也是靠感應，也就是透過施法來引發感應。因為巫掌握了施行法術的技巧，也能將這些法術用在引動其他感應上，包括利用感應使人生病，甚至奪取人命。漢武帝時的一樁宮廷大案稱為「巫蠱案」，「巫」

是人，「蠱」就是巫所使用的一種工具。

到了東漢時，「巫」、「日者」、「龜策」這些感應的中介者，或說操控者，在社會上日益重要，而且逐漸地合流聚集。總和所有這些中介的力量與技術，而有了「道教」的「道」。此「道」在技術面，其實發源於陰陽五行，來自民間小傳統的長期累積；但在思想面，則選擇性地向道家依附，並挪用道家關於「道」以及自然運行規則的部分說法，作為自身的依據。

其中詳細的變化發展過程並未留下明確的文字記錄，但從後來形成的結果看，這中間必然包含了長遠的、有意識的努力。到東漢後期，一個新的整合式的道教躍上歷史的舞臺，在東漢滅亡一事上扮演了重要的角色。

05 黨錮之禍，入罪成為士族的光榮頭銜

東漢王朝在外戚、宦官和外朝的紛擾鬥爭中，持續弱化。西元一六六年，進一步爆發了「黨錮之禍」。

黨錮之禍的名稱指涉兩件事：一是「黨」，這是罪名，牽涉其間的人最終是以結黨的罪名遭

到懲罰；二是「錮」，這是他們得到的懲罰，指的是他們被「禁錮終身」，並不是被判處無期徒刑關在牢裡，而是從此之後再也不得任官。

黨錮之禍的結構性原因，來自宦官勢力在地方上擴張，和已然形成的士族產生了直接衝突。於是士族進行了雙重陣線的連結，積極抵抗宦官勢力在地方坐大。一重是中央與地方的連結，動員中央的外朝力量來對付地方的宦官養子；另一重是士族之間同仇敵愾的結盟，互相聲援、彼此呼應。

如此雙重的連結，使得發生在地方上的爭執很快就上綱到中央，激起中央外朝士族嚴重的危機感與強烈的團結意識。這些人愈聚愈多，而他們聚集的動機與目的愈來愈明顯，那就是反對、抵制宦官。這當然也就相應刺激了宦官的高度警戒。

西元一六六年（桓帝延熹九年），針對外朝士族帶有敵意的集結，宦官發動了反撲，將當時被視為清流領袖的李膺抓了起來，許多士族都被牽連下獄。一年之後，桓帝下令特赦，將這些人放出來，但從此「禁錮」，意味著他們都上了「永不錄用」的黑名單。這份名單要「書名三府」，意思是有三個不同單位都要登記，未來要嚴格查察，絕對不讓他們再有進入朝廷當官的機會。宦官用這種方式，得以將部分對他們敵意最深、在地方上利益衝突最嚴重的士族從中央朝廷趕走，使他們無法繼續藉中央的職權進行對抗。

士族用來對抗宦官最主要的力量，是一套品評人物的價值標準和修辭手法，也就是「清議」。這是士族在自覺受到威脅、壓抑的情況下，發展出來的精神武器。「黨錮」使他們和宦官的衝突檯面化，剝奪他們在朝中的官職，只會更激化他們用這套價值批評、攻擊宦官的強度。

人物品評當然是兩面的。負面地強烈攻擊宦官，從人品上徹底否定宦官，有時也波及握有權力、能見度較高的外戚。另外，正面地標榜自身集團中的某些人物，將他們塑造為人格的典範、集團的道德標竿。這些被特別標舉出來的士族集團中人，就成了「名士」。

黨錮之禍發生後，直接衝擊了名士的標準。其中一條原則跳到最前面來，那就是「不畏強權」——要當名士，要不怕被迫害，不為迫害威脅所動。也就是說，「禁錮終身」的懲罰在士人集團中迅速成為光榮的印記，自動得到「不畏強權」的評價，那些名士的地位反而更高了。

「不畏強權」的「不畏」還有等級之分，等級最高的是「不恤生死」——連死都不怕，即便面對生命安危，都要堅持士人的原則。愈是不怕的，愈是不妥協的，愈是以強硬態度對待強權的，就得到人們愈高的肯定。

於是，黨錮之禍非但無法收到嚇阻士族停止對宦官攻擊的作用，反而讓整個對抗局勢更加升溫。被當作「黨人」抓起來，成為士族人品聲望的考驗，也成為他們表現人品的機會。明知要被抓了，也絕不讓步、絕不求情，而且絕不逃走，反而自若地接受強權的迫害。更有甚者，有一些沒被抓的人，不管是尚未被抓或根本不在名單上，都自行投案，堅持自己也是「黨人」，應該一併入獄。

結果是，黨錮之禍使得士族的「士氣」更高。一來，士族內部的團結意識更強了，人人爭先當「黨人」，本來是宦官丟到他們頭上羅織入獄的罪名，卻變成大家爭著要有的光榮頭銜。二來，士族的立場與態度也變得更加強硬，集團中的激進派全面抬頭，建立起極端對立的信念，要和強權殊死一戰。

06 一朝的政治現實，從皇太后見端倪

東漢政治的關鍵不在皇帝，而在皇太后。一朝的政治現實，端看有沒有皇太后，以及是哪一家的皇太后當權。

靈帝（西元一六八年——一八九年在位）初即位時有竇太后，竇太后的父親竇武是真正的權力中心。竇武拉攏外朝的陳蕃，等於是外戚和外朝聯合起來控制朝政。他們心目中最大的敵人當然是宦官，於是不斷明裡暗裡和竇太后謀劃要徹底消滅宦官。他們的舉動引發了宦官領袖的危機感，決定挾持皇帝發動政變，逼迫竇太后遷到南宮，接著又逼竇武自殺，竇家勢力一夕瓦解。

竇太后還在，但形同軟禁，靈帝便將生母董氏迎進宮，變成了有兩位皇太后。董太后和竇太后最大的差異在於，董太后並非大族出身，背後沒有大族的勢力支撐。後來靈帝又破格娶了一名屠戶之女，也就是同樣沒有大族背景的何皇后。皇后不屬大族，皇太后也不屬大族，這在東漢宮

廷政治上從來不曾見過。

使得事情更複雜的，是何皇后生了一個兒子劉辯，但劉辯出生後，靈帝又和王美人生了另一個兒子劉協。何皇后感覺到王美人和另一個皇子帶來的地位威脅，於是下手毒殺了王美人。劉協失去了親生母親，怎麼辦？就將劉協交給董太后撫養。

這下變成了何皇后養一個皇子，董太后也養一個皇子，皇后和皇太后勢力均等。何、董兩家都沒有大族作為後盾，雖然何皇后的兄長何進在朝中有影響力，但他和竇武的權力形式不一樣，何進純粹是靠何皇后的關係，並沒有自身的家族基礎，相對比較像西漢時的外戚，不像東漢的。

在這種情況下，外戚的勢力一度大幅消退。二十年間，靈帝親政，董太后和何皇后各擁皇子，互相抵銷，誰都不知道皇帝死後究竟是劉辯還是劉協接位，於是相應地，宦官的勢力就日益坐大。

靈帝一朝，宦官不只當政，而且組織快速膨脹。東漢初建立時，宮中的宦官屬於「少府」，員額大約四十人。到了靈帝朝，宦官人數竟然已經增加到兩千名。

而且順帝朝給了宦官「養子襲爵」的權利，宦官都有強烈的動機要為自己取得可以長留的爵位和待遇，積極養兒子來繼承自己的財產和地位。所以不只有兩千名宦官，他們的養子也構成宦官勢力的一部分。

過去的政治結構中，唯有外戚能夠抑制宦官勢力坐大，但在靈帝朝，竇太后、董太后、何皇后都失去了過去外戚的實力，沒有人能制衡、抵抗宦官。宦官氣焰高漲，且一發不可收拾。

07 皇帝賣官，生意愈做愈大

西元一七二年，遭軟禁四年的竇太后去世了。竇太后死後，在宮中朱雀門上發現了一行字：「天下大亂，曹節、王甫幽殺太后，常侍侯覽多殺黨人，公卿皆尸祿，無有忠言者。」（《後漢書．宦者列傳》）曹節、王甫是宮中宦官領袖，這行塗鴉文字直接指控他們「幽殺太后」。不只如此，文字中也嚴厲指控滿朝公卿，明知皇太后被殺的事實，卻都沒有盡到責任阻止這件事。

這是誰寫的？為了追究朱雀門上這行字出自誰手，靈帝即位之初就開始的第二次黨錮之禍繼續延燒。第二次黨錮之禍的牽連範圍比第一次更廣，光這次就共有一千多人牽涉其中，遭到「錮」的懲罰。也就是說，在短短一段時間內，原有的官僚體系加上官僚的儲備機構中，有高達一千多人失去職位，而且永不錄用。這對官僚體制的運作和士氣，是多麼嚴重、致命的打擊！

不只如此，靈帝索性將原來特別為儲備官僚而設的太學排除在任官考慮之外，另立「鴻都門學」，也就是放棄皇帝和宦官控制不了的太學，改由「鴻都門學」來培養自己需要的人才。

靈帝徹底信賴宦官，將大權都交到宦官手裡。對於宮中兩名宦官領袖，靈帝甚至肉麻地說出「張讓是我父，趙忠是我母」的話，而且將外朝重要的軍事頭銜「車騎將軍」封給趙忠，將皇帝財務交給張讓管理，又封蹇碩為西園軍「上軍校尉」。對此，外朝全無阻擋之力。

「西園」是靈帝在原有的皇家園囿之外另設的私家花園。西園中特別有名的是「西邸」，這是靈帝處理私人事務的地方。皇帝有什麼「私人事務」要在「私家花園」裡處理？說白了，就是做買賣賺錢。皇帝賣什麼？賣在他手中很容易供應的東西——官銜和官職。

桓帝賣官，靈帝也賣官，而且生意愈做愈大，賣的官位愈來愈高。剛開始只賣些不痛不癢的官，到後來買官的人胃口愈來愈大，小官、平常官賣不出去了，為了賺更多錢，皇帝也就不客氣地將高官大位都拿出來賣了。

皇帝賣官的原因是什麼？一部分原因來自靈帝的個性。史書上留下的故事說，崔駰之孫崔烈花了一筆錢買到「司徒」的高位，當時他付出的價格是五百萬錢。皇帝答應賣了，錢也收了，到崔烈要拜官時，靈帝不勝可惜地說：「悔不小靳，可至千萬！」（《後漢書．崔駰列傳》）意思是，我當時如果再多堅持一下，應該可以賣到一千萬啊！怎麼會才賣了五百萬！

不過，皇帝賣官除了個性因素外，還有制度上的理由，這就牽涉到漢代用意良善的一項安排——國家的財政和皇帝私人的財政是分開的。

國家的財政歸大司農管理，以今天的概念，那是經濟部長兼財政部長。桑弘羊擁有最大權力時，就是擔任大司農。米穀錢糧進入大司農的帳裡，那是政府的公共資源，皇帝不能任意拿來作為私人花費之用。皇帝及皇宮、內朝的收支則由少府管理，少府編制雖大，但列名在九卿中的最後一位，地位並不高。

到了東漢，皇帝的公私財政分離制度在執行上產生了嚴重問題。宦官屬內朝，算在皇帝的私人開銷上，但宦官人數不斷膨脹，擴張到了兩千人，少府控制的皇帝私人荷包逐漸就養不起那麼多宦官。皇帝缺錢用，又不能將大司農管的政府的錢挪過來，那怎麼辦？於是靈帝就興沖沖地將手上擁有的官位拿來做買賣。

靈帝賣官得到的錢都交給張讓管理，因為這筆錢最大的開銷，就是花在宦官身上。皇帝如此依賴宦官，甚至必須賣官來養宦官，也反映出此時外朝瓦解崩潰帶來的問題。朝廷缺乏強有力的外戚，又經歷了兩次黨禍，上千名原來有能力、有資格服務外朝的人被排除在官僚體系之外，那還有什麼人能用？外朝的官職一下子多了好多空缺，皇帝乾脆拿來賣。一旦人才資源體系不能正常運作，皇帝就更加依賴宦官了。反正是宦官治國，把沒有作用的官位賣掉來養宦官，對皇帝來說，反而是個合理的選擇。

官職可以買賣，官位上充斥著花錢買官的人，外朝當然就進一步糜爛，到了沒有機會復原的地步。

08 中央衰微，內耗於皇帝代理權的爭奪

東漢有一個大族袁家，和朝廷關係密切，號稱「四世五人三公」，即上下連續四代都有人在外朝擔任最高的官職。但是到了靈帝朝，袁家的一名子弟被送進皇宮當宦官，另一名子弟則花錢買官。

由大族袁家的例子，我們可以清楚看出東漢末年的政治變化有多大。過去可以在外朝呼風喚雨的袁家，都必須看風頭而改變策略。宦官才是權力核心，必須將子弟布局到內朝之中，否則就保持不了既有的地位。還有，皇帝熱中賣官，就算大族子弟有本事、有實力依循舊管道在外朝當官，那樣的官在權力價值上反而還不如買來的官，因此更要安排子弟循買官途徑進入體制，獲得買官出身。

兩次黨禍之後，「黨人」和中央的關係徹底決裂，原本由外朝構成的中央政府實質上無法運作了。從一個角度看，宦官大獲全勝，排除了外戚和士族，完成了對皇帝的控制與皇權的壟斷。不過換個角度看，落入宦官手中的皇權，經歷這樣的鬥爭，也已經不是原來的皇權，其重要性及統治的有效性都在快速地滑落、萎縮。

相應興起的是地方勢力。原本在中央纏鬥的三股力量——外戚、宦官、士族——實際上已經

鬥得三敗俱傷，宦官得到的勝利只能是「慘勝」。中央衰微，地方上的大族漁翁得利，勢力愈來愈大，活動的空間也愈來愈廣，於是東漢的政治場域，開始從中央向外挪移，這就是後來「三國」分裂形勢的根源。

中央衰微、地方割據的局面形成，接著就使得需要中央統籌的事務無法進行，其中關鍵的項目是對北方草原民族的防禦。漢帝國內在耗弱，誘引了草原民族大舉南下，保持了上千年的邊界線失守。草原民族入侵帶來進一步的動盪騷亂，中國歷史因而進入完全不同的新階段，古代史終結，中古史開始了。

其實在東漢時，就已經出現某些中古史的前兆。例如，東漢的皇權已經不同於秦和西漢的皇權。大約從和帝開始，皇帝和外朝就脫節了，皇帝和帝國之間的交接、聯繫，只剩下外戚與宦官這兩個管道。即便朝儀沒有什麼變化，但皇帝逐漸與外朝百官沒有直接關係了。

在這過程中，皇權明顯走向空洞化。基於外戚的利益，選立皇帝時傾向於挑選年紀小的，甚至還會刻意選身體較差的。和帝以下的東漢皇帝，廣義地說都是病人，都不是身體上、心理上健康且健全的人。在那樣的權力鬥爭結構下，身體健康、心理健全的成年皇子，反而不可能有機會當上皇帝。

被選立為皇帝的，別人看上他們的條件，正是他們無法獨立行使皇權，無法具體領導帝國。也就是說，從表面上看，一直都有皇帝；但從內在、從權力實質行使上看，東漢王朝很長的時間裡，都不是皇帝真正在領導。東漢激烈的政治鬥爭，爭的其實就是「皇帝代理權」，看誰能代替這位象徵性的皇帝來實質行使皇權。

要當皇帝，得依照明確的血緣、身分條件，沒那麼多人有資格。但要掌握「皇帝代理權」可就沒有這種限制了，宦官可以，皇后、皇太后可以，外戚也可以。這些人的身分與職責是模糊的、曖昧的，從來沒有人將皇后、皇太后或國舅的身分與職責訂定清楚，更不可能將宦官服務皇帝的方式用白紙黑字寫明白。因而，一旦有「皇權代理者」之位可供爭奪，手段必定激烈，過程必然慘烈。

09 清流：是鬥爭工具，也是個人主義根源

東漢後期，原本作為皇帝和帝國之間最主要的神經、肌肉與手足的官僚系統，也陷入了嚴重困境。他們無法直接上達、親近皇帝，以至於不得不自我運作，但在自我運作的過程中，又受到愈來愈強大的大族、大姓侵壓。

比較西漢和東漢，同樣的官職，後者能做的事往往比前者少了許多，因為很多事都落入豪族大姓手中，他們碰不到也碰不得。中央缺乏皇帝的支持，地方上權力又不斷被豪族大姓侵奪，這

就逼迫構成官僚核心的士人重新建立起一套精神價值系統。這樣的精神價值使得他們普遍激進化，抱持著激烈且不妥協的態度投入和外戚、宦官的鬥爭中，造成三敗俱傷的結局，同時一併拖垮了漢帝國。

在一般的歷史敘述中，將這些捲入與外戚、宦官惡鬥的士人稱為「清流」，並明顯表現出對他們的同情。好像東漢末年的政治主軸，就是這群好人堅持原則，與外戚、宦官那群壞人抗爭。不能說這樣的論點不對，但應該注意的是，這樣的敘述很容易掩蔽一些基本的事實。

例如，清流是政治鬥爭中的一個重要角色，而不是如「清流」二字所顯現的那樣超然。又例如，清流用來進行鬥爭的主要手段是「清議」，對於鬥爭的惡化產生了很大的作用。

清議就是臧否時事、品評人物，而臧否時事最重要的標準，仍然落在品評人物上，也就是說，清議基本上是「對人不對事」。清流們建構了一套品評人物的標準與說詞，表面上看是普遍的道德或品格衡量，然而落到現實上，卻往往變成政治鬥爭的工具。甚至應該說，清流們建立這套標準的動機，本來就是政治性的。

那是一種支撐、抬高自我權力合法性的做法。在現實中，他們說來說去，符合標準、應該被稱譽彰顯的，都是自己團體裡的人；而敵對團體的人，幾乎毫無例外都被品評為道德低下、品格低劣，有時還會倒過來，直接用品評人物的道德修辭無分別地攻擊對方。只要不是站在「我們」這邊的人，就一定是品格有問題的壞人。

士人建構的這套具有高度攻擊性的人物品評修辭，在政治上破壞力極強，不斷升高對立，嚴格區分「我群」和「他群」，關上所有可能的緩和、協商、合作之門。其主調是高亢嚴厲，甚至是悲劇性的。

不過，如果拋開現實的政治效果看，這套士人新精神價值同時刺激了個人主義的興起。個人主義精神是對豪族大姓的反動。身為豪族大姓中人，他們的命運主要是靠自己姓什麼、屬於哪一家來決定的。你看待自己，別人看待你，首先關切的是你姓梁還是姓鄧，或屬於哪個竇家。這裡沒有太多個體性，沒有什麼真正值得凸顯的「個人」特性。

士人的人物品評反其道而行，強調一個人獨特的人品與風格。你一定要有明顯和別人不一樣之處，能說別人說不出的話，能做別人做不了的事，建立起別人沒有的風格，才會被認可為名士或清流。「清」對應於「濁」而成立，「濁」基本上有兩種指涉：一種指的是外戚、宦官那樣不同的、對立的政治集團，另一種指的是平庸凡俗的行為舉止與生活選擇。

漢末發展出的這種個人主義精神，對於魏晉思想有著強烈的影響，在中國思想史上也有著極其難得的特殊地位。中國歷史上的主流思想，大部分時期都帶有重集體、輕個人的傾向，唯獨在魏晉思想中，個人主義得以大放異彩，所以才出現了像「竹林七賢」那樣的生命態度，也才會有陶淵明詩中所揭示的情調。而這樣的個人主義，源起於東漢末年的「清流」。

10 道教信仰：挑戰並動搖劉家天下的新興力量

據史書記錄，大約從西元一四四年之後，東漢出現了日益嚴重的地方亂局。西元一四四年有馬勉稱「黃帝」；三年後的一四七年，有李堅自稱皇帝；一四八年，陳景自稱「黃帝子」，同一年還有管伯自稱為「真人」；一五〇年，裴優稱帝；一五四年，李伯自稱「太初皇帝」；一六五年，蓋登自奉為「太上皇帝」；一六六年，戴異也自稱「太上皇」……

這些記錄顯示了：第一，這些人眼中已經沒有劉姓王朝，他們在地方上聚眾集結，還沒成多大氣候，就大剌剌地自稱皇帝。回想一下，才不久之前，梁冀在中央幾乎壟斷了皇權，從權力運作角度看，他才是實質的皇帝，所以前面說「整個政局處在一個變相的『梁朝』裡」，但梁朝畢竟沒有出現，為什麼？因為當時劉家的政權合法性依然穩固，就連梁冀如此囂張跋扈且握有實權的人，都不會想到、也不會嘗試取劉家而代之，自立為皇帝。

然而情況很快改變了。持續且長期的皇權代理人鬥爭，讓大家看清楚中央沒有真正皇帝的事實，皇帝的地位迅速貶值，必須由劉家人當皇帝的觀念連帶瓦解，以至於隨便一個地方上的新興勢力，都毫不忌諱地就做了梁冀做不到的事——公開稱帝。

第二，這些人稱帝的依據，也就是他們創建新王朝的想像，來自於五行思想、來自於道教。

會自稱「黃帝子」，表示要以尚「黃」的「土德」取代漢朝；自稱「太初皇帝」或「太上皇」，並不是說自己是皇帝的父親，而是來自道教中「太上」、「太初」的觀念。

道教崇尚自然，認定世界有一套自動運轉的機制，人一方面要順應這套機制，另一方面則要利用這套機制。而自然規律的總和就是「道」，「道」的起源叫「太初」或「太上」，因而「太初」、「太上」在道教的術語中就有了「終極」的意思。

至此，劉家天下動搖了，皇帝就應該姓劉的這一概念遭到具體挑戰，而新興挑戰並動搖劉家天下的主要力量，和民間流傳的五行、道家、道教信仰有著密切關係。

順帝朝時，出現了一部重要的文獻《太平清領書》，這部書共分十部，即甲乙丙丁戊己庚辛壬癸，每一部有十七卷，共一百七十卷。《太平清領書》的內容大部分都佚失了，只有少數片段保留在其他書中。就我們能看到的內容而言，《太平清領書》是漢代四百年來五行、感應思想的大集合，也是道教建立的思想基礎。

貫穿《太平清領書》的核心概念是「自然」，相信世界有其必然的永恆規則，而自然的規則反映在各個不同領域，包括物的領域和人的領域。人處於這個世界，最重要的就是學會如何運用自然的道理，創造對自己有好處的條件。

人是自然的一部分，所以人該如何行為，最終應該回到自然法則來決定。《太平清領書》中說：「幸使其人人自有筋力，可以自衣食者，而不肯力為之，反致飢寒，負其先人之體。」意思是，自然給了人肌肉、力量，讓人可以生產換取衣食，如果有人不願工作，以致受飢受凍，那就是違背自然，辜負自然透過祖先、父母給予他的身體及能力。

作為人的自然本性，是可以勞動、也應該藉勞動養活自己的，這是規範並決定人的價值的核心原則。由這樣的自然觀，衍生出一種素樸的勞動價值信念：人帶有的本性、本質是勞動，不勞動因而沒得吃、沒得穿，可不是什麼值得同情可憐的事，反而是應該被譴責的違背自然的罪過。

同樣的觀念朝另一個方向延伸，就產生了另一種罪過：「積財億萬，不肯救窮周急，使人飢寒而死。」既然勞動是自然本性，是每個人應該做的，那麼不勞動卻坐享財富，或靠著財富而不需勞動，這也不符合自然規律。如此積財億萬而不勞動的人，應該自我救贖，將財富拿去救濟窮人，不能坐視有人飢寒而死。

這是從素樸的勞動價值信念導出的素樸公平信念。

11 太平道的黃巾起事，士族的武裝軍事化

這樣的民間信仰，在鉅鹿人張角手中大加運用。張角自稱「大賢良師」，靠著替人治病崛起。他提供的治病方式，一是悔過，二是符咒。生病的人來到張角這裡，他會教病人真心反省，

想想自己做錯哪些事，若有了悔過之心，進行了特定的悔過儀式，他就會給一道相應的符咒，這樣病就能好了。

悔過可以治病，背後仍然是「感應」的邏輯。身體上的病，是人在行為、道德上有所違背錯失的感應呈現。行為和身體互相感應，一邊錯，另一邊也就跟著錯了。所以要讓身體恢復正常，一種做法就是先讓行為恢復正常，如此感應改變身體。而符咒，則是協助加強或加快感應作用的手段。

張角能成「大師」，救了很多人，靠的是強烈的心理暗示。他讓人相信病根在於自己做過的不好的行為，找到根源，靠悔過加符咒拔除根源，身體就會好起來。

大賢良師張角有了愈來愈多的信眾，他便以《太平清領書》為理論依據，建立了「太平道」。很快地，太平道勢力不斷成長、擴散，進而有了明確的追求目標。太平道的現實口號是：「蒼天已死，黃天當立，歲在甲子，天下大吉。」這是讖語，是我們已經很熟悉的漢代政治中的必要元素，有讖語不必然能當皇帝，但沒有讖語就得不到支持，一定成不了大事。太平道的讖語很簡單、很明顯，就是漢朝的「蒼天」已經到頭了，該讓位給「黃天」，時間就在甲子年。

這個甲子年是西元一八四年，各地太平道信眾串聯，約定在農曆三月初五舉事。然而在正式舉事之前，張角的一名弟子唐周向朝廷密告，於是朝廷發動大搜捕，張角當機立斷，索性提前起事。張角自號「天公將軍」，他的兩個弟弟，張寶是「地公將軍」，張梁是「人公將軍」，合成天、地、人三才。他們以頭上綁黃巾作為標誌，所以被朝廷稱為「黃巾賊」。

「黃巾」源自太平道，然而一旦建立了以「黃巾」代表反抗朝廷勢力的標誌意義，後來不管和太平道有沒有關係，到處都有人綁起黃巾，以表示、發洩對朝廷的不滿。因而，和之前的舉事者不同的是，太平道創造了「黃巾」標誌，這種簡單的方法引起了連環響應，於是很快地全國到處可見「黃巾賊」了。

張角領導的太平道之所以擴張得那麼快，一下子就將組織建立到各處去，毋寧是這個中央朝廷太不得人心，多年累積潛藏在民間的怨氣，一下子藉由「黃巾」爆發出來。人們綁上黃巾就能發洩怨氣，又能隸屬於一支龐大的勢力，得到一種團體的慰藉與保障。

「黃巾」四處可見，朝廷疲於應付，尤其是在朝廷近乎自我毀滅之後，能用來處理變亂的能力與選擇愈來愈少。在緊急危機中，靈帝只得下詔「赦天下黨人」，並要求「公卿出馬、弩，舉列將子孫及吏民有明戰陣之略者，詣公車。」(《後漢書．孝靈帝紀》)也就是暫停朝廷內鬥，希望動員效忠之人來對抗反賊。

這份詔令是東漢末年局勢的一個轉捩點，它產生的真正作用不是使得原本已經殘破瓦解的外朝系統得以恢復，而是對於外朝勢力進行了一次新的篩選。什麼樣的人能在外朝取得地位與權力？是「明戰陣之略者」，即具備軍事知識與作戰能力的人，成為朝廷優先採用的人才。

同時，「黃巾」勢力的本部，即由張角帶領的部隊，自河北興起後，卻在下一步的舉措犯了戰略上的嚴重錯誤，他們往南進犯南陽、潁川地區。這裡是東漢王朝真正的權力基礎，不只是劉秀，包括和劉家共治的大族很多都從這裡起家。這些大姓大族絕對不可能坐視自己的家鄉與基礎被黃巾軍破壞，於是本來已經在洛陽和皇帝、宦官關係緊張的大姓大族，積極動員所有資源與黃巾軍戰鬥。在這個地區的凶險戰役中，張梁、張寶相繼戰死，張角也病死了，導致河北的黃巾軍潰散。

河北的黃巾軍從鉅鹿出發，隨後在南陽、潁川瓦解，前後不過九個月時間。然而這個過程引發了重大的連環變化，使得在和宦官的權力鬥爭中處於下風的士族快速地武裝軍事化。另外，「黃巾」稱號四處散播，給了各地反抗勢力一個共同的名號連結。

12 「鬼卒」漫山遍野，漢朝喪鐘敲響

河北「黃巾」勢力潰散後，接著有「黑山軍」，其領導人是張牛角，另外有一個原本叫褚燕的，後來改叫張燕。褚燕改姓具體顯現了「黃巾」勢力的影響，改姓張就是為了讓百姓以為黑山軍和黃巾軍有關。

除此之外，還有山西的黃巾、青州的黃巾、徐州的黃巾、益州的黃巾，之後汝南、潁川、揚州都出現了地區性的黃巾。從西元一八四年開始，到處都是「黃巾」，各地反抗勢力一冒出來，

就都綁上黃巾，稱自己為「黃巾」，立即就和其他地方的反抗勢力有了精神上的聯繫，以及未來結盟的可能性，使得朝廷在鎮壓上防不勝防、疲於奔命。這種狀況持續了七年。

西元一九一年，巴蜀地區又出現一股新勢力，叫做「五斗米道」。五斗米道的核心人物是張魯，又是姓張。從此之後，中國道教最重要的姓就固定為「張」了，道教的核心人物是一代又一代的「張天師」。「天師」一定姓張，不可以姓別的姓，比如張三丰不可能改叫王三丰。

張魯自稱「師君」，而加入五斗米道的人稱為「鬼卒」。在漢代人的信仰中，鬼是因為有怨氣、有不平所以還留在世間遊蕩。叫「鬼卒」的這群人就是帶有深厚怨氣的，他們的中間幹部叫做「祭酒」，也就是以儀式來統領鬼的人。這真是個鬼影幢幢的組織啊！

要參加五斗米道只有一個條件——帶五斗米來。那是一個「公社」，大家靠新加入的人帶來的米共同生活，只要一直不斷有新人帶米進來，團體裡的人不必生產也有飯吃。

五斗米道是比太平道更素樸、更草莽的一股力量。太平道還講感應，還用《太平清領經》；到了五斗米道，則是一群活不下去的鬼，主要是餓鬼，他們集結在一起，靠著吸引同樣活不下去的人共同找出路。當團體快速擴張時，以新人捐得的一份一份五斗米維持生存，等到團體擴張變慢，沒那麼多五斗米來養活愈來愈多的人時，當然就要向外搶食了。

這簡直有如電影畫面：一大群活著卻當自己死了的人，漫山遍野走著，那是死者行進的行列，帶著濃厚陰森意味的「鬼卒」出動了，也就象徵著漢朝即將結束，漢朝的喪鐘已經敲響。

東漢自成立之初，就埋下了一個禍亂之根——不管土地兼併問題，沒有任何處理土地兼併的明確政策。靠著農業生產技術的不斷進步，勉強還能在兼併的畸形狀態下維持人民生活，但持續經過一百多年，帝國系統撐不下去了。很多人具體面臨著活不下去的困境，更多人感受到強烈的相對被剝奪感，到了最極端時，他們覺得在這樣一個社會裡，自己生不如死，過的不是活人的日子，才會願意奉獻出手上僅剩的五斗米，逃入團體中當個「鬼卒」。

自從五斗米道出現，漢末亂局又有新的變化，朝廷無法從中央動員、指揮應付各地騷亂，只好靠不斷武裝化的地方豪族進行局部平亂。豪族大姓在地方上的勢力快速提升，而且變換為軍事團體的面貌。朝廷不得不正式退出對地方的控制。

於是而有了「州牧」。州牧是朝廷為了應付地方變亂而設的軍事職位，將該地的官僚及稅賦體系統括歸一，全權交由州牧支配。這樣一個人，掌握了地方上的人事、財政、軍事大權，實質上成為割據地方的軍閥。朝廷要派任州牧很容易，但要收回州牧的權力可就難上加難，簡直不可能了。

一統的漢帝國至此分裂，雖然劉家皇帝還在，然而本來和皇帝位子緊緊結合在一起的皇權和帝國版圖，卻已經完全變質走樣。

第六講

《三國志》與《三國演義》

01 「四史」作為正史起源的崇高地位

中國史學傳統上有所謂「四史」，這四部史書——《史記》、《漢書》、《後漢書》、《三國志》——被放在一起，不只被當作中國「正史」的起源，也被認為是中國史書的傑出之作，到了近世還被視為中國人文養成的必讀書籍。

即使經過那麼多年，即使經過包括「五四運動」在內的騷動，至少在臺灣，到我這一代受教育時，正史、尤其是四史的崇高地位仍然不可動搖。三十多年前，我進入臺大歷史系，很快就聽說有一位傳奇的學長，贏得了同學甚至老師的敬畏，理由就是他在念本科時，就將「二十二史」[8]從頭到尾讀完了。他住在八個人一大間的宿舍裡，當然吵吵鬧鬧、人來人往，他在自己的床頭特別貼了一張告示，請來找他聊天的同學講話不要超過十五分鐘！

這位傳奇學長就是王汎森，後來當到中央研究院的副院長，成了一位真正的大學問家。不可否認，他的學問基底應該有一大部分是靠二十二史打下的。我們絕大部分的人沒有他那樣的毅力與工夫，我們讀不完二十二史，但總覺得至少該把四史從頭到尾讀完。歷史系念四年畢了業，要是連四史都沒讀過一遍，也不太好意思讓人家知道吧！

我們這一代仍然感受到「四史」巨大的存在。《史記》是具備高度開創精神、又呈現出驚人完整性的偉大作品，毫無疑義。《漢書》也有明確的歷史地位，它是中國第一部「斷代官書」。《史記》是通史，將人的歷史從頭講起，一直講到史家自己活著的當下。但太史公司馬遷去世之後，歷史還在繼續發展、變化，通史就應該往下延伸。所以很自然地，有人想要將《史記》繼續往下寫。劉向、劉歆父子續過《史記》，揚雄續過《史記》，馮商也續過《史記》。還有一個續《史記》的重要人物是班彪。

班彪是班固的父親，他接續《史記》寫了六十五篇，他的兒子也承襲了父親的工作。不過班固差點被這件事害死。有人向皇帝告狀，說班固「私修國史」，意思是他膽大妄為，竟敢以私人身分和立場寫歷史，進行歷史判斷，班固因而下獄。

在班固的時代，「私修國史」已經被訂定為禁止之事。禁止的理由是，寫當代歷史涉及對皇帝、對王朝的評判，為大不敬。班固後來能平安出獄，是因為弟弟班超努力為他辯解：第一，班固只是繼承父親的文稿，很多「私作」不是他寫的；第二，更重要的，班固沒有寫當代的歷史，從父親到他，只是將《史記》中缺漏的歷史進行補充而已，沒有要寫東漢當朝。

班固被放了出來，卻因禍得福。朝廷認為班固有歷史記述的家學背景，又有一定的歷史寫作

8 二十二史為：《史記》、《漢書》、《後漢書》、《三國志》、《晉書》、《宋書》、《南齊書》、《梁書》、《陳書》、《魏書》、《北齊書》、《周書》、《隋書》、《南史》、《北史》、《新唐書》、《新五代史》、《宋史》、《遼史》、《金史》、《元史》、《明史》。至清乾隆欽定的二十四史，則加入了《舊唐書》和《舊五代史》。

能力，就讓他參與關於東漢開國記錄的工作。班固得以逐漸取得信任，最後獲得了一項特殊任務，那就是完成西漢的歷史記錄。

02 斷代史：皇帝權力和史家生死憂患的妥協

《漢書》建立了「斷代史」或「朝代史」的觀念，以一個朝代作為書寫歷史的基本單位。這是個重大的突破。在班固完成《漢書》之前，大家理所當然的想法都還是將通史往下寫，一直寫到當代。然而這樣的歷史書寫模式，必定會讓當政者不安，帶著政治上高度的不穩定因素。沒有任何握有大權的人會喜歡被底下的人評價議論，更何況這樣的評價議論會以「歷史」的形式長期流傳。

在皇帝權力和史家書寫的生死憂患張力之下，產生了「斷代」的妥協。等於是史家表明了放棄書寫當代歷史，將書寫的對象明確地定義為「前朝」，也就是已經結束的、如今不存在的朝代，才被寫進歷史，才成為史家記錄和評判的對象。如此讓皇帝放心，同時皇帝也放棄全面管控當代歷史寫法、說法的企圖，而是將之交給後人處理。有了這樣的觀念，等於暫時擱置當代史，大有助於解決政治權力與歷史記錄之間的衝突，這是使得中國史學得以成長的關鍵因素。

「斷代史」寫的是前朝的歷史，「斷代官書」則是政治權力和史家對於前朝歷史的共識。史家憑藉的是自身的歷史書寫專業，不過他的書寫工作是由政治權力任命的，當然也就必須接受政治權力的審查。

《漢書》是班固寫的，[9]但在態度上，和太史公寫《史記》很不一樣。《漢書》絕對不可能「成一家之言」，顯現的不是班固個人的看法，毋寧是當權者假手班固找到的集體共識。

《漢書》中有關漢武帝之前的人與事，幾乎都照抄《史記》，就是明證。既然《史記》裡這部分的內容已經廣為流傳且為大家接受，班固就沒有必要、也沒有道理另外寫自己的版本，因為《漢書》要呈現的，不是班固所知所見的西漢歷史，而是大家集體認定能夠接受、應該接受的西漢歷史。

從《漢書》開始，所謂「歷史」，就是從別人已經寫好、已經固定了的敘述繼續往下寫，不去改動前面的記錄，而是往下整理尚未固定的材料，將之固定下來。所以《漢書》真正重要的部分，就是太史公司馬遷無法經歷、記錄的部分，從漢武帝繼續整理到王莽崛起、西漢滅亡。

9 班固因竇憲失勢受牽連而死於獄中，其時《漢書》尚未完成，由班固之妹班昭補作。《後漢書．列女傳》：「兄固著《漢書》，其八〈表〉及〈天文志〉未及竟而卒，和帝詔昭就東觀藏書閣踵而成之。」馬續則協助班昭作〈天文志〉。

03 「史漢比較」凸顯後世正史＝官書的路線

在中國的文史傳統中，很長一段時間存在著一個熱門話題，就是「史漢比較」——比較《史記》和《漢書》的異同優劣。前者是最早也最重要的通史，後者是最早也最重要的斷代史，而且兩書的內容又有相當程度重疊，特別適合拿來比對、比較。愈是進行「史漢比較」，就愈是抬高了《史記》和《漢書》的地位，將這兩部書和其他史書區隔開來，成為中國史學經典中的經典。

在「史漢比較」上，大體而言，唐代之前對《漢書》的評價一般高於《史記》，而到了「古文運動」興起，尤其宋代以後，就逆轉為《史記》評價高於《漢書》。

「史漢比較」的一些主題，早在六朝就確立下來了。《後漢書》的作者范曄，他是南朝劉宋時代的人，曾經精要地如此描述：「遷文直而事覈，固文贍而事詳。」（《後漢書．班彪列傳下》）意思是司馬遷的文章比較直率，沒有太多文藻裝飾；相對地，班固的文章比較豐美華麗，對事情的描述也比較詳細。這也就部分說明了，為什麼六朝人會將班固看得比司馬遷高，是因為「文贍」，豐美的修辭正是六朝文學的追求目標。

范曄又說：「固之序事，不激詭，不抑抗，贍而不穢，詳而有體，使讀之者亹亹而不猒。」意思是，班固的歷史敘述不偏激，不強調奇詭的戲劇性，不帶太多情緒，詳盡豐富卻又巧妙地排除了那些汙穢不方便言說的事蹟，有一定的規矩，讓讀者讀來很享受，願意一直讀下去。這些對班固的稱讚，同時也就是對司馬遷的批評。司馬遷的敘事有較高的戲劇性，行文時有情緒，還有，司馬遷不避忌一些骯髒不方便言說的事。

范曄為了寫《後漢書》，曾經認真閱讀研究過漢代的種種書籍、史料，他對班固的看法確實有見地。他稱讚班固的敘述，卻批判班固對於史事的議論。他說：「然其論議常排死節，否正直，而不敘殺身成仁之為美，則輕仁義，賤守節愈矣。」范曄認為，班固評斷人的標準有問題，很不重視死節之士，不記錄他們的事蹟，而且在評論中反對他們的行為。

關於班固的史論態度，比范曄更早、西晉文學家傅玄就有過類似的批評：「論國體，則飾主缺而折忠臣。敘世教，則貴取容而賤直節。述時務，則謹辭章而略事實。」關於朝廷政治得失，班固傾向美化皇帝、苛責大臣；關於人格評價，班固喜歡圓滑世故卻貶抑正直和堅持原則；關於現實描述，班固習於中規中矩的文章，卻沒有具體的事實鋪陳。

班固的歷史敘述很好，但評論意見有問題。敘述需要的是寫作工夫，評論考驗的卻是道德和善惡是非看法。於是班固這樣的評論，難免就引發對於他人格上的討論。

錢穆先生在《中國史學名著》中，就直接表達了對於班固為人的不滿。《史記》中，司馬遷如此鄭重其事地將自己的史學基礎與追求推源至父親司馬談，但相較地，《漢書》中寫到班彪時，班固寫的是「司徒掾班彪」。錢穆先生以此比較、看出司馬遷和班固在心術上的大不相同。

總體而言，《漢書》的立場的確和《史記》大不相同。但造成差異的，與其說是司馬遷和班固的人格高下，毋寧更重要的是《史記》為私人著述，而《漢書》為官修史書的性質差異。司馬遷個人所抱持的價值觀，有很大一部分是批判皇權，甚至和皇權對立的，他可以這樣寫，而官方立場的《漢書》可就沒有容納這種意見的空間了。

既然是官書，提及君臣關係時，當然是站在國君這邊，抬高皇帝而不會刻意彰顯大臣。既然是官書，當然不能像《史記》那樣表揚刺客，也不能強調死守原則的重要性，而是凸顯人要識時務，要有一定的世故圓滑，才能給帝王提供更好的服務。

換句話說，這不是班固的問題，而是正史具備了官書性質後產生的普遍問題。《漢書》採取的立場，也被後來的其他正史所繼承，除了少數幾部有突出表現之外，整體而言，正史從此走上一條「皇權本位」或「皇帝本位」的基本路線，《漢書》不過是開啟這個傳統的第一本。

從這個角度看，《史記》絕對是獨一無二的。《史記》「通古今之變」的通史精神，以及「成一家之言」的獨立判斷精神，都隨著司馬遷及身而終，不復可見。之後，儘管《史記》被擺在正史中的第一本，但其實其他正史在這兩項精神上，非但沒有繼承《史記》，反而和《史記》有著巨大差別。

司馬遷自覺地繼承《春秋》，堅持建立一套不依附於權力的獨立判斷標準，這種崇高的追求，在後來的中國傳統中只被當作一項理想留著，不再是史學實踐上真正的指導原則。從《漢書》以降，就沒有太多史書是以司馬遷式的精神書寫了。

04《漢書》十〈志〉更勝《史記》八〈書〉

不過，在「史漢比較」上，有一點是班固明確高於司馬遷的，那就是《漢書》的十〈志〉比《史記》的八〈書〉來得更完整、更重要。

《史記》的八〈書〉中有〈封禪書〉，詳細記錄了漢武帝近乎荒唐的迷信，以及對長生不老的追求。司馬遷原本寫的〈今上本紀〉，顯然因為觸犯禁忌，在流傳過程中亡佚了，後來褚少孫就將〈封禪書〉的內容拿來補充〈今上本紀〉。〈封禪書〉雖然寫的是自古以來封禪的制度沿革，但其中最精彩、最豐富的內容畢竟集中在漢朝，尤其集中在司馬遷自己經歷的武帝朝。寫武帝朝，司馬遷並未侷限在封禪上，而是將封禪以外的種種帝王迷信行為也寫進去。

類似的情況也出現在〈平準書〉中。封禪在秦、漢有特殊意義，「平準」則根本是武帝朝才發明、執行的舉措。〈平準書〉寫的是漢朝一代特殊的國家經濟和財政制度。也就是說，雖然《史記》是通史，但《史記》裡的〈書〉並未貫徹通史精神，有些記錄的是斷代的制度。

到了《漢書》，沒有〈封禪書〉，有了〈郊祀志〉；沒有〈平準書〉，有了〈食貨志〉。光是名稱上的改變，就看得出班固的用心：他要記錄更廣泛、更普遍的朝廷郊祀制度，他要記錄更廣泛、更普遍的歷來經濟狀態，或者用今天的概念說，他要寫經濟史。

有趣的是，《史記》全書體裁是通史，但其中幾篇〈書〉只寫了斷代；倒過來，《漢書》全書體裁是斷代史，但幾篇〈志〉卻超越斷代的限制，寫成了制度通史。《漢書》的〈志〉因而可以有效地補《史記》的〈書〉的不足。

《漢書》還開創了對後世影響甚大的兩篇〈志〉，一篇是〈地理志〉，一篇是〈藝文志〉。〈地理志〉傳承《尚書．禹貢》的精神與筆法，主要記錄地區間的差異。帝國太廣大，一定有地理上的差別，自然風土連帶決定了人為的生產及習俗，這些就構成了〈地理志〉的內容，進而成為中國歷史地理學的基礎。歷朝各代史書中的〈地理志〉，保留了過去的地名及地貌、生產描述，我們得以據此追索自然與人文的各種互動變化。

〈藝文志〉則是當時的書籍總目，將那時候流傳的書籍進行清查並予以分類。將《漢書．藝文志》和後來的《隋書．經籍志》對讀，我們就能清楚地看出魏晉南北朝書籍、學問、思想發展變化的大概情況。而且因為有〈藝文志〉，也清楚呈現了古代中國人如何看待書的態度。

《史記》、《漢書》的確都有特殊的分量與地位，而這兩部書又都是在漢代完成的。漢代有前漢、後漢，或說西漢、東漢，所以讀過記錄前漢的《漢書》，當然會好奇接續的《後漢書》有些什麼內容。

05 《後漢書》：文體上的個性化創制

范曄的《後漢書》有個嚴重的缺點，這部書只有〈紀〉和〈傳〉，就這麼兩大部分，只寫人物，沒有其他的了。另外，這部書成書較晚，一直到劉宋時期才出現，此時東漢已經滅亡好久了，其間還經歷了魏和兩晉。相較於《史記》、《漢書》，《後漢書》最大的問題在於沒有開創性，在體裁與寫法上沒有增添新鮮的元素。

不過，傳統以來《後漢書》在讀書人之間得到頗高的評價。其中一項關鍵原因，在於范曄生活的時代進入了南朝，那是中國文字與文學發展到新高峰的時代，高度講究文字與文學的形式之美。范曄一方面承襲、感染了那個時代的文風，另一方面卻又有不完全認同那個時代的個人特色。

范曄個人留下來的文章並不多，其中最重要的首推〈獄中與諸甥侄書〉。這封信是他在坐牢時寫成的，後來他死在獄中。信為什麼寫給「諸甥侄」呢？因為他沒有親生子嗣，只能在預見生命快要結束時，將想說的話說給「諸甥侄」聽。

信中他提到寫《後漢書》的動機：「常恥作文士。文患其事盡於形，情急於藻，義牽其旨，韻移其意。」他不喜歡當時「文士」寫文章的方式，他們的文章必須遷就固定的形式，只在意格式、音韻、華麗修辭，比文章到底要表達什麼來得重要。為了用華麗的詞藻而扭曲、改變了情感；為了配合表面的格式而扭曲、改變了主張；為了依循刻板的音韻而扭曲、改變了自己的意思。所以說「事盡於形」，文章就只是為了符合表面形式，卻忽略了內容。這是文士寫文章的大問題，也是他看不起文士、不想當文士的根本理由。

不過更仔細看，會發現這段話本身就藏著一份矛盾。范曄要表達的是對當時文風的不滿，然而他自己的文句，基本上還是依隨當時流行的「四六文」或「駢文」形式寫的。

「事盡於形，情急於藻，義牽其旨，韻移其意」，這是非常嚴整的四字一句堆疊，而且表達的是同樣的批評意見，卻將之綿衍拉長為四句，每一句都是固定的四個字。四句話遵守同樣的句型——「名詞—動詞—虛詞—受詞」，甚至前兩句的虛詞同為「於」，後兩句的虛詞同為「其」。如此累積反覆，顯然不是為了將話講清楚，而是為了追求好聽的聲音效果啊！

換句話說，范曄用來表示反對藻飾風格的話，卻不自覺地仍然採用了這種風格。那是時代潮流的巨大影響，很難由個人主觀意志自覺改變。他活在這樣的時代裡，無可避免地受這樣時代風氣的限制。

范曄在信中又說：「常謂情志所托，故當以意為主，以文傳意。以意為主，則其旨必見；以文傳意，則其詞不流。然後抽其芬芳，振其金石耳。」他要確立文章的先後本末：「意」是目的，「文」是手段，必須由「文」來配合、傳達「意」，不能本末倒置；「文」應該幫助增加「意」之美，也就是形象與聲音上的美是手段，不該喧賓奪主。

范曄一方面是六朝文人，另一方面又自覺地要超脫對他產生深刻影響的六朝文學風格。《後漢書》的特殊成就，正出於他的這份矛盾和掙扎。他浸潤在雕琢的文字與聲韻中，使用的不再是司馬遷那樣質樸而精確的語言，然而他又試圖將自己從這種風格中解脫出來，因而讓他的敘事有一種特別的味道。

讀《後漢書》，我們當然會讀到後漢所發生的事件，但同時也能讀到范曄記錄這些事件所運用的文體。在文體而非史學體裁上，范曄有其個性化創制，從這點看，《後漢書》是有資格和《史記》、《漢書》並列的。

06 《三國志》：注釋比文本更豐富詳密

為什麼《三國志》也在「四史」之列呢？

陳壽在西晉時寫《三國志》，遭遇了和范曄寫《後漢書》恰恰相反的問題——他的時代和三國時代太接近了。他沒有足夠的時間消化、深思並安排歷史材料。《三國志》的文本相對粗疏，大部分的〈傳〉都很簡略，也沒有特別的文采，在文學上說不上有什麼傑出的成就。從史學上看，陳壽也不曾在這部書中加添什麼獨特的洞見或創意。

單就文本看，《三國志》和《史記》、《漢書》、《後漢書》實在不在同一個等級上，將它放進四史中很勉強，似乎太抬舉這部書了。那為什麼傳統上會如此高估《三國志》呢？

有一個理由不能不提，作為一部史書，嚴格來說，《三國志》的作者不只陳壽一人。唐代以降的《三國志》，作者名字掛的都是陳壽，然而真正流通的版本，陳壽創作的部分其實不到四分之一。書中占四分之三篇幅的，是由一位大約和范曄同時期的人裴松之完成的。

陳壽運氣好，有裴松之費了大工夫幫《三國志》做了詳密的注釋。在裴松之的那個時代，還看得到許多與三國相關的不同材料；裴松之的那個時代，對於史學觀念有了進一步的探討；裴松之的那個時代，已經和三國拉開一段足以沉澱、客觀評判的距離。這幾個關鍵因素，使得裴松之具備了比陳壽更好的史學條件。

但裴松之選擇的，不是自己另外寫一部關於三國的史書，而是為陳壽的《三國志》做詳盡的注釋。「傳注」在中國書寫歷史上源遠流長，不過「傳」或「注」，過去都是針對「經」，是解經的重要工具。裴松之卻挪用解經的手法，拿來注釋一部史書，光是這樣的做法本身，就抬高了《三國志》的地位。

不過，裴松之為《三國志》所做的注，在寫法上、目的上都和解經的注大異其趣。他的目的不是要讓人讀懂陳壽的原文，或是挖掘陳壽原文中有什麼深意，而是要補充《三國志》的內容，將許多他看到的史料附加到《三國志》裡。

裴松之自覺地將他所做的注分為六類：第一類是「引諸家之論，以辯是非」，引用各種不同說法，分辨究竟真正發生了什麼事；第二類是「參諸家之說，以核偽異」，比對各家不同說法，將陳壽書中的錯誤糾舉出來；第三類是「傳所有之事，詳其委屈」，將陳壽寫到的事，利用其他史料將來龍去脈說得更清楚；第四類是「傳所無之事，補其闕佚」，陳壽沒寫到的事，利用其他史料進行補充；第五類是「傳所有之人，詳其生平」，陳壽寫過的人，將其生平描述得更完整；第六類是「傳所無之人，附以同類」，陳壽沒寫到的人，將他們的事蹟附加在相關人士的傳記之後。

從他說的這六類，我們就知道：第一，以裴松之的標準看，陳壽的《三國志》其實寫得很粗，需要以他所掌握的史料，仔細訂正與補充；第二，裴松之主要是用《三國志》當作架構，以便將自己看到、蒐集來的各種材料擺放進去。

等到裴松之將這些材料擺進去，《三國志》實際上變成了另外一部書。而且在裴松之注完《三國志》後，歷經南北朝到隋、唐的大動亂，裴松之看過的許多材料紛紛佚失，於是隨著時間推移，保留在《三國志》注釋中的史料就愈顯珍貴。

《三國志》被列入四史，主要功勞不在陳壽，裴松之的貢獻毋寧更大。值得好好讀的，不該只是陳壽的文本，還要讀裴松之蒐羅、附加的豐富注釋。文本加注釋的《三國志》，才算得上具備崇高史學地位的《三國志》。

07 《三國演義》為何好看？三國人才何以輩出？

《三國志》如此重要的另一個理由，容我引用明末清初毛宗崗的說法來解釋。毛宗崗寫了一篇〈讀《三國志》法〉，並假託老師金聖歎的名義，將《三國演義》評點為「第一才子書」。毛宗崗文章標題上說的《三國志》，指的不是陳壽寫的史書，而是《三國志通俗演義》，也就是我們今天所熟知的《三國演義》。

毛宗崗有些精彩的觀察，他說：「古史甚多，而人獨貪看《三國志》者，以古今人才之聚，未有盛於三國者也。」《三國志》和《三國演義》吸引人，有其時代的因素，那是一個人才輩出的時代，歷史上沒見過那麼多人才聚集的時代。

「觀才與不才敵，不奇；觀才與才敵，則奇。觀才與才敵，而一才又遇眾才之匹，不奇；觀才與才敵，而眾才尤讓一才之勝，則更奇。」代代皆有天才、大才，但如果天才遇到的都是不才，不是對手，那很平常，不好看。天才遇上另外的天才，而且互相競爭敵對，那就不平常，就好看了。更好看的是，不只一位天才對抗另一位天才，而是一群天才對抗另一群天才，這就不得了！還沒完，三國時代比這更厲害，已經是天才群對抗天才群，竟然還有一個超級天才凌駕於所有天才之上！

毛宗崗接著說：「吾以為三國有三奇，可稱三絕：諸葛孔明一絕也，關雲長一絕也，曹操亦一絕也。」在三國的天才人物中，他特別標舉出三位「奇才」，而且三人各有其不同的奇法：諸葛孔明是古往今來第一大「賢相」，關雲長是古往今來第一大「名將」，曹操呢？是古往今來第一大「奸雄」。

這「三絕」，任何讀過《三國演義》的人應該都有深刻印象吧，但毛宗崗要提醒的是，「三絕」固然最為突出，但若是和「三國之前、三國之後」做比較，那麼三國時代值得一提的人才太多了，不能只看到「三絕」。

「三國之前、三國之後」的時代，運籌帷幄的人才有像徐庶、龐統這麼厲害的嗎？行軍用兵有像周瑜、陸遜、司馬懿這麼厲害的嗎？料人料事有像郭嘉、程昱、荀彧、賈詡、步騭、虞翻、顧雍、張昭這麼厲害的嗎？武功將略有像張飛、趙雲、黃忠、嚴顏、張遼、徐晃、徐盛、朱桓這麼厲害的嗎？衝鋒陷陣有像馬超、馬岱、關興、張苞、許褚、典韋、張郃、夏侯淳、黃蓋、周泰、甘寧、太史慈、丁奉這麼厲害的嗎？……

毛宗崗一路這樣羅列下來，列出超過一百個名字，認為在「三國之前、三國之後」的各方各面，都沒有這麼多厲害的人才。

為什麼三國人才如此之盛？其中一個答案是，因為《三國演義》寫得好。《三國演義》是小說，可以用小說筆法，用傑出的戲劇性表達，誇大這些人物的厲害之處，讓讀者看了覺得驚訝、感動，因而留下深刻印象。

但讓我們將這問題再往下探問：成功地寫出這麼多人才的《三國演義》，為什麼選擇三國作為時代背景，而不是其他時代？如果真正的成就在於羅貫中的寫法，或許再加上歷來說書人對故事的試驗琢磨，那麼同樣的說法、寫法，換成寫別的時代，也能產生同樣的效果嗎？

實際上，在說書人的傳統裡，中國歷史基本上已經用這種「通俗演義」的方式從頭到尾都講過了，但為何唯獨《三國演義》從所有「演義」中脫穎而出，且最受歡迎、最得讚賞呢？

這樣問，我們便接觸到一個關鍵重點：《三國演義》當然有虛構、誇大的成分，但書中所寫的每一個人，毛宗崗所羅列的每一個人名，基本上都是從史書記載裡來的。三國的確是個人才最多的時代，而三國出人才，尤其是出多元的人才，除了因為那是個打破了原有秩序的亂世，更重要的，那是個主觀上極度重視人才的時代。

08 人物品評風氣，從〈古今人表〉到《人物志》

在史學體裁上，《漢書》另有一個和《史記》的不同之處，就是列了一份〈古今人表〉。〈古今人表〉極為有趣，其主要用意是將歷史人物進行高下分類。〈古今人表〉除了分別「古今」之外，最特殊的是將所有人物分成九等——上上、上中、上下、中上、中中、中下、下上、下中、下下，也就是後來「九品中正制」採用的九等格式。

〈古今人表〉的主要作用，不是讓你查考人物之間的時代先後關係，而是將所有人物的評價做個整理，讓讀者一目瞭然地知道誰比誰評價高、誰比誰優秀。這是個「人物評價總表」。很容易猜得到，堯舜禹湯一定都被列在「上上」，夏桀、商紂肯定屬於「下下」，這是大家普遍認同的。但其他人呢？什麼樣的人應該列在「中上」，什麼樣的人可以得到「上中」的評價？大家各有標準，那豈不是很麻煩，會惹起很多爭議嗎？

班固會不怕麻煩、不避爭議地在《漢書》中列出〈古今人表〉，充分反映出東漢時重視人才評等的風氣已然形成。這樣的風氣，以及相應的人才評等觀念與方法，歷經漢末的兩次黨禍而更加發達，塑造了從三國到魏晉時期重視人才，並對人才進行種種熱烈討論的風氣。

如此重視、強調人才，對當時的社會產生了巨大影響。一項影響是使得每個人有著高度的自我意識，去想、去追求自己要成為什麼樣的人。當時的人高度自覺，因為行為的選擇隨時都在別人的評判中。你說了什麼、做了什麼，不是你自己的事，而是會被其他人當作依據，在人才的評價系統中不斷地調整應該如何看待你，將你擺放在哪個位置上。

「黨錮之禍」發生時，會有那麼多人寧可被抓、甚至被殺，都要維持守節的立場，就因為他們最重要的社會資產是聲望，是別人給予的人物評價。人物品評是「清流」的核心活動與核心精神，由〈古今人表〉到「清流」、「清議」，其實是一脈相承的發展。

當時的士人格外看重人物分等，嚴格分別「清」、「濁」，這又牽涉到門第的變化。豪族崛起靠的是土地與財富，後來豪族中又分出了「累世經學」這項身分，他們也有土地與財富，但在財富之外還加上了學問，於是會特別凸顯自身的學問及學問帶來的行為原則，以此和其他豪族世家區分開來。

用這種方式評判人物，不管是將人物分為「清」、「濁」，或是像〈古今人表〉那樣分成九等，其實都是頗粗暴的做法，忽略了人的複雜性。從這裡又逐漸發展出兩項必然的變化，一項變化就是，環繞著人物評價而愈來愈激烈的黨派對立。人物評價牽涉到「我們」、「他們」的區分，將自己人列為好人，將對立方列為壞人，彼此互相激烈攻訐，用不同的標準對人物進行高下判斷。

清流強調道德、品格，以此睥睨社會，將別人都評為「濁」，這種態度引發了強烈反彈，因而才會有曹操的「求才令」，故意凸顯「能」，將能力抬高在品行之上，那是特別用來諷刺清流、反對清流標準的。

另一個變化，則是對於人物評價的看法逐漸細膩化，逐漸趨近於現實所見的人的複雜性。光是區分「清」、「濁」，或好人、壞人，或用同一套標準把人分為九個等級，已不足以應對現實情況，於是開發出個性分析，不是要評判人的高下，而是要看人的多元多樣，什麼樣的人有怎樣的優缺點，什麼樣個性的人適合做什麼事、容易取得什麼成就，又可能會犯怎樣的錯誤。

這就是劉劭《人物志》的內容方向。用清楚明白的語言將人物分類，進行人格分析，還提供現實的建議，既有益於自我修養，更有益於選人任人。

三國亂局時，中國社會已經出現了這樣的人物人格分析系統，能夠普遍重視人才，更有助於對人才的研究和理解。

《三國演義》比《三國志》更精彩，甚至因為《三國演義》而抬高了《三國志》的地位與重要性，這是事實。但我們不要忽略另一項事實，那就是《三國演義》能寫得那麼精彩，有其歷史基礎——三國的確是個重視人才、盛產多元人才的時代。這樣的時代條件，使得即便沒有太高史才和史識的陳壽，都能寫出內容豐富好看的《三國志》；而羅貫中的戲劇性敘事技巧與刻畫人物的天分，也才能在《三國演義》中有所著落、有所發揮。

09 《三國演義》的「巧收幻結之妙」

毛宗崗在羅列三國重要人物之前，首先說：「讀《三國志》者，當知有正統、閏運、僭國之別。正統者何？蜀漢是也。僭國者何？吳、魏是也。閏運者何？晉是也。」三國，顧名思義有三個政權，但三個政權不應該平等看待，要分辨正統，他認為蜀漢是「正統」，吳和魏是「僭國」。

為什麼這樣分？「論地，則以中原為主；論理，則以劉氏為主。論地不若論理，故以正統予魏者，司馬光《通鑑》之誤也。」若從地理上看，中原是中心，蜀偏處邊陲；但不能只考慮地理，還要論「理」，這個「理」則是從東漢延續下來、應以劉姓當皇帝的正統。他認為司馬光的《資治通鑑》就是採取地理的原則，以曹魏為正統而犯了錯誤。

他接著延伸對「正統」的議論：「秦不過為漢驅除，隋不過為唐驅除。前之正統以漢為主，而秦與魏、晉不得與焉。亦猶後之正統以唐、宋為主，而宋、齊、梁、陳、隋，梁、唐、晉、漢、周俱不得與焉耳。且不特魏、晉不如漢之為正，即唐、宋亦不如漢之為正。」要說正統，最「正」的就是漢、唐兩朝。漢、唐是正統中的正統，講正統，就該圍繞著這兩個朝代看。

秦附隨著漢，隋附隨著唐，都只能算是正統的前奏、序曲。魏、晉則算是漢的遺緒，其他各朝相較之下都不算數。不只如此，漢、唐兩朝也不是完全等量齊觀，漢甚至比唐更「正」。所以劉家宗親所建立的蜀漢政權接續漢朝，以此標準應該是正統，應占據歷史中心的地位。《三國演義》的另一項長處，就在於明確地以蜀漢為中心、為正統。

毛宗崗的文章還有一句話：「《三國》一書，有巧收幻結之妙。」[10] 什麼叫「巧收幻結」？他解釋，讀《三國演義》的人，心中必然有個正面的期待，希望被視為正統的蜀漢能夠統一江山，希望諸葛亮六出祁山可以扭轉劣勢，最終打敗曹魏，復興漢朝。而讀《三國演義》的人，心中也必然有個負面的拒斥，最不想看到奸雄曹操建立的魏，消滅了吳和蜀。但最後的結局竟然是：這兩種狀況都沒有出現！

統一江山的是司馬家，這叫做「巧收幻結」。讀《三國演義》的人，對司馬懿沒有那麼深的印象，更不會像討厭曹操那樣強烈地討厭司馬家。司馬家篡魏，奪走曹魏的江山，給了讀者大快人心的感覺。雖然不能看到蜀漢勝利，但也不必忍受曹魏得逞，而且這個結局還不是寫小說的人捏造出來的，而是歷史的事實，於是閱讀過程中，讀者一併體會了「造物者之巧也」。

10 將漢末亂局寫成一個有目標的故事

《三國志》最特殊的歷史見識，表現在三國的斷代概念上。陳壽在晉代寫史書，那時候范曄

10 除了「巧收幻結之妙」外，毛宗崗在〈讀《三國志》法〉還列舉了《三國演義》的「追本窮源之妙」、「以賓襯主之妙」、「同樹異枝、同枝異葉、同葉異花、同花異果之妙」、「星移斗轉、雨覆風翻之妙」、「橫雲斷嶺、橫橋鎖溪之妙」、「將雪見霰、將雨聞雷之妙」、「浪後波紋、雨後霢霂之妙」、「寒冰破熱、涼風掃塵之妙」、「笙簫夾鼓、琴瑟間鐘之妙」、「隔年下種、先時伏著之妙」、「添絲補錦、移針勻繡之妙」、「近山濃抹、遠樹輕描之妙」、「奇峰對插、錦屏對峙之妙」，共十四妙。

的《後漢書》還不存在，如果要寫的是前面已經結束的朝代，照理說應該選後漢。就算以晉朝為本位考量，要寫被晉朝取代的政權，那陳壽要寫的該是曹魏的歷史。

在體例上，《三國志》的〈本紀〉的確是以曹魏為主，但陳壽沒有將這部史書稱為《魏書》或《魏史》。他看到的、他要凸顯的，是一個分裂的時代。他不只要記錄一個朝代，更要記錄一種狀態、一種主題。這個主題是三國並存，三國之間複雜的外交、軍事、人才交流與衝突關係。在這主題之下，歷史事件具備特殊的戲劇性，使得三國的歷史敘述格外吸引人。

三國的形成，其實是從東漢末年中央政治崩盤開始的，歷經「州牧」的地方割據，眾多的地方勢力彼此角力、傾軋、併吞，最後逐漸收束為三個主要政權。三國並存一段時間後，終究還是在司馬家手中歸於一統。

這樣的過程，不只發生在東漢末年。唐中葉以後的「藩鎮割據」到「五代十國」再到趙匡胤的一統，或是元末群雄並起到朱元璋的一統，都有著相似的發展模式。然而不論是唐末或元末，都沒有被用《三國演義》這樣高度戲劇性的方式描述、記錄，因而對這兩個時期的歷史，我們就不覺得像三國那麼有趣、那麼親切了。從《三國志》到《三國演義》，我們應該察覺中間的一項關鍵：「三國」其實是在觀念上被架構出來的，不是單純的歷史事實。諸葛亮提出「隆中對」時，三國並不存在，當時仍是各方混戰的局面，因而諸葛亮才會被視為先知。在這過程中，有董卓、呂布、袁紹，還有後來的劉表、曹操，都是一方之雄。

如果以《三國演義》為準，真正的「三國鼎立」遲至第八十回才出現，這回的回目是〈曹丕廢帝篡炎劉，漢王正位續大統〉，至此曹魏、蜀漢才分別成立。若再嚴格地說，孫權稱帝、東吳成立更要晚到第九十八回，才算正式有了魏、蜀、吳「三國」。

從第八十回（或第九十八回）三國形成，到第一百一十九回蜀漢滅亡，三國又不存在了！也就是說，《三國演義》一百二十回的內容，若寬鬆地算，不過只有三十九回，即三分之一的篇幅，是真正在「三國」的狀態中。其他部分的內容，尤其是占最大分量的，其實是在講三國的形成，即三國前傳。

更進一步說，羅貫中將黃巾之亂後的漢末歷史，寫成一個有方向、有目標的故事，這個方向、目標就是三國的成立，尤其是蜀漢的建立。這種充滿目的論色彩的三國史觀，即源自陳壽的《三國志》。

唐末競逐天下的各方人士如果地下有知，可能會很遺憾從來沒有人找到一種同等戲劇性的敘事方式，來述說他們的經歷和故事。因而，李嗣源、石敬瑭、劉知遠、柴榮……這些人物的歷史知名度，遠遠不及劉備、孫權，甚至也不如董卓、袁紹、劉表。以「三國」為主軸詳細整理了漢末的亂局，將這段歷史說成一個有頭有尾的戲劇故事，來自陳壽的巨大貢獻，再由後來的說書人及羅貫中予以繼承並發揚光大。

《三國志》的成就，在於提供了一個概念，將變動不居、沒有中心的歷史改寫成容易掌握、容易理解的歷史。本來沒有中心的，集中收束成三個中心，再透過對於「正統」的討論，將三個中心減為曹魏和蜀漢的對峙，然後到了《三國演義》，兩個中心再減到只剩下蜀漢這一個中心。

這樣的好處在於讓人從混亂的歷史現象中找到秩序，但壞處也同樣在於讓人方便地用「正統」、蜀漢中心的觀念，簡化並統納這段原本極其複雜的歷史。中國傳統的歷史認知，逐漸變得一定要有明確的中心，沒有中心就無法講述，更無法使人有耐心、有思辨能力去理解，這是嚴重的後遺症。

11 從蜀漢的中心地位看正統觀念的成形

為何蜀漢終究取得了三國敘事的中心地位？因為蜀漢牽涉到過去中國歷史中不曾認真處理的大問題：一個朝代如何才算結束？朝代斷續的判別標準是什麼？

在此之前，朝代的開始與結束並沒有明確的定義，有著各種不同的說法。漢代最流行的是「五德終始說」，用五行來定義、規範朝代史的遞變。但五行之間的關係，大家普遍接受的就有「相生」和「相剋」兩套說法，而後朝取代前朝，應該是「相生」還是「相剋」？沒有一定啊！「相生」或「相剋」都講得通，更何況五行之間的互動還有更複雜、更多樣的說法，很難形成權威、統一的解釋。

漢末亂局中，因應五行、感應的信仰，出現了大量的圖讖和預言。每個有野心要建立新朝代的人，都宣稱自己有圖讖、有預言，提供他權力的合法性基礎。只是大家都有圖讖、都有預言，很自然地，圖讖和預言就快速貶值了。互相衝突的圖讖、預言滿天飛，不可能每個都準確可信，到後來只會讓人們再也不相信任何一個。

東漢末年，過去的舊思維因為過度使用而變得無效。每個人輕易就能變出一只木盒、石盒、金盒，裡面藏著神祕的預言指出誰會是新皇帝，於是會相信這種預言的人愈來愈少了。那怎麼辦？混亂局勢中，誰才有資格當皇帝呢？

取而代之的新信念，回到了宗族標準上，也就是將皇權的合法性重新建立在血統繼承上。三國所引發關於「正統」的討論，最後勝出的觀念是：在正常的狀況下，同姓的宗族應該延續皇權、延續朝代。因而即便經歷了桓、靈之際的種種動盪，劉姓仍然比其他人，包括曹操和孫權，擁有更高的皇權合法地位。

與此聯繫的歷史觀念問題則是：怎樣才算「正常的狀況」？什麼時候、什麼狀況下，這個姓族就不再能、也不再應該握有皇權了？透過劉備父子的角色，這個問題也有了比較清楚的答案，那就是要到這個姓族再也出不了像樣的人才，其他的姓族方能合法地取而代之。

劉備自身或許不是什麼了不起的人才，但在《三國演義》中，他有一項最大的長處——讓諸葛亮、關羽這樣的人才效忠於他。再憑藉著劉氏宗親的血緣取得正統，他就有資格繼承劉家的天下。這個正統如何結束？要到劉備的兒子劉禪，一個不具備基本統治才能的「扶不起的阿斗」接位，而且身邊也沒了像諸葛亮、關羽這種大才，此時劉姓的血統權走到盡頭，劉氏皇朝才算真正結束。

漢末的動盪引發了皇權危機，迫使人們重新思考皇權延續或移轉的標準，從這裡開啟的政治思想變化，歷經近千年，到《三國演義》成書時，已經有了固定而明確的答案。滲透進民間的正統概念，對於中國歷史影響甚大，尤其到了宋代以後的近世時期，正統觀念使得王朝的統治與維持變得比以前更加容易。

周人在和強鄰商人的鬥爭中崛起，形成了「天命觀」，必須隨時戰戰兢兢地維護天命，那真的是小心謹慎的「憂患意識」。只要不小心做錯了一些事，就可能失去天命、改朝換代，權力落到別人手裡。但相對地，「正統觀」建立之後，已經存在的王朝，除非此家此姓再也出不了人才，否則他們都還是握有正統身分，能夠獲得別人的效忠。

影響所及，例如明朝，接連出了好幾個荒唐、無能的皇帝，朝政嚴重敗壞，民間動盪不安，但該由朱姓當皇帝這件事卻一直顛撲不破。對明朝朱家的支持，甚至一直延續到清兵入關、崇禎皇帝自縊煤山之後。只要是姓朱的宗室後裔，都還能到處逃亡，成立新的臨時政權，因而才有了「南明諸王」的特殊現象。

第七講

土地秩序與群雄割據

01 漢末戰爭起因：權力財富任官全數壟斷

桓帝和靈帝兩朝，是東漢衰亡的關鍵時期。依照史書的記載，西元一五七年（漢桓帝永壽三年），整個帝國約有一千零六十七萬戶、五千六百四十八萬口。但到了西元二八〇年（晉武帝太康元年），記錄在冊的人口只剩下約二百四十六萬戶、一千六百一十六萬口。

人口數字從五千六百四十八萬降到一千六百一十六萬，一百多年間減少了超過三分之二。這是多大的變化！這段時間裡，為什麼戶數、人口數會減少這麼多？試圖回答這個問題，可以讓我們進一步理解東漢末年發生的變化。

立即浮現的原因是戰爭。的確，從靈帝在位時開始，各地的變亂相繼發生，接著地方割據形成，變亂更升級為正式的對抗戰鬥，幾十年間不曾停歇。但讓我們再追索一下，看看漢末戰爭的特殊起因和特殊的進行方式。

東漢的帝國統治權是由豪族和皇帝合作共享的。前面提過，西漢有土地兼併問題，朝廷也將土地兼併視為應該要阻止、解決的問題；然而到了東漢，因為政權組構方式改變了，朝廷根本就沒有明確規範土地關係的想法，不覺得這是個問題。豪族的權力與利益基礎在土地，由他們參與共構的政權，當然不會積極限制或重新分配既有的土地所有權。結果就是，土地兼併在這一兩百年間愈來愈嚴重，以土地形式存在的財富愈來愈集中，相應地便影響了社會流動。

豪族勢力日益坐大，形成了權力與財富的集團，且在家族宗親內部傳承權力與財富，外人是不可能進得去的。少數人壟斷了愈來愈多的權力與財富，也就意味著多數人能擁有的權力與財富相對不斷減少。而帝國晉用人才的方式，又進一步惡化了這樣的趨勢。

「累世經學」的出現，顯示出擁有土地資源、擁有財富的人，也開始壟斷學術和任官的資源。東漢的經學強調「章句」，也就是必須有老師教授標準答案，而且必須長年累月不斷背誦才能具備的學問，只有有錢人家才能負擔這樣的教育，有錢人家的子弟才有辦法在「章句之學」領域中出人頭地。他們早早就開始接受教育，得到長期的訓練，在學術上的累積當然遠遠領先沒有這種教育資源的人，然後他們理所當然地將知識、學術換為任官的資格，進一步壟斷進入官場的機會。

在這樣的狀況下，好處都被少數人占盡，其他人很難在財富或地位上得到改善，結果必然造成社會向上流動的停滯，甚至使得多數人向下流動。生活愈過愈差的壓力下，整個社會必然積累了愈來愈多的挫折與恐慌。

地方上持續積累著挫折與恐慌，而權力與資源被壟斷的中央朝廷，又在扭曲的結構下幾乎無法正常運作。外戚、宦官持續惡鬥，外朝被捲入得愈來愈深，終致爆發了「黨錮之禍」，朝廷一下子少掉了一兩千名具備資格與能力的官員。朝廷一空，靈帝就乾脆賣官，一方面可以賺錢，一方面填補這些官位空缺。但如此一邊賣官、一邊大批換人，換上來的官員素質，能讓人有樂觀期待嗎？

中央的政治鬥爭，又隨著宦官得以「養子襲爵」的新政策延燒到地方。宦官的養子不必再被關在皇宮裡，開始在外面培植自己的勢力。他們進入地方，又和地方上的大地主或「累世經學」的豪族起了衝突、短兵相接，鬥爭的陣線從中央拉到地方，又從地方拉回中央。

02 漢末戰爭起因：人與土地的聯繫斷裂

土地所有權高度集中，經過了幾十年、上百年，土地所有者和土地上的實質生產者的關係必定日益淡薄。生產者不只不能擁有土地，而且無望擁有土地，就不可能對土地產生強烈的黏著與認同。自耕農的比例愈來愈低，大部分的生產者都變成單純出賣勞動力為地主服務換取生活的人，也就愈來愈沒有理由非得留在同一個地方、耕種同一塊土地不可。

於是，當社會發生動亂時，底層的生產者既沒有土地依附感，也無力維持固定的社群互助聯繫，當然就開始逃離。一開始的動機可能是暫時的「逃難」，暫時避開不要受到動亂的危害，但一旦逃了，就會有兩種回不來的情況等著他們。

第一種情況是，他們沒有逃得太遠、太久，就找到新的生產與生活基礎，在一個新的地方安穩地住下來。在這塊新地方，他們仍然不是土地的主人，只是提供農業勞動力的佃戶，但既然原來的地方也沒有土地，從彼地到此地，生產與生活條件沒有根本的差異，那幹嘛還要付出遷徙的代價，承擔不確定的因素，再回到原來的地方？

第二種情況是，他們離開了原來的土地，卻遲遲找不到新的、可以定居和從事生產的地方。為了活下去，他們變成了「流寇」，加入同為飢餓流亡者的集團中，藉由集團的武裝與暴力，搶奪別人的生產所得來養活自己。

流寇襲擊、騷擾地方，搶奪需要的食糧，也就迫使原本在此居住、生產的農民必須離開，另尋生路。這就啟動了連鎖反應，最常見的模式是，這些被搶奪財產的農民，索性就加入搶奪者，成為流寇的新生力軍，一起往下一個目標襲去。

「黃巾」勢力為何擴張得那麼快、那麼廣，在短短幾年內敲響了漢朝的喪鐘？一部分原因來自宗教的吸引力，但更大一部分則源於社會結構的鬆脫解紐。「黃巾」並不是一個統一的組織，只是給了各州獨立蜂起的反朝廷團體一個容易辨認的旗幟。

「太平道」和「五斗米道」是社會大解紐下爆發的流行現象。大批農民在短時間內離開土地，人與土地原有的聯繫斷裂了，這是最嚴重、最難收拾的危局。

03 安土重遷條件不再，向上流動希望全無

關於中國文化或農業社會中的「安土重遷」觀念，我們需要更小心地檢視。農業社會中，生產者必須依附於土地之上才能有所收穫，因而在正常的狀態下，農民不會願意離開土地，也缺乏離開土地之後還能生存的條件，這是事實。但「安土重遷」的行為仍然是選擇性的，尤其需要幾個重要條件來支撐。

第一個條件是，農業生產的可預期性。農民知道、也可以預期在土地上努力耕耘所得的結果，和自己之間有一種穩定、明確的關係。說得更清楚些，他們知道生產所得中有多大部分屬於自己，自己能夠保留多少。最可怕的不在於有人要收走其中的部分收成，而在於被收走的和自己得以留下的比例隨時可能改變，使他們無從預期。一切操之在人的話，生產者必然會失去努力生產的動機、失去繼續耕種的意願。

第二個條件是，宗族紐帶的支持。在古代中國，農業生活和宗族系統向來緊密結合。也就是說，人不單純只是作為生產力而固著在土地上，他的人際關係也和有限的這塊土地聯繫在一起。離開定居的土地，意味著離開這樣的宗族關係，也意味著變成一個孤獨無助的人。因而即便在土地生產上遇到困難或發生問題，他還可以靠著宗族系統的互助保護，暫度難關以維持生活。

還有第三個是，合理的社會流動機會。農業社會的流動相對緩慢，然而要讓一個社會正常運轉，不能沒有一定的流動預期。農民還是會期待日復一日的努力耕種，有機會能換來多一點的積蓄、多一點的安全感、多一點的土地，乃至高一點的地位，以及讓自己或子孫不再那麼辛苦的可能性。帶著這樣的希望，他們當然願意留在原來的土地上，保護得來不易的積累成果，不會輕易離開。一旦離開，就代表拋棄過去的累積，到一個新的地方、新的環境，還得一切重來。人們會選擇守護既有的根，就算現在相對貧困，過得不那麼好，卻可以為了未來而忍耐。

然而東漢末年的社會情境，這幾個條件都被破壞殆盡。土地屬於地主，一些地主變成大地主，一代代下來，地主和實際擔負生產的農民愈來愈脫節，地主不了解也不重視農民的需要，從農民的角度來感受，也就是生產所得的確定保障愈來愈低。農民的生產自主性已經很低了，如果遇到社會動亂，僅存的一點依賴還可能一夕之間被搶走，地主沒有準備也沒有意願保護農民，農民對未來便失去了所有的盼頭。

上層的豪族重視家世、重視親族，利用親族關係壟斷了政府的人才任用系統。但相應的，下層的社會持續貧破，即使是集體性的宗親組織，都無法取得足夠資源為宗族內部成員提供緊急救助。宗族的名義、人們對宗族的抽象心理認同還在，但宗族組織的現實作用快速消失了，當動亂來時，宗族組織提供不了任何保護。於是，人們非但不會因為宗族的集體作用而留在原有土地上，反而會以宗族為單位集體離開土地、集體逃亡，或集體加入其他的宗教組織或武裝集團。

底層的百姓想要藉著時間、藉著個人積累往上流動的希望也愈來愈渺茫。若將西漢史書中出現的人物進行統計，列出能夠查清楚其先世來歷的，我們發現這些人當中有將近一半是「向上流動者」，意思是這些人取得的地位與成就高過父親、祖父，有著比父輩、祖輩更高的社會地位。

同樣的統計放到東漢，得到了很不一樣的數字，向上流動者大約只剩下百分之十五！能被寫進史書的，幾乎都是有一定社會地位的人，他們在自己這代爬上來，爬得比前代高，毋寧是正常的現象。然而在東漢，即使是這一群人，絕大部分都來自原本就很顯赫的家族，沒有這種家世背景的人，在東漢的社會經濟結構下很少有機會能向上爬升。

這樣的社會，大多數人失去了向上流動的希望；這樣的社會，絕對是個不正常、不健康的社會。

04 權力下放地方，州牧勢力崛起

黃巾之亂的關鍵在於「各地蜂起」，一時之間好多地方都出現了反對朝廷的黃巾勢力。這對於經歷了桓、靈兩朝政局變化的東漢朝廷而言，是最難應付的。因為黨禍，因為賣官，此時朝廷大缺人才，很多在位的官員根本沒有遂行職務的基本能力與責任感。

如果動亂發生在一地，朝廷還能集中有能力、有責任感的少數官員前往處理，或許還有機會收服平亂。但「黃巾」刺激出的連鎖反應阻斷了這個可能性，突然之間，各地都出現問題，大量的農民離開土地，先是成為「流民」，接著很大一部分人就自然轉成「流寇」。流寇的襲擾，又製造出更多的流民。

農民失去附著在土地上的主要動機，一個地方的動亂迅即影響其他地方，朝廷疲於應對。在這種情況下，朝廷只能找到一種處理方式，那就是任命「州牧」，將權力下放到地方。

州牧的運作機制和原有的地方豪族結合在一起。也就是說，州牧必須和地方豪族有良好的關係，甚至州牧自身就是地方豪族，才可能擔負起全權責任，讓地方恢復安定。要驅趕流寇，要防堵流民，首先必須建立自己的軍隊，而且要有由上而下指揮得動的官僚體系。朝廷不得不給州牧這些權力，讓他們去處理宦官養子在地方上造成的問題、賣官造成的問題等等，也就是他們有權力阻斷來自中央的各種干擾。

這項做法的實質效果是，地方豪族的自主地位大幅提升，以另一種方式取得和中央朝廷共治的權力。這次的共治方式，不同於東漢建立之初，這些地方豪族不再進入中央，而是由中央劃出一塊區域交給地方豪族治理，由他們來安排安定秩序所需的統治條件。

下放給州牧的權力，基本上一旦分出去就很難、甚至不可能收得回來。分權的過程是緊急的，沒時間先訂定一套制度，規範新的地方權力和中央權力之間的關係。更重要的，地方分權要對付的，不是邊境上的外來侵犯，而是內部底層瓦解產生的騷亂，朝廷無法解決社會底層潰爛的困境，只好將權力轉給有資源、有能力的地方豪族，改交由他們負責。

於是地方勢力的高漲，回頭改變了中央朝廷的政治架構。首先受到影響的是宦官。「養子襲爵」的開放，使得宦官勢力得以從宮中散布到宮外，卻也因此引發了巨大反彈，地方上一旦有了自主權，首先要壓抑、收拾的就是宦官勢力。到了靈帝末年，儘管宦官人數仍然眾多，但實際上其勢力正快速下降。

其次，宮中的內鬥也相應更加混亂。何皇后生的皇子和董太后收養的皇子形成兩個派系，彼此激烈爭鬥。靈帝死後，第一波鬥爭看起來是何家占了上風，將董太后隔離在權力之外。何皇后和擔任大將軍的何進，表面上看就是握有大權的外戚，但他們和之前的外戚有個關鍵的差異，那就是何家不是大姓大族，背後並沒有自己的家族實力。何家是單純靠著何皇后的身分而取得權力的，不是先有大姓大族的背景，透過政治安排而取得皇后位子的。

何進以外戚身分掌權後，依照原有模式和外朝結盟，而此時的外朝已經轉型為地方勢力的聯合，不再像過去一樣由士族占據。地方勢力中最顯赫的其中一支就是袁紹，因而袁紹對何進的支持極度重要。為了鞏固新取得的宮中權力，袁紹和其他外朝人士自然建議、乃至逼迫何進應該以激烈的手段徹底消滅宦官的威脅。

05 董卓之亂，挾持皇帝出走洛陽的大流亡潮

外戚和宦官對立，這是東漢的基本政治模式。外戚掌權後便打壓、甚至誅殺宦官，這也是東漢政治史上常見的鬥爭手段。即便是袁紹家族，為了維繫豪族的權力地位，也會將子弟送進宮當宦官，但他們的權力思考基本上還是和宦官敵對的，所以在與何進聯盟時，便理所當然地強力要求藉機收拾宦官。

但何進遇到一個以前的外戚不會有的困難。要殺宦官，何進沒有現成可用的武力。他並非出身大姓大族，沒有那樣的資源控制在自己手中，因此他只好借兵。他借的是董卓的兵。董卓的軍隊勢力在并州（今山西太原一帶），是何進認為自己最有把握控制的一股勢力，因而就讓董卓將軍隊調動到離洛陽大約八十里處，作為他的武力基礎。

然而接下來，何進三心二意下不了決心。他的猶豫源自他對何家外戚實力的不安全感，何家沒有那麼強的自身勢力，對宦官心存畏懼，也無法充分信任外朝。何太后和何進都無法下手對付宦官，時間拖得久了，卻被宦官逮到機會，反過來先下手為強。老宦官張讓領銜，趁何進進宮時殺了他。

聽聞大將軍何進被殺，早已多次勸逼何進殺宦官的袁紹，為了衛護自身勢力，立即帶軍隊打

入宮中，與宦官正面對決，憑恃著優勢武力，殺了兩千名宦官。袁紹是真正有實力的大姓大族，但此時的洛陽情勢卻已到了即使是他都無法收拾的地步，因為在距洛陽不遠處，有何進召來、早已虎視眈眈等得不耐煩的董卓大軍。

宮中一亂，董卓就率領軍隊進城，進而控制了洛陽。他廢掉原來由何家擁立的少帝（西元一八九年在位），改立獻帝（西元一八九年—二二〇年在位）。從後來的政治反應看，董卓立獻帝絕對是個嚴重的錯誤，因為改立獻帝讓各個地方勢力得以團結一致、有了反對董卓的理由。一個并州牧，以武力強行進入帝都，且和董太后並無實質的親戚關係，就自作主張廢除皇帝，這是明明白白大逆不道的叛亂行為。

董卓自己製造了這樣一個機會，讓其他人暫時擱置彼此的利益算計，有了必須聯手先除掉董卓的動機。董卓不除，新皇帝是由他立的，他野心那麼大，又實質控制皇權，大家都會產生不滿與不安全感：憑什麼他能得到這麼大的權力？掌握了大權後，他又會做出什麼不利於我們的事？

一時之間，至少超過十股不同的地方勢力迅速聯合起來，以廢少帝的罪名興師討伐董卓。這個聯盟叫做「關東軍」。參與關東軍行動的，大多是各地的州牧、刺史、太守，但其中有一個重要的例外。這人是朝廷任命的「校尉」，相對沒有那麼大的勢力和那麼多的兵力，卻也以維護少帝的名義加入討董行列。這個人就是曹操。

曹操的父親曹嵩是宦官曹騰的養子，是宦官權力向外擴張的具體代表。曹嵩繼承了曹騰的爵位，而曹操也被舉為孝廉，被朝廷徵召為議郎，後來當上騎都尉。憑藉著這個官位，他帶領軍隊攻打黃巾軍。董卓占據洛陽後，他便以討伐過黃巾軍的資歷加入了反董卓聯軍。董卓之亂以何進試圖誅殺宦官開啟其端，宦官養子之後的曹操站在董卓勢力的反對面，毋寧是理所當然的。當時沒有人想得到，最終勢力變得最大的，竟然會是這位出身背景和別人不一樣的傢伙。

超過十個不同來源的勢力要進行聯合軍事行動可沒那麼容易。但光是關東軍的聲勢，就對董卓產生極大的壓力，迫使董卓決定離開洛陽，避開來自東邊的威脅，回到靠近自己勢力基礎的西邊。董卓不只自己帶著軍隊走，更以武力挾持了獻帝和整個朝廷都跟他走。他還以武力挾持洛陽的大量人口跟他遷徙到長安。

史書記載有多達兩百萬的人口被迫西行，這個數字很可能是誇大的，但這顯然是一場在董卓軍隊的脅迫下出現的大流亡潮。走在流亡人群最前面的，便是漢朝的皇帝。

自黃巾之亂開始，已經脆弱不堪、土崩瓦解中的社會，多次出現集體流離的現象，這時又多了一波人為的大騷亂。原本是農村動盪瓦解，這下子在董卓的暴力行事下，首要都會洛陽也面臨動盪瓦解，而且大批人口被押解上路，沿途必定騷擾四境，在更廣大的區域製造更多殘破。

06 大遷徙帶來大劫掠，人口急遽減少之因

遷徙、流亡是連鎖發生的。董卓之亂最可怕之處，就在於使洛陽解紐，將大量洛陽人口轉變為流亡人口，進而觸動了未來幾年、甚至幾十年內無法靜定下來的大遷徙、大流亡行動，而和大遷徙、大流亡同時出現的，必然是大劫掠。

大量的流民，所到之處大舉劫掠，這樣的大規模騷動又刺激了地方治理想像的扭轉。原先州牧及地方豪族的治理目標，在於盡量維持境內不受騷擾，萬一受到騷擾了，就要讓地方盡快穩定下來，能夠重新恢復生產，使人民重新安居。州牧與地方豪族想像中對自身最有利的情況，就是維持一塊與亂局隔絕的區域，使之不受亂局影響，還能有正常生產，能過正常生活。

然而在董卓之亂後，這個想法愈來愈難維持了。流民規模日益龐大，動亂襲擾的程度加深，變化的速度也更快，要在這樣的大亂局中封鎖、保護好自己治理的區域，也就變得不切實際。

在大破壞中，被動地停留在原有的地方，自身的正常生產反而會招來飢渴的流民，讓這個地方變成流民劫掠的目標。流民的規模已經擴大到一旦成為目標，單憑地方防衛已經不可能阻擋得了。劫掠過後，不只此地的土地生產者會隨之離去，成為新的流民，原本由地方統領的軍隊也會因為失去經濟支持而無以為繼。

那怎麼辦？只能化被動為主動，在擁有堅實的經濟與武力基礎時，就先擴張自己的勢力，將軍隊帶到別人的領域強行就食。換句話說，本來要保護地方的軍隊，現在也紛紛加入大劫掠的行列，這就升高了劫掠的強度，也讓破壞程度更加嚴重。

由流民、流寇的問題，再演變為有組織的軍隊之間彼此的衝突和戰鬥。流亡加上長期戰爭，就使得人口急遽地減少了。

不只是長期戰爭，戰爭中對於人的生命的基本尊重，在這段時期裡也衰耗殆盡。若單純追求戰爭的勝利，只需屈服對方的軍隊即可，但這段時間戰爭的根本動機是搶奪有限的生產所得，因而土地生產快速減少滑落，人們到處尋找讓自己能活下去的資源。在這種狀況下，軍隊不過就是一群更強力、更能有效搶奪生產資源的人罷了。

重點在於搶奪，這就引發了殘暴的屠殺，只為減少資源的競爭者。此外，軍隊在流徙中，而戰亂倖存的人也無法在固定的地方停留，也在流徙中。於是戰爭過後，土地空了，軍隊走了，這個地方也失去了可以繼續進行生產的勞動人口。

史書中描述這個時代的戰爭狀況，例如曹操討伐徐州牧陶謙的彭城戰役，被屠殺的屍體使得「泗水為之不流」。泗水可不是鄉間小溪，那是一條大河啊！如果真的「泗水為之不流」，那要堆積幾萬具屍體吧？

到達「泗水為之不流」程度的大量屍體，還必然帶來下一個嚴重問題——傳染病，河道受到汙染，疫情會蔓延得格外快速、格外厲害。因而《後漢書》和《三國志》裡到處都有「秋大疫」、「春大疫」的記錄，不分東西南北，到處都有嚴重疫情。傳染病比戰爭更有效地除滅了大量人口，使得少數勉強留在土地上的人也活不下去了。

幾十年間，發生了幾波大規模的人口遷徙。兗州、徐州，即今天山東南部、江蘇北部一帶的人往北走，到達位於今河北北部的幽州。另一條路線是南陽及洛陽周圍，原本最核心、最繁榮的皇族根據地，此時也有大批人口逃離到了益州，即長江中上游和四川盆地交界的地區。

另外，長安周圍關隴地區的人就往南邊走，去到荊州，即今天湖北一帶。關西的人往漢中走；冀州北部的人往南走，遷到冀州南部；皖北的人則往江南走。

人口遷移的基本動向是由中央走向邊陲，中原地區更加寥落。相對地，邊緣上的遼東、膠州、漢中、江南、荊州、幽州、益州等地的人口卻增加了。所以從漢末到三國，反而是這些地區的地方勢力得以在競爭中脫穎而出，其中以江南為根據地的吳，在蜀地建立的漢，才能夠和曹操的魏鼎足而三，這也反映了人口流動的變化。

07 「挾天子以令天下」絕非策略優勢

董卓挾持獻帝從洛陽遷都到長安，不久後就被王允和他的部將呂布聯手殺了，過程中留下了呂布與貂蟬的故事。董卓死後，他的軍隊被李傕和郭汜接收，二人又殺了王允，長安陷入一片混亂。混亂中出現了中國帝制史上最悲慘的一幕——皇帝和一群外朝大臣被迫離城逃亡。上一次從洛陽到長安，他們還是在董卓軍隊的護衛看守下走的，然而這回，獻帝和眾臣們非但沒有軍隊護衛、沒有地方接待，甚至還要擔驚受怕，躲避各方勢力的襲擾。皇帝的尊嚴與待遇都降到最低點。

從洛陽遷都長安，然後皇帝偕少數大臣再逃亡回洛陽，此一過程中也摧毀了正常的外朝，使得中央政府徹底瓦解。連帶地，許多與宮廷有關的官書記錄在流徙中也隨之佚失，以至於這段歷史出現了很多的空缺，給了後世各種戲劇性創造的空間。

例如，從長安出亡的獻帝究竟走了怎樣的路線，一路上經歷了什麼事才到達洛陽，並沒有留下明確的記錄。我們只知道獻帝所經之處，要嘛他躲著這些地方勢力，要嘛這些地方勢力選擇不支持他也不幫助他。

董卓之亂後，各地的勢力分布基本上是袁紹在北，曹操在袁紹之南，袁術在曹操以西，這三人的勢力範圍比較接近洛陽。另外，劉表在荊州，孫策在東南，劉璋在益州，馬騰、韓遂在西北。主要的勢力都分布在中原外圍，中原已經荒廢，維持不了任何像樣的軍事力量。

從這個時期的勢力分布，可以看出兩個有趣的重點。第一，有曹操、孫策（和他年輕的弟弟孫權）各據一方，卻沒有劉備，此時的劉備尚未形成一股像樣的勢力。第二，各地的主要勢力明顯不止三股，值得一提的至少有七、八股。

這就顯示出，「三國」是一個被建構出來的歷史詮釋概念，而不是簡單的歷史事實。漢末真正的局勢是群雄並起、各方割據，然而將這樣的局面統納說成「三國」，一方面比較容易掌握、理解，另一方面可以凸顯三角關係中競爭的戲劇性。因而，後來「三國」的概念就固定下來，成為這段歷史的敘事架構。

獻帝一路流亡，本來想投奔勢力最大的袁紹，但袁紹沒有收留他。才剛經過董卓之亂，包括袁紹在內的地方勢力，可沒有將這倒楣的流亡皇帝視為一項資產。他們記取了董卓的教訓——立獻帝、殺少帝，非但未能夠號令天下，反而讓自己變成各方公敵，給了眾人團結起來對抗自己的藉口。

當時的基本局面是割據勢力各占一方，並想辦法向周圍擴張，而在擴張中，頂多就是和鄰近的其他勢力發生衝突。然而一旦迎來皇帝，豈不是將自己放到了中心位置，擺明地告訴其他勢力團結起來以你為敵，用集體的力量先把你攻滅了再說嗎？以當時的集體紛爭狀況來看，皇帝在誰家，就使得那人一下子失去了合縱連橫的空間，變成別人首要的威脅、敵對目標。

沒有人收留、沒有人幫助，獻帝不得已，只好回到已經殘破、十室九空的舊都洛陽。然後才有曹操出現，將他帶到「許」（今河南許昌）去。後來的人解釋曹操的興起，將「挾天子以令諸侯」當作重要、有利的策略。但看看前面董卓的例子，再考慮袁紹的選擇，我們有理由對這個如此根深柢固的解釋帶點保留。

這位皇帝真有那麼大的價值，挾持他就能號令天下？這是個什麼樣的皇帝？當時又是個什麼樣的天下，有什麼樣的諸侯？這位皇帝，九歲時由董卓擁立，隨即被董卓帶到長安，離開東漢原來的勢力中心；三年之後董卓被殺，長安陷入李傕和郭汜的內鬨戰亂，獻帝又再逃出，花了一年時間歷盡艱辛地回到洛陽。這樣的皇帝，既沒有權力基礎，也沒有領導資歷，甚至沒有基本的皇帝尊嚴，除了擁有一個名號，還有什麼？

再看，那個時代有像周代那樣封建式的諸侯來接受天子號令嗎？從洛陽到長安再回洛陽，中央朝廷根本不復存在，中央和地方的官僚系統運作也都斷裂了，皇帝還能號令誰？如果皇帝能號令地方，就不會如此悲慘地費一年時間才從長安走到洛陽吧！

獻帝從來就不是自主的。之前「挾天子」的是董卓，而且董卓在「挾天子」之前就先廢掉一位皇帝少帝，後來還把少帝殺了。董卓死後，「挾天子」的是李傕和郭汜，他們有享受到「挾天子以令諸侯」的好處嗎？沒有。正是在他們「挾天子」的那幾年間，天下已然分崩離析，而且分裂的各方勢力明顯地視「挾天子」的董卓、李傕和郭汜為首要仇敵，聯合起來抵制、對抗。

作為刻畫曹操「奸雄」性格的戲劇性元素，「挾天子以令諸侯」的說法很有效果；但從歷史的現實狀態看，說「挾天子以令諸侯」給了曹操多大的策略優勢，這種觀點是經不起考驗的。

皇帝的威望降到了最低點，光靠將獻帝迎到許都，就能將許都變為政治中心，就能讓各方勢力服從曹操的號令，這是不合理的推論。比較合理的角度不妨倒果為因來看，問一問：別人都不要、不敢接受獻帝，為什麼偏偏曹操敢？袁紹不做的事曹操做了，別人擔心這麼做會產生的負面作用，更沒有將曹操打垮？並不是因為迎來皇帝，曹操的勢力才得以興起，而是相較於其他勢力，曹操這時已經取得明確的優勢，因此才有把握將皇帝接過來。

08 曹操的屯田制：重建人與土地的關係

曹操真正的優勢，讓他在漢末亂局中脫穎而出的，是「屯田制」的實行。他懂得從根本上對應這場戰亂，也就是回歸到人與土地的關係上。人和土地失去了穩固的連結，必定無法解決流民的問題，只要流民不斷產生，所有後續的問題也都無解。曹操在他所控制的領域進行改造，用今天的語言來形容，就是「重建人與土地的關係」。

「屯田」意味著改變軍隊基本的給養假定。亂局中的軍隊，很容易變成有組織的劫掠團體，以戰爭搶奪的方式餵飽自己，進而壯大規模。曹操改變了這種假定，他以軍隊的組織、軍隊的行動進行農業生產，也就是用打仗的方式來種田。將不直接介入戰鬥的部分軍隊轉化為農業生產力，逐漸形成「兵農合一」，為軍隊建立起自主的經濟基礎。

除此之外，曹操還採取了另一項措施，就是招募附近的地主，讓他們將自己所擁有的勞動力一併帶過來。地主在地方上長期經營，手下有佃戶、部屬、從吏等等，在戰亂中他們同樣面臨流離失所的威脅，於是曹操便吸引他們投靠過來，地主可以保有原先的組織，在曹操以軍事力量控制的範圍內獲得土地。雖然換了一塊土地，但地主仍然是地主，農業生產可以恢復、繼續。這時進行生產的新土地是受到軍隊保護的，其生產所得有一部分必須交給軍隊，但可以換來安全保障，再不用擔心辛苦耕作大半季的收穫被搶奪一空。

當時另一個相對繁榮、勢力較為穩固的割據力量，是荊州的劉表。劉表占領之地的先天條件好，荊州既有的農業秩序破壞得較少。而曹操控有的兗州、豫州一帶，本來是農業秩序受害最嚴重的地區，如果不能找到方法重建農業，在經濟資源上就先輸了一籌，更無從與其他勢力競爭。曹操的聰明之處就在於看清這一點，藉由屯田和集中保護歸順的地主，得以建立起安全、有把握的農業生產基礎。

在此過程中，也浮現出後來在中古社會史上極為重要的新關係。戰亂使得原有的親族系統瓦解，流動中的人口很難依附親族組織，於是產生了一種新的連結關係、一種新的組織方式。「部曲」和「佃客」就是取代親族的暫時穩定的新關係。

部曲和佃客都是自願的生產社群，兩者之間的差異在於是否擁有軍事身分。佃客加入農業生產社群，進行集體勞動，換取安全與溫飽；部曲則同時具備軍事身分，平時參與勞動生產，遇有戰鬥時就披甲上陣，隨同出征。這兩種組織，一方面提供了穩定的生產基礎，另一方面人們也獲得穩固的生存保障，不必再流離失所。

曹操在歷史上被刻畫為「奸雄」，其驍勇、奸詐、權謀的部分過於凸顯，往往就忽略了他在其他方面具備的開創性眼光。曹操不是光靠驍勇、奸詐、權謀才坐大的，更重要的，應該是他重新整頓了人與土地的關係。

靠著這種既有開創性、又具根本性的制度安排，曹操控有的地區生產復甦，生產力開始成長，他才有條件將皇帝接過來，也才有實力以皇帝的名義、以高人一等的姿態，與其他割據勢力進行合縱連橫。

09 多方角逐收束為「三分天下」

曹操在恢復土地生產上的成功，很快就收到將附近人口吸引過來的效果，人民朝他的地區集結，而他也有辦法可以收納、組織這些人口，予以安置。到了西元二〇〇年左右，曹操的勢力已經明確威脅到原本實力最強的袁紹，這兩大勢力的衝突和對決變得無可避免。

袁紹控有幽州、并州、冀州，曹操控有兗州、豫州、徐州，單純從占領地區面積及人口數量看，袁紹還是超過曹操的。但在「官渡之戰」中，表面上較強大的袁紹一方竟然慘敗給表面上較弱小的曹操一方。其實深入理解這兩人在經營上的差別，這樣的結果一點都不意外。曹操的真實力量比袁紹堅固、強悍得多。

官渡之戰後，袁紹、袁術一家正式退出群雄競逐的舞臺。曹操的策略奏效，逐步統一北方。而在南方，另外一個經營有成的勢力是孫策和孫權，他們最主要的成功條件是避處邊陲，在受到戰亂破壞較少、本身生產條件又較佳的江南發展。中國南、北方的農業生產格局，此時進入一個關鍵的轉折點。自孫吳建國之後，江南開發到了一定程度，其經濟條件逐漸超越了北方，而且一路領先。自此之後，中國政治就不再理所當然以北方中原為中心，而是多了一個南方中心，孫吳、東晉，加上南朝的宋、齊、梁、陳，統稱「六朝」，就是在南方的經濟優勢上建立統治的。

諸葛亮的「隆中對」提出了一個分裂秩序的想像，也就是多方角逐的局面會收束為「三分天下」。這份想像中，原本就放進一個特殊的政治因素，那就是既有的劉家皇帝——獻帝，已經失去統治的尊嚴與合法性，然而其他非劉姓的領袖人物都不足以取得各方的聯合支持，這就使得新的劉姓皇帝有了存在、崛起的空間。

劉備接受了這樣的想像，因而一方面膨脹自己的劉姓宗親地位，另一方面積極尋求與劉姓勢力的連結，他先跑到劉表所在的荊州，後來待不住了，又轉往劉璋所在的益州，最終在四川盆地建立了基礎。

「三國」形成，並維繫了一段時間，有其地理與經濟上的道理。四川盆地在地理上自成半獨立單位，易守難攻，而且具備關起門來自守的經濟規模。南方則有長江阻隔，而且有比北方來得豐饒、有利的農業生產條件。曹操統一後的北方，版圖很大，卻是塊歷經劫亂後的土地，人口和生產沒能那麼快恢復。因而儘管表面上看，三個地方的土地範圍差別懸殊，但從經濟與軍事實力上看，其實三個政權大致對等。

曹操一度被表面的大小誤導，高估了自己的實力，因而有了「赤壁之戰」。以北方的狀況，尚不足以渡江併吞江南。勞師遠征、北人不擅水戰這些不利因素，使得南向渡江的軍事行動，必須齊聚倍數的優勢才有可能成功。雖然曹操的識見與才能讓他得以靠屯田和收攏地主重建北方，但重建的成果，此時還未能拉開北方對南方的優勢。

必須再等幾十年，到了司馬家逐步蠶食曹家權力之後，北方才恢復到取得足夠優勢的地步。即便如此，若不是蜀漢在意識形態的主導下多次逞強出征，以至於大幅削弱了自己的實力，憑藉著四川盆地的先天條件，其實沒那麼容易被打下來。

諸葛亮「六出祁山」的過程，是很多《三國演義》讀者不忍卒睹的段落。不只是因為大家早已知道這些戰役的結果，還有一個原因是，從簡單的常識上判斷，都能明瞭蜀漢並不具備可以這樣揮霍的實力，小說裡聰明神智的諸葛亮，竟然為了忠於漢朝、忠於死去的劉備，而犯下如此明顯的錯誤，置蜀漢於危難之地。

晉取代魏，又結束了「三國」，意味著北方勢力再度凌駕於南方。從魏到晉，北方的恢復，主要就是靠重建了土地生產秩序。不過亂後重建的秩序，和亂前已然大不相同。這時的社會與經濟組織原則，逐漸轉型為以部曲、佃客為主的莊園型態，這是中古時期（魏晉到隋唐）中國歷史上最突出的特徵。

10 莊園經濟和五胡亂華的序曲

前面提到，從漢末到晉，中國人口銳減了三分之二。其中一部分是真正死於戰亂、飢荒和疫病，但另外不能忽略的一部分，他們並非真的不存在，而是未出現在朝廷的調查與統計中。他們從國家的編戶齊民，轉換身分，變成豪族大戶家的私民，從朝廷的戶籍資料上移除了。他們是豪族大戶的部曲、佃客，不向朝廷納稅，也不為朝廷提供勞役。所以從朝廷統計的角度看，他們不存在。

朝廷的權力無法直接觸及這些人，只能透過豪族大戶。於是豪族大戶也轉型為「世家」，他們挾著私有的人口和龐大的莊園經濟，表面上服從朝廷，實際上享有比朝廷、皇帝更高的地位。

許多人口隱匿在「世家」裡，還有另外一部分人口隱匿在寺院中。亂世環境下，外來的佛教一時大盛，產生了特殊的寺院組織與寺院經濟。大批人口逃入佛寺中，規避朝廷的稅賦與力役，這也是使得表面上人口減少如此之多的另一個原因。

東漢末年的分裂和騷亂留下了嚴重的後遺症，那就是中央朝廷的瓦解，後來朝廷專注於恢復生產與統一南方，便無暇顧及北方及西北方的邊境狀況。過去四百年來，一直受到漢朝嚴密監視、甚至介入控管的游牧民族，此時得到了前所未有的發展空間。游牧民族之間也出現了混亂的合縱連橫、組織動盪，刺激出「南下牧馬」的動機，而一旦他們真正南下，立刻就發現農業民族的邊防已然潰散。於是本來的「牧馬」者進而生出更大的野心，想繼續深入侵奪農業所得，乃至產生了留居在農業土地上的誘因。

如此而有了後來史稱「五胡亂華」的變亂，好不容易恢復秩序的北方，再度陷入另一波的破壞中。

第八講

《論衡》的奇言怪論與魏晉清談

01 我不喜歡王充，但是王充很重要

學歷史，如果要自覺且認真地學習，必定會遇到一些很麻煩、甚至很痛苦的問題。例如，一個很根本的問題：如何界定歷史的範圍？什麼事該被納入歷史中，什麼事又可以被排除在外？

我們無法再接受那麼簡單、未經檢驗的習慣，僅僅把政治、軍事事件看作歷史的全部。我們知道、也無法否認有文學、經濟、藝術、科技……，這些都是歷史。還有難以捉摸的社會關係，如宗族、階級、團體等等；以及更難捉摸的思想，如宗教、信仰、哲學、價值判斷等等，我們能說這些不是歷史嗎？

歷史那麼大、那麼廣，誰能真正掌握？因為歷史那麼廣，剛開始我們還能躲開，只選擇自己熟悉和自己喜歡的部分來理解、講述。但持續探索到一定程度，無論如何都會遭遇這樣的挑戰：如何想辦法趨近、說明自己感到陌生乃至不同意、不喜歡的歷史內容。

誠實地說，我從來都不喜歡王充，很難進入他那混亂且矛盾的思想世界裡。讀他的《論衡》，對我而言是個痛苦的經驗。然而我不能因此就跳過王充、跳過《論衡》，對其不理會、不解釋。我曾經花了很長的時間認真研讀《論衡》，甚至比我自己願意耗費的時間還長。那是在美國念研究所時，我認識了一位來自法國的博士生，她的博士論文就是翻譯並注解《論衡》。她找

我幫忙解決論文寫作上的一些問題，提供了還算優厚的酬勞，對我這個窮留學生來說，沒有理由拒絕。

但答應之後，才知道這工作不好做啊！這位法國博士生的中文程度其實遠遠不足以獨立閱讀漢代文獻。《論衡》中的每一段文字，都需要我重新為她講解，再將其中部分較複雜的語法或觀念另外做說明。等於是這一年裡，我把《論衡》大約三分之一的篇幅在口頭上譯成了英文，還加了注解。

因為這個緣故而被迫研讀的《論衡》，其中第一篇是〈自紀篇〉，等於是王充的自傳。這一篇就讓我掙扎痛苦了好久，不是字句上的艱難，而是那樣描述自己的方式，讓我很難接受、很難習慣。我所接受的思想史訓練，講究在閱讀史料時要盡可能讀到和史料相關的「人」，要「知人」才能「論世」，也就是要想辦法了解文本背後的這個人，他的個性、他的信念、他的價值判斷與世界觀是什麼。

用這種思想史的態度探索孔子，給我帶來最深刻的快樂，直接影響到我自己的價值判斷和世界觀，我可以從孔子那裡學到太多東西。用這種思想史的態度探索王莽，也給我很強烈的刺激。我能夠穿越表面上的種種描述，挖掘出王莽的信念與動機，從而重新解釋他之所以興起、又迅速殞滅的關鍵。

然而以同樣的思想史態度閱讀王充，卻無可避免地提醒我，王充作為一個人有多麼不可愛。當然，可愛不可愛不會是客觀的標準，而是純粹主觀的感受，意思是他的人生態度與想法，和我自己有極大的、幾乎無法拉近的距離。

我承認我討厭王充，但我絕對不會、也不能因此就否認王充和《論衡》在歷史上的地位。這是重點。一個研究歷史、解釋歷史的人，必須不斷地自我審視，看看自己是否以自身的好惡，扭曲了對於歷史輕重緩急變數的判斷？是否過度凸顯、強調了自己認同且喜好的部分，相對壓抑、低估了自己厭惡且難以同情理解的部分？

在這裡面，有著歷史「公正性」的內在尊嚴，許多人就是因為缺乏這樣的自覺與努力，而寫出缺乏公正性的歷史敘述。沒有任何人能真正、徹底做到公正，但是否以這樣的公正性自我要求，畢竟還是會在歷史研究與論述上產生必然的差異。

02 自大又諂媚，「疾虛妄」的自我矛盾

如果要你描述自己，寫一篇自傳，你會怎麼寫？

王充〈自紀篇〉的寫法是，第一段先寫家世來歷，接著第二段進入自我描述，他說自己「六歲教書，恭愿仁順，禮敬具備，矜莊寂寥，有巨人之志。」六歲開始上學受教，那麼小就已經很

乖、很有規矩了，更重要的，那麼小就已經不和其他小孩一起打打鬧鬧，自己嚴肅地待在一邊，抱持著「巨人之志」——擁有超人的志向。換句話說，王充的人生從一開始就不平常，就沒有想過要當平常人。

八歲時，「書館小僮百人以上，皆以過失袒謫，或以書醜得鞭。充書日進，又無過失。手書既成，辭師受《論語》、《尚書》，日諷千字。經明德就，謝師而專門，援筆而眾奇。所讀文書，亦日博多。才高而不尚苟作，口辯而不好談對，非其人，終日不言。其論說始若詭於眾，極聽其終，眾乃是之。以筆著文，亦如此焉。」

一起在書館念書的有上百個小孩，別的小孩都因為犯錯而挨打挨罵，或是因為字寫得醜而受責罰，只有他自己不是這樣。他的字愈寫愈漂亮，而且從來不犯錯、不違規。基本的認字寫字工夫完成了，老師開始教《論語》、《尚書》，王充好厲害，每天可以背誦千字，記憶力好得不得了。不只記憶力好，領悟力也強，不用老師教，自己也能讀，還能開始寫文章。他一下筆就寫出不一樣的文章，讓眾人嘖嘖稱奇。書愈讀愈多，人也愈來愈孤傲，他不隨便說話，沒有碰到對的人，寧可一整天不說話。他發的議論，乍聽之下，覺得和別人的主張相異，但繼續聽下去，聽完後大家就都被說服了。他寫文章的方式與風格，也和說話一樣。

這樣的描寫，尤其是描寫一個人小時候如何像神童般的文句，我們在傳統古文中很容易看到。但有個差異是，會這樣誇大形容的，最常見於「行狀」或「墓誌銘」，也就是別人用來表達對一個人禮貌、客套的推崇，卻很少會出現在一個人的自述中。道理很簡單，用這種方式讚揚自己，而且說得那麼誇張，把自己形容為天才，同時輕蔑、貶抑身邊的其他人，這是很不得體、既討人厭更會得罪人的做法啊！

所以王充是個不與世人彈同調、睥睨一切、孤芳自賞的人嗎？不是的。因為在同樣一本《論衡》中，我們又會讀到像〈須頌篇〉這樣的文章。「須頌」二字顧名思義，就是告訴讀者為什麼需要歌功頌德。王充寫了好多篇對朝廷歌功頌德的文章外，還要多加一篇解釋，說明為什麼必須寫這些文章，以及這些文章有多高的價值。

〈須頌篇〉說：「漢家功德，頗可觀見。今上即命，未有褒載，《論衡》之人，為此畢精。」漢朝很了不起啊，現在的皇帝（章帝）即位，怎麼會沒有人稱頌呢？寫《論衡》的我必須努力補足這個缺憾。

王充真的很努力，一連寫了〈齊世〉、〈宣漢〉、〈恢國〉、〈驗符〉等篇。〈須頌篇〉最後說：「聖者垂日月之明，處在中州，隱於百里，遙聞傳授，不實。形耀不實，難論。得詔書到，計吏至，乃聞聖政。是以褒功失丘山之積，頌德遺膏腴之美。使至臺閣之下，蹈班、賈之跡，論功德之實，不失毫釐之微。」意思是，皇帝那麼了不起，地方上卻得不到確切的訊息，得要有帶著詔書前來的朝廷人員宣讀，大家才聽得到「聖政」。因此呢，必須由我來補充稱讚皇帝的偉大，發揮像班固、賈誼那樣的功能，一絲不苟地彰顯皇帝的功德。

王充一方面是個自大的人，但另一方面，對於朝廷、皇帝又是一副諂媚、歌功頌德的模樣，還大剌剌地將自己的書命名為《論衡》。《論衡》是什麼意思？他自己解釋說，《論衡》的中心宗旨就是「疾虛妄」，亦即要破除所有假的、錯誤的看法與論點。

秉持著「疾虛妄」的精神，他批判「符瑞」，主張「鳳凰、麒麟難知」。鳳凰、麒麟要是真的那麼神奇，一般人又怎麼會知道鳳凰、麒麟代表什麼呢？憑什麼認定鳳凰、麒麟就是吉祥的象徵？但另一方面，他又在別的篇章中明白地說：「案永平以來，訖於章和，甘露常降，故知眾瑞皆是，而鳳凰、麒麟皆真也。」（《論衡．講瑞》）意思是從明帝到章帝、和帝年間，有好多吉祥徵兆，連鳳凰、麒麟都是真的。

王充這麼說不是自我矛盾嗎？同一本書裡說了完全相反的話，還叫《論衡》？這個宣稱要「疾虛妄」的書名，豈不是太諷刺了嗎？他的書本身就充滿了「虛」和「妄」啊！

03 「矜才負氣的鄉曲之士」

對於王充，徐復觀先生在他的經典史著《兩漢思想史》中曾下了一個精要的評語，說他是「矜才負氣的鄉曲之士」。我認為這九個字正是我們認識王充與《論衡》的關鍵基礎。

先說什麼是「鄉曲之士」。王充沒到過洛陽，沒入過太學，那一直是他的遺憾。徐復觀說：

「鄉曲之士，要突破鄉曲之見以形成超越擴大的精神境界，有待於人格的特殊修養，及學問上特殊的成就。」但王充並沒有這樣的人格修養與學問成就，以至於他的看法和他看待事物的角度，一直都受限於他的「鄉曲」環境。

也正因為他始終僻處鄉曲，相較於身邊的人，使得他放大了自我，總覺得自己比別人高明得多，而有了「矜才負氣」的性格。「在他（王充）的思維世界中，對無現實權勢的學術問題，每有過分的自信，……對有現實權勢的政治問題，則又有過分的自卑，而朝廷便成為他畢生夢想的天國。這種過分的自信與自卑，結合在一起，形成他的內心深刻的矛盾，便不能不運用他自身的才氣，來加以解除；在這種解除的說法中，取得自我精神的保護。」[11]這也是徐復觀的解釋。

《論衡》就是王充自我精神的保護，是他的自我安慰和他的藉口，對自己說明為什麼以他那麼大的才氣，卻沒有得到認可，沒有為他帶來榮華富貴。例如，《論衡》中對於「命」——命運與命定——反覆論述。他最喜歡舉的例子是大災難，那麼多人一同遭難，不能說這些人都因為有類似的行為而受到懲罰，那就只能訴諸不可解的「命」，命中注定遇到這樣的事，和他們是什麼樣的人、做過什麼樣的事無關。

換句話說，不是好人就有好報，壞人就有壞報，而是在好壞報應之上還有「命」。王充為什麼那麼重視「命」？因為他覺得自己是好人、是大才，卻困居鄉曲，他不能接受這樣的現實，所以要一再地申言：人的遭遇與他的行為不是直接相關的。沒有好的地位、好的待遇，不代表這個人不夠好，而是被「命」給牽制、決定了。

又例如，《論衡》裡特別對「讒佞」表現得咬牙切齒。「讒佞」指的是兩種不太一樣的行為，「讒」是說別人壞話，惡意攻訐；「佞」則是說別人好話，阿諛巴結。王充自己對朝廷、皇帝說了那麼多阿諛巴結的話，還為之沾沾自喜，卻又攻擊「佞」，這是個很大的矛盾。不過對他來說，更重要的是批判「讒」，那也是出於自我精神保護的需要。他認定，自己之所以大才不得用，之所以長期不得志，就是被那些背後說壞話的小人給害了。

再例如，他在書中特別區分「儒生」與「文吏」，他說：「論者多謂儒生不及彼文吏，見文吏利便，而儒生陸落，則詆訾儒生以為淺短，稱譽文吏謂之深長。是不知儒生，亦不知文吏也。」（《論衡．程材》）意思是，一般人認為文吏比儒生高明，因為看到文吏會做事、有用，然而這是對文吏和儒生的雙重誤解。

事實上，文吏、儒生「皆為掾吏，並典一曹，將知之者，知文吏、儒生筆同，而儒生胸中之藏，尚多奇餘；不知之者，以為皆吏，深淺多少同一量，失實甚矣。」（《論衡．量知》）意思是，讓文吏和儒生擔任同樣的職務，兩人寫出來的東西，表面上看起來一樣，但文吏有的，就是寫出來的那麼多；而儒生除了寫出來的那些，內在還有很多其他的。大家只看到他們表現出來的，卻看不到他們內在的深淺多寡差異。

11 以上可參考徐復觀，《兩漢思想史》（臺北：學生書局，二〇一九年）卷二〈王充論考〉。

王充當然自認是儒生，就因為自己是儒生，內在豐富，在世俗的眼光中，卻被文吏比下去了，才會一直抑鬱不得志。

從這樣的論理，我們就看得出王充的根本關懷。他把所有的問題都牽連到自己身上，十足地以自我為中心，他拿來衡量事實與道理的標準是自己的遭遇，尤其是自認大才卻不得用的困擾。出於這樣自我中心的計較，他提出的主張常常令人意外地感到瑣碎、淺層。

像是比較儒生和文吏，王充給的場景，竟然是官衙裡的小公務員職務（「曹」），他要主張的不過就是，儒生和文吏一樣會寫公文，但除了寫公文外，儒生還有別的知識、學問，所以別人將儒生和文吏等同看待是錯誤的。

即便以漢代已經萎縮的「儒」的概念作為標準，王充對「儒」的認知和主張，顯然都還更狹隘、瑣碎。他看不到也不在意「儒」的大根大本，也就是提供人之所以為人的價值衡量部分，他的眼光只是從儒生能給朝廷、做官之人提供的服務來看。

04 王充論儒：儒生價值在於「博知」

面對儒家最重要的基礎——五經，王充的態度還是借用徐復觀的評語：「重知識，不重倫理道德。」王充將五經視為古今之間的一堆歷史知識，卻不看其中更深刻、更普遍的意義。儒學之所以重要，不只在於承襲了「王官學」，保留了過去的、古代的資料而已。儒學除了保存歷史記錄外，更重要的是，還致力於將過去所發生的事給予一套統合的解釋，從中總結出為人處世的原則，因而在歷史現實之上，附加了理想的價值。五經代表了「三代之德」、「文武之道」，裡面有著上古黃金時代留下的典範。即便到了漢朝，儒家轉型為儒術，都仍然維繫著這種有內有外的理想。

內是律定、彰顯做人的標準，從最基本的一直到最高的。外是管轄社會、政治的標準。王充雖然自認為儒生，要和文吏有所區別，然而他在試圖抬高儒生地位的同時，實質上卻又貶抑儒學，這就形成了奇怪的矛盾。

王充論述儒學的方式還真特別。他雖然主張儒生比文吏高明，不過在儒生當中，他又明白地看不起「章句之儒」，就是將五經的字字句句仔細研究解釋，將經書拆開來讀的那種「儒」；他同時也很看不起「通經之儒」，就是將五經的內容融會貫通，尋求其內在理路與原則的讀法。

那他看重什麼？又如何定位自己？他強調的是「博知之儒」，就是知道很多事情，知道得比別人還多。王充認定的儒生價值在於「博知」，必須讀很多書，記得很多東西，掌握甚至超越五經的豐富知識。這是他心目中的儒生，是儒生之所以高於文吏的理由。

從這點看，王充的思想和原始儒家、漢代經學都大不相同。他不提人格、不提行為，只管知識。若用《左傳》所揭示的「立德」、「立言」、「立功」的理想來看，王充只凸顯「立言」，將儒生的價值都放在知識上。儒生勝過文吏，因為他們知識豐富，知道更多事情，寫出來的文章也更有趣、更奇妙。

王充雖然不斷提到「儒」、「儒生」，但他對於「儒」和「儒生」的看法，與漢代儒學、經學的潮流是脫節的。一部分理由在於他是個「鄉曲之士」，他的儒學並非來自當時的主流，而是自己關起門琢磨出來的。

05 〈問孔篇〉，挑戰權威卻問得沒道理

王充的另一個問題在於，他徹底缺乏對藝術的領會。在傳統文獻中，只要出現不是直接實用

的東西，他就一定反對。例如，他對於封建時代的「禮」抱持著強烈的反感。他反對的主要理由，就是「禮」沒有用。他既無法站在孔子那樣的立場去理解、分析「禮」之所以存在的道理，追究「禮之本」，也無法欣賞「禮樂」的藝術價值，以及對提升生活層次的作用。

他以無功用為由反對「禮」，卻看不到他自己最看重的「博知」，其實也沒有具體、現實的功用啊！這是很明顯的矛盾，但王充自己是看不到這樣的內在矛盾的。他對待自己喜愛的和自己討厭的，可以抱持相反、衝突的雙重標準。

沒有藝術領會之外，更麻煩的是，王充看不到大的、根本的道理，卻對自己的一些瑣碎看法沾沾自喜。《論衡》中有〈問孔篇〉，「孔」指的是孔子，〈問孔篇〉的主要內容是在指摘《論語》書中的不合理之處。王充在現代受到重視、經常被提及的理由，就在他敢於挑戰權威，連孔子和《論語》都敢質疑，發揮了獨立思考的精神。

但不得不提醒的是，挑戰權威的精神值得讚許，卻不該被理所當然地認定只要是挑戰權威說出來的話都有道理。不能因為《論語》是權威，《論衡》是挑戰權威的，我們就都接受《論衡》的說法。

〈問孔篇〉裡有好多問得很沒道理啊！例如，《論語．里仁》中孔子說：「富與貴，是人之所欲也，不以其道得之，不處也；貧與賤，是人之所惡也，不以其道得之，不去也。」有人不了解這句話的意思嗎？有人不能領會孔子所要強調的嗎？孔子提醒，人活著有比富貴、享受更重要的事，我們都不喜歡活在貧賤中，但如果要我們違背自己做人的原則，放棄自己的道德人格堅持，以換得富貴，這種事不能做、不該做。

王充卻批評說：「夫言不以其道得富貴，不居，可也；不以其道得貧賤，如何？富貴顧可去，去貧賤何之？」他從字句上質疑孔子不該說「不以其道得之，不去也」，他把這句話認定為「拋棄貧賤」，抓住了問：富貴可以拋棄，貧賤可以拋棄嗎？貧賤拋棄了會變成怎樣？

唉，很簡單嘛，貧賤拋棄了就變成不貧賤，如果要用違背原則的方式變得不貧賤，那就不要做。這有什麼問題？有什麼難理解的？但王充就要用這種方式挑毛病，來顯示自己很有學問，跟別人不一樣。

他挑來質疑的還有一段，孔子說公冶長「可妻也。雖在縲絏之中，非其罪也。」（《論語．公冶長》）孔子特別替自己的弟子公冶長說話，因為公冶長當時被羈入獄，孔子強調那其實不是他的過錯，可能他被連累替別人頂罪，或有其他隱情。為了加強辯護的效果，孔子說：像公冶長這樣的人，你們可以放心將女兒嫁給他啊！

這背後反映了孔子一貫的態度——將一個人的內在價值與社會看法分別判斷，不相信、也不接受社會看法等同於一個人的內在價值。孔子最欣賞的學生，即他認定最好的學生是顏回，一個在社會上幾乎沒有任何外在成就的人。孔子教學生的重點，不是讓學生追求社會上的肯定，而是培養自己，按照「仁」的標準讓自己變成「君子」。從社會世俗的角度看，公冶長是個罪人，大家避之唯恐不及，孔子卻要指出，以內在的標準衡量，公冶長是位君子，大家非但不該躲他，反而應該格外信任，甚至到可以招來做女婿的程度。

王充怎麼看這一段呢？他說：「孔子不妻賢，妻冤也。」孔子找女婿，不找有品德、有能力的人，專門找被冤枉的。而且公冶長被關，要嘛「有非辜之言」，要嘛「無行能之文」，入獄可能是因為說錯了話，被冤枉了卻沒有能力替自己辯護，從這個角度看，也都不是適合嫁女兒的對象。

王充的質疑，來自他根本不了解孔子是個什麼樣的人，擁有什麼樣的信念，用什麼方式來表達和溝通。

《論語．公冶長》中，孔子問子貢：「女與回也孰愈？」你和顏回誰比較高明？子貢回答：「賜也何敢望回。回也聞一以知十，賜也聞一以知二。」子貢的回答是，當然是顏回比較高明，我自己知道了一件事，可以推論兩件；顏回知道一件事，能推論十件。然後孔子又說：「弗如也！吾與女弗如也。」孔子贊同地說，是啊，是不如顏回，在這點上，我和你都比不上顏回。

這段對話充分顯示出孔子針對弟子不同個性的特定教法。他為什麼要叫子貢拿自己跟顏回比較呢？因為「子貢方人」，子貢最大的問題就是愛批評別人，孔子曾經說過他：「你怎麼有那麼多閒工夫批評別人呢？我就沒那麼閒！」批評別人、挑人家毛病，背後的心理是自大，而不能服人也就很難向別人學習。所以孔子用這種方式教育子貢，要學著看到別人的優點，更要學著佩服別人。

子貢是聰明人，孔子一問，他就知道意思了，於是他不僅表示自己對顏回服氣，還明確地說出服氣之處，也就是自己可以學、可以進步的地方。得到這樣的答案，孔子很高興，給了他很高的讚美與支持，特別說：這樣就對了，別怕不如別人，我做老師的難道就什麼都比學生強嗎？在你說的這一點上，我也比不上顏回，我們都能向他看齊啊！

通讀《論語》，這樣的師生對話很容易理解。但王充就讀不懂，或者諷刺地說，他就陷入和子貢相同的毛病裡，刻意要挑剔孔子。他質疑說：「今孔子出言，欲何趣哉？」意思是孔子經常稱讚顏回，幹嘛還要問子貢「你和顏回誰比較高明？」這種問題。王充看不到這裡面作為老師的用心，更體會不到孔子要矯正「子貢方人」的用意。

06 做不到對於孔子思想的基本認知

對於「宰予晝寢。子曰：『朽木不可雕也，糞土之牆不可杇也，於予與何誅？』」（《論語・公冶長》）這一段，王充也覺得不滿。宰我白天睡覺，老師將他比作「朽木」、「糞土之牆」，表示拿他沒辦法，放棄教他了，所以也沒必要再罵他了。王充替宰我打抱不平，他提出的理由是：「人之晝寢，安足以毀行？毀行之人，晝夜不臥，安足以成善？」白天睡覺有那麼嚴重嗎？真正沒有品性的人，是白天、晚上都不睡覺的，宰我只是白天睡覺，孔子不需要氣成這樣。

唉，真不知道王充怎麼讀《論語》的，還有對於「毀行之人」的觀念又怎麼來的？孔子並不是真正放棄宰我，真正不教他了，緊接著孔子還有一句話，明白解釋了自己生氣的原因：「始吾於人也，聽其言而信其行；今吾於人也，聽其言而觀其行。於予與改是。」孔子說，以前人家跟我說什麼，我就相信他會那樣做；現在呢，人家跟我說什麼，我就用他所說的來觀察他的行為，不再直接相信了。就是因為宰我使我改變的。

這還不明白嗎？重點不在宰我白天睡覺，而是宰我說謊。他在老師面前說得自己很勤勞、很認真，實際上卻跑去睡大頭覺，被孔子發現他言行不一，孔子才會發脾氣。而且孔子教的、孔子看重的，是學生的自發性，學生願意學習，在學習中得到樂趣，因而「發憤忘食，樂以忘憂」。要為自己學習，為享受學習之樂而學習，不是為別人。宰我將學習當作對老師的敷衍，才會騙老師，卻跑去睡覺，這樣的態度本來就嚴重違背了孔子的基本價值信念，難怪孔子生氣。

《論語》中有一段：「子張問曰：『令尹子文三仕為令尹，無喜色；三已之，無慍色。舊令尹之政，必以告新令尹。何如？』子曰：『忠矣！』曰：『仁矣乎？』曰：『未知，焉得仁？』」（《論語．公冶長》）

子張問老師：「楚國的令尹（『令尹』在楚國等於『相』，是國君之下最高的行政長官）子文，三次當上令尹，沒有因為得到高位大權而顯露喜色；三次從令尹位子下來，也沒有因為失去高位大權而失落不悅，而且一定盡心盡力將職務上的事交接給新的令尹，老師如何評價他？」孔子說：「這是個忠於自己職守的人。」子張進一步問：「這樣算得上是位仁人嗎？」孔子回答：

「無法判斷，你所形容的事和『仁』無關。」

這裡的關鍵，是孔子對於「仁」的重視。孔子不輕易「許人以仁」，所以弟子們經常用各種方式「問仁」，想要理解、掌握老師心目中的這項高標準究竟是什麼？子張舉了令尹子文的例子，問老師這樣算是「仁」了嗎？孔子明白回答：用這種態度當令尹，表現出「忠」的美德，但不可能僅憑這樣的訊息，就說這個人具備「仁」。「仁」有其他的、更高的標準。

針對這一段，王充的批評是：「孔子謂忠非仁，是謂父母非二親，配疋非夫婦也。」他的比喻是，當我們說「雙親」，指的就是父親母親；當我們說「伉儷」，指的就是夫妻，所以我們不能說「雙親不是父母」、「伉儷不是夫婦」。按照這個邏輯，王充認為「忠」就是「仁」，「忠」是「仁」的另一個名字，實質上是同一回事。

這和孔子的態度真是天差地別啊！怎麼可能讀了《論語》讀到以為孔子說的「仁」就是「忠」？連對孔子思想的基本認知都做不到，卻還要「問孔」、質疑孔子，這是怎樣的心態呢？

07 私心凌駕論理，標新立異比什麼都重要

《論衡》受到肯定的另一個重要理由是，王充揭櫫了「疾虛妄」的反迷信態度，在書中反駁了許多漢代當時流行的迷信。王充反對迷信，這是事實，不過王充反對迷信的論理，也經常讓人讀了啼笑皆非啊！

在〈雷虛篇〉中，王充反駁關於打雷的迷信。迷信認為打雷是上天發脾氣，王充認為不是。從立場和結論上看，這當然是「疾虛妄」的表現，但如果我們不只看立場和結論，還仔細看一下王充的推論，那麼所謂「疾虛妄」的成就，恐怕不得不打點折扣。

王充說：「審隆隆者，天怒乎？怒用口之怒氣殺人也。口之怒氣，安能殺人？人為雷所殺，詢其身體，若燔灼之狀也。如天用口怒，口怒生火乎？……天之怒，與人無異。人怒，身近人則聲疾，遠人則聲微。今天聲近，其體遠，非怒之實也。」

打雷是天在發脾氣嗎？打雷會殺人，表示上天發脾氣，從嘴巴裡發出的怒氣可以殺人。可是嘴巴裡發出的怒氣能殺人嗎？去看被雷打死的人，身體好像被燒焦般，如果他們是被上天發脾氣殺死的，就表示上天嘴巴裡發出的怒氣會生出火來，嘴巴的怒氣能生出火來嗎？上天發脾氣和人發脾氣一樣，靠近他的人聽得到他的怒吼，遠離他的人就聽不清了。可是天打雷聽起來很近，天

卻在很遙遠的地方，由此可以證明打雷不是天在發脾氣。

這番論理的邏輯很怪、很混亂吧？在〈實知篇〉中，王充批判圖讖是「虛」，主張大家不應該相信圖讖。他舉了一個例子，傳說孔子將死前，留下一個讖，預言說：「不知何一男子，自謂秦始皇，上我之堂，踞我之床，顛倒我衣裳，至沙丘而亡。」王充認為這樣的預言不可信。這個結論我們當然可以接受，但來看看他用了什麼樣的論證。

他的說法是：查來查去，「始皇不至魯」，發現秦始皇沒有到過魯國，既然秦始皇沒到過魯，怎麼可能上孔子之堂，踞孔子之床，又顛倒孔子的衣裳呢？由此可見，他反對的不是這預言本身，而是依照他自認的博學，沾沾自喜指出這預言說得不準確，所以不可信。

首先，他對文字的理解僵化到甚至比不上如此粗糙的讖書。讖書所說的「上我之堂，踞我之床，顛倒我衣裳」，明顯是一種比喻，形容秦始皇焚書坑儒的做法，在思想、理念上和孔子作對。王充卻將之視為如實所說，來計較秦始皇有沒有去過孔子住的地方，有沒有跑到孔子的床上惡搞。

其次，他自以為了不起的證據，也並不可靠。秦始皇去過泰山，在梁甫舉行過儀式，那就是原來的魯地。秦始皇並非沒去過魯。歷史資料證明秦始皇到過魯，那我們就該相信這樣的讖書，相信孔子真的留下了對秦始皇的預言？

王充提出的論證，常常比他要反駁的說法或現象更加荒謬，這是《論衡》的一個根本問題。還有一個根本問題，在於書中一方面反對讖緯，認為這是假的、虛的，另一方面卻又極力主張祥瑞是真的。讖緯和祥瑞，本來是同一套感應思想下的產物，王充卻硬要用雙重標準做相反的評斷，只是更凸顯了他將私心動機擺在論理之前。相信祥瑞，是他用來頌揚朝廷、希冀因此得到政治權力青睞的一種手段啊！

王充的確提出了一種自然觀，比如說：「春觀萬物之生，秋觀其成，天地為之乎？物自然也？」（《論衡．自然》）意思是物是自然生成、自然變化的，表達了對於超越力量在控制自然的反對立場。然而第一，他的反對立場並不一致，遇到和朝廷、權力有關時，他可以毫不顧慮論理的一致性，將觀點一百八十度轉彎。第二，他絕對不是個科學家，他用來主張自然的立場，並不符合科學精神，他提出的是許多不合邏輯的推理。

因而，讀《論衡》真正的重點，不應該是扭曲事實，將王充抬舉為古代中國的科學思想代表，而是回到他所處的時代，確認他和別人有很不一樣的想法，進而推究：為什麼他會有如此不一樣的想法？

其中一個原因來自他的儒生概念。作為一名「鄉曲之士」，王充無法深刻體會儒家的精神與價值體系，他自以為是地將儒生的意義矮化為看過很多材料、比別人多知道很多事的人，以此態度睥睨周遭的其他人，發洩他懷才不遇的感受。因而他著述的動機，從一開始就是要顯現自己在知識見解上的傑出之處，習慣性地以反對別人的看法、批判別人的錯誤為起點。他認為這樣就能證明自己比其他人都優秀，是個大才，雖然被埋沒在鄉下，也許總有一天可以得到他渴望的名聲與肯定。

卑之無甚高論，王充寫作的動機就是「標新立異」，批判別人，表示自己和別人不一樣，對他來說比什麼都重要，於是《論衡》裡當然就寫了很多和那個時代不一樣的看法。

說他有獨立思考精神，那沒問題；但是獨立思考出來的結果，不見得都是好的。更重要的是，不能因為他的想法和當時的流行思想不同，就硬是給他一個「唯物」的招牌，把他說得多麼了不起。

08 蔡邕的宣揚，以及王充對太學的雙重報復

在歷史上，王充及《論衡》之所以重要，不在於其思想本身的價值，而在《論衡》對於從漢末到魏晉的思想風氣轉移有過關鍵性的作用。

這中間牽涉到漢末的一位名人——蔡邕。因為王充是個「鄉曲之士」，不管他生前死後，著作都流傳不廣。蔡邕在偶然情況下讀到《論衡》，就將這本書私自藏著，作為自己的「祕書」。為什麼要這麼做？因為王充所發的許多「語不驚人死不休」的議論，真的能「驚人」，能在談話中發揮出乎別人意外的效果。

蔡邕擁書自重，跟人家談話時，不時就引用王充的奇言怪論，立刻吸引了在座所有人的注意，由此主導談話。藉著《論衡》提供的豐富話題，蔡邕就可以掌控言談場合，提升自己的地位與影響力。

於是蔡邕成為《論衡》最有力的宣揚者。他說出的奇言怪論引起大家注意，大家都好奇為什麼他會有這麼多不一樣的想法，終於祕密藏不住了，愈來愈多人知道《論衡》這本書，知道要說出可以吸引別人注意的話，就該去《論衡》書裡找。這本書從原本的乏人問津，一下子變得炙手可熱。

其中還牽涉到「太學」。王充從來沒有上過太學，沒有機會進到京城的知識中心，那是他極大的遺憾，也是使得他一直脫離不了「鄉曲之士」限制的主因。然而透過《論衡》，王充卻在身後得到對太學的雙重報復。

一重報復是，明明沒上過太學的王充，憑藉著《論衡》取得的名聲，到范曄寫《後漢書》時，就給他安了一個太學的資歷，還記錄他的老師是班彪。換句話說，依照「正史」，王充是太學生，而且擁有顯赫的知識系譜。但范曄的記錄是沒有道理的。《論衡》中有〈自紀篇〉，寫於王充晚年，前面我們分析過〈自紀篇〉的寫作態度，王充的自我膨脹到那樣的程度，如果他真的進過太學、師從班彪，他會不寫進〈自紀篇〉裡嗎？

儘管如此自我膨脹，但在〈自紀篇〉中，王充都沒有提及入太學或受徵召的經歷，而且如果他曾經被朝廷如此看重，也就不會在《論衡》裡反覆表現懷才不遇、希冀朝廷垂青的情緒了。

很顯然地，到范曄寫《後漢書》的時候，藉由《論衡》的流傳，王充的名氣已經很大了，但他是個非典型的學問家，相對地能找到的傳記資料卻很少。因而人們以訛傳訛、想當然耳，就假定他的學問應該有正式的來歷，把他想像成和同時代的士人有著同樣的資歷，曾經進過太學、拜過名師。

另一重報復是，王充的《論衡》對於太學的風格轉變有著一定作用。在東漢，太學是最重要的文官晉升機構，而太學培養文官，主要是透過經學。從西漢到東漢，經學愈來愈建制化，同時其知識形式也就愈來愈標準化——課程標準化、內容標準化，還有考試和評比也標準化。在標準化過程中，「章句之學」就變得愈來愈重要。

「章句之學」是將經書分解為一個個字、一個個句子，詳細解釋字句的意思。隨著時間推移，對於字句的解釋累積得愈來愈多，大家都在競爭著如何用更繁複的方式解釋字句。章句之學的最大好處，就是不碰觸文章的全面意義，單獨看待細節，這樣可以少掉很多爭議，或者說少掉不同的、衝突的解釋。章句之學是經學中最適合標準化的部分，其發展也反過來推動了經學的標準化。

章句之學是知識官僚化的必然發展，而章句之學又有內在增生、繁瑣化的巨大潛能，因而一方面使得經學的追求愈來愈瑣碎，另一方面也讓經學的研讀愈來愈困難。進入太學，很多人耗費多年工夫，背誦、推敲一字一句的解釋，卻無法掌握整部經書究竟在說些什麼。

太學成為章句之學的中心，學生在裡面一待就是好幾年。太學位於京師，是官僚的養成所在，很自然地也就成為介入政治的一股力量。外戚和宦官有現成的管道可以分享皇權，外朝卻只能在外面聯絡、培養自己的勢力，逐漸地，太學裡長期、固定的師生關係變成了外朝集結的重要方式。

不屬於豪族大姓的人要在社會中向上流動，就爭取進入太學，投入有實力之人的門下，成為其「門生」或「屬吏」，以取得出身。於是環繞著太學，形成了一個又一個集結團體，太學必然捲入政治鬥爭中。

太學本身的兩種角色、兩種性格，有著衝突和矛盾之處。一方面太學的學問形式，是極其細密、繁瑣、近乎枯燥無聊的章句之學；另一方面，太學卻又捲入熱鬧活潑、隨時變化、賭注很大的現實政治鬥爭中，成為政治集團不斷升降、角力的一個場所。

慢慢地，衝突和矛盾改變了太學的風格。而這個改變，主要是「章句漸疏，而多以浮華相尚」（語出《後漢書．儒林列傳上》），意思是在現實政治的動態吸引下，大家愈來愈沒興趣費時耗工在研究、記誦章句上了。所謂「浮華」，主要指的是言詞，也就是談話、看待知識的態度，不再以一字一句的標準答案為滿足，轉而追求「浮詞」——誇張的、有趣的、雄辯的、華麗的言談風格。

黨錮之禍後，這種改變更加劇烈。本來為了做官而忍受無聊章句之學的人，突然之間，發現自己的仕途變得如此無望，要嘛是自己被列入「黨錮」名單上，排除在官僚任用資格之外；要嘛是自己的老師從官僚體系中被趕出來、被「禁錮」了，自己也就連帶失去了靠山，失去了晉升的管道。

這時，章句之學當然快速地失去了吸引力，相對地，被阻擋的現實政治反而受到格外的關注。太學裡的人紛紛揚棄章句之學，轉而積極議論時政，而且必然採取強烈反對、強烈批評現實的立場。

09 章句失勢、語言得寵，「游談」的關鍵作用

「浮詞」就是相對於「章句之學」的現實語言、政治討論。和「浮詞」相關的另一個概念是「游談」，指的是談些經學以外、尤其是無關章句之學的內容。還有一個相關的概念是「清議」，就是以「清流」的立場來議論時政，其中心仍然在太學，但已經明確與章句之學無關了。

從「章句之學」到「清議」，另一個重大變化在於文字和語言兩者地位的升降。章句之學的主要表達工具是文字，其內容太繁瑣、太標準化了，很難用談的，更難讓人能夠聽懂。章句之學地位下降，鬆動了語言、談話的空間，對於現實政治的評判有立即感，語言而非文字就成為更適合的形式。

漢末有「清議」，到了魏晉有「清談」，這兩者之間有連結的脈絡可循。除了都是「談」，都是以語言而非文字為主的活動之外，還有對於人才、人品的關注，作為兩者之間的接著點。

過去傳統上的說法，對於從「清議」到「清談」有一個想當然耳的解釋：因為「黨錮」，使得以太學為中心的清議活動受到威脅和迫害，讓這些原本充滿政治熱情、積極議論時政的士人因害怕而轉向，不敢再談論犯忌諱的現實政治議題，逐漸去除了議論中的政治成分，愈談愈空洞。於是，「清議」變成了「玄談」，都只說些虛無縹緲、玄之又玄的話題。

這樣的解釋不能說錯，但說得過於簡化了，和史料上呈現的有一定差距，值得細究並補充。史料上顯現的，不是直接由「清議」到「清談」，而是先從「清議」變化發展到「游談」，再從「游談」變化發展到「清談」。

從「清議」到「游談」，中間的關鍵正是章句之學的沒落。章句之學喪失了過去的權威性和重要性，等於拆掉了太學的一根支柱，以至於太學裡人與人之間的集結，必須尋找新的原則與標準。沒有了章句之學的標準，不能簡單地去找講經的老師，聚集在他門下，自然和他門下的其他學生聚集在一起。那麼，要如何尋找適合集結的人？又如何讓別人看到你，知道你是個值得被選擇的人才？

藉由談話，藉由談話的表現。在舊標準失落、文字重要性下滑的環境裡，一個人凸顯自己、爭取目光最好的方式就是說話。說吸引別人注意的話，用特別的語言內容讓自己被別人認識，給別人留下深刻印象，這是「游談」的主要功能。

這也就能夠解釋蔡邕和《論衡》之間的關係。蔡邕利用《論衡》中讀到的各種古怪議論，不只可以引起重視與注意，甚至還能啟動風潮。所以說這是王充身後對太學的另一重報復，生前進不了太學的人，死後卻藉由著作改變了太學，至少是參與了太學的改變。

10 《論衡》的「不衡」，游談所需的奇言怪論

不只是蔡邕，當時崛起的大部分名人，都是某種意義上的「辯士」。他們好辯、能辯、善辯，不但具備傑出的口才，還能找到特殊的談話內容，因而得到高度關注，成就其名聲。

游談「以浮華相尚」，追求有趣甚至詭奇的談話，形式上很自由，一開始就是閒談，後來才慢慢從不拘形式的「游談」逐漸演化為講究規矩的「清談」。「游談」是大家一起談，任意地競爭聽者的注意，到了「清談」，就開始產生形式規範。「清談」代表了亂世之中知識界、貴族圈主要的一種追求，那就是不只要講究談什麼，還要講究如何談。

談的方式，是從經師講經上課的模式脫化出來，變成類似沙龍的聚會。聚會中像蔡邕這樣的善言者，就從《論衡》裡「偷」出一些驚人的話語或主張，例如反對孝順父母，進而產生震撼效

果，讓談話場合熱鬧地爭辯，也讓參與其中的人對蔡邕留下深刻印象。

再發展下去，沙龍式聚會就讓位給更有組織的安排。安排的核心是有了特定的「談客」，也就是已經擁有善談名聲之人，由他們先給一段正式的演說，保證這一天的聚談一定很有料。為了增加效果，還會指定另一個人擔任「作難」的角色，顧名思義，就是負責提問、質疑或標舉反對立場的人。作難說過之後，再由主講的談客回應，如此形成了一種類似辯論會的談話模式。

不只如此，當場辯談之後，還有延伸的會後活動，叫做「公論」。由參與者評論剛剛的現場狀況，或許有人認為主講的談客被「屈」，也就是敗下陣來，有人則覺得談客很厲害，沒有露出嚴重破綻。

完整的清談有「倡理」、有「作難」、有「辯」，還有「公論」。這樣的活動就成為當時貴族社會、貴族文化維繫其內部團結意識的重要場合。外在環境快速變動，既有秩序快速崩壞，到了魏晉時期，這些豪族世家非但沒有隨之瓦解，反而更緊密、更穩固，一部分原因便是靠著這種從太學轉化出的、從「清議」而「游談」而「清談」的聚會。

清談的風氣，牽涉到談什麼、如何談，還牽涉到誰來談、誰有資格談，也就是參與者的身分認定。只有具備同樣身分、同屬豪族世家階層的人，才能夠進入清談。換個角度看，屬於這個階層的人，必須要能談，至少要能聽得懂人家談的、能評斷人家談的，這又形成了豪族世家的內部能力條件。

清議剛轉為游談時，談的主要是奇言怪論，王充的《論衡》就是在這種背景下受到重視的。

王充的邊緣觀點，以及他瑣碎的炫耀性學問，最適合在那個環境裡提供所需的游談題材。從那麼一大本《論衡》中摘取出一段奇言怪論，就足以讓大家談上好一陣子了。

這也就是為什麼講這段歷史，從漢末到魏晉，由經學到玄學的轉折，不能不提《論衡》，不能不肯定《論衡》的重要性。但容我再提醒一句，在歷史上，《論衡》的另一個反諷在於，其重要性絕對不是建立在這本書代表了「持平之論」，揭示了什麼了不起的真理，恰恰與其書名相反，《論衡》的影響力來自「不衡」，也就是其片面、偏頗的主張，正好構成了那個時代游談所需的奇言怪論。

從奇言怪論吸引注意，游談到清談逐步發展出兩個主要的面向。一個是探討「人」或「人才」，從而對於人的多樣性有了更深刻的認識，這反映在劉劭的《人物志》中；同時對於人的多樣性有了更進一步的蒐集與重視，這反映在劉義慶的《世說新語》裡。

另一個面向，則是更有系統的「怪論」浮現了，結合傳統的老莊思想，和新近外來的佛理，構成了「玄學」。「談玄」開始大為流行。放在貴族文化的脈絡下，「談玄」還有另一個作用，那就是進一步分化資格。「玄」所需的知識和語言門檻更高，不是人人都能談的，於是又從貴族中分出能談玄的和不能談玄的，當然前者的地位高於後者。

11 理清從清議到游談再到清談的脈絡

如此巨大的思想潮流異變，當然有其外在環境的因素影響。政治敗壞、王朝瓦解、連年戰亂、生產殘破，這些都是促成變動的力量。但外在力量不是一切，不能僅僅以外在因素來解釋。只看外在因素，卻忽略思想的內在變化過程，很容易將「玄學」單純解釋為逃避現實，也很容易犯下兩個歷史解釋的錯誤：第一，無法認真嚴肅地看待「玄學」豐富而複雜的內容，尤其是其中提出的宇宙論、人生論思考；第二，忽略了「玄學」的社會關係，它和當時貴族組織發展之間的互動聯繫。

換從思想的內在變化看，從「清議」到「游談」再到「清談」，理清這條脈絡，大有助於我們理解「正始玄風」[12]，以及佛教在中國建立其地位與特殊風格的道理。這是魏晉思潮一步步走向玄學與佛學不可或缺的基石，而最底下的一塊，顯然就是《論衡》。

12　「正始玄風」，指的是三國曹魏正始年間，以何晏、王弼等文人為代表，喜談論老莊、玄虛思想的一種風氣，被視為兩漢經學轉化為魏晉玄學的起點。

作為奇言怪論，王充的《論衡》很有趣，然而若是不加批判地接受《論衡》，卻必然會傷害一個人的邏輯思考能力，更糟的是，必然會傷害一個人對於中國傳統儒學的認識。王充提出許多質疑，包括對孔子的質疑，但他的質疑主要來自對於儒學的誤解，或者說得更直接些，來自他沒有能力趨近孔子的人格與態度。他進入不了孔子的思想世界，那是他的缺憾、他的悲哀，絕對不應該被誤解為他的成就。

關於思想的邏輯方法，先秦時一度有專門研究與主張的家派，那就是「名家」。名家對於「名」的講究，實際上開發出一套以語言運用為核心的形式邏輯。然而到了戰國後期，在大一統的過程中，雄辯沒落了，名家也一併遭到忽略。

漢代流行的「感應」說，更是嚴格邏輯推論的大敵。感應的運作中，什麼事和什麼事會有所感應、如何感應，有著高度的主觀任意性。靠著感應建立起的關係，缺乏道理上的一致性，同樣的現象可以做出不同的感應解釋，同樣的感應關係又可以產生不同的效果，因而無法歸納、更無法討論。

在這樣的環境中，王充有其特殊、極端的人格特質。相較於同時代的其他思想者、著作者，例如揚雄、王符、仲長統等，他格外在意要說出和別人不一樣的話，又格外不在意自己前面說了什麼，會不會和後面說的產生矛盾。他的思考是片段化的，這裡一片、那裡一段，追求個別論點的新奇獨特，卻不曾意識到要建立一個整合各個片段的邏輯基礎。

雖然王充的奇言怪論開啟了從「游談」到「清談」的變化，不過直到「正始玄風」興起，有了形式化的辯談規矩，才開始浮現思想的系統化。這個時期還有佛教的影響，包括帶進了新的思考方式。不只是佛教教理如此新鮮，而且表達佛教教理的邏輯，也是中國士人感到陌生、沒有能力運用的。那些從西域來的和尚，憑藉著更有系統的思辨才華，打入豪族世家的環境中，快速擴展了佛教的勢力。

第九講

魏晉新文化的形成

01 以人物為中心的政治語彙和歷史陳述

漢末的「清議」以太學為中心，太學原本是傳授經學和培養人才的機構，與官僚體系關係密切，因而太學很容易發展為談論、評議中央朝政的重鎮。

清議的發展過程中，產生了談論政治的特殊方式，連帶產生了一套以人物品評為中心的政治觀念和政治語彙。相較於制度，人物好壞容易掌握得多。那個時代並未出現完整、複雜的觀念和語彙來理解、討論制度運作，於是很自然地將政治的良莠擺放在「人」的因素上。好人讓政治變好，壞人讓政治變壞，這是最簡單的因果道理。如此一來，好人和壞人如何評斷、分辨，就成為政治討論的核心議題。

東漢原本就重視人物，《漢書》中有〈古今人表〉，給歷史人物排高下。清議更進一步發展出豐富的語彙來描述人物、衡量人物。人物幾乎成為一切權衡的中心。從人物的好壞看政治、談論政治，成為中國文化中的固定角度，自漢朝就穩穩地建立下來。《史記》中占據最大篇幅的是〈列傳〉，不過太史公清楚意識到光是從人的角度來記錄歷史是不完整的，所以還設計了〈書〉、〈表〉等其他形式。然而後來的史書顯然讓人物傳記的分量更加提高，相對忽視了人物傳記以外的歷史內容。

非傳記的歷史敘述，一方面對作者來說比較難寫，另一方面對讀者在閱讀上也有較高的門檻。因而寫作能力較差、撰寫條件較差的人或機構，就很難有效地執行非傳記的歷史記錄。《後漢書》在體例上只剩下〈紀〉和〈傳〉，而〈紀〉實際上也是〈傳〉，是帝王的〈傳〉，如此等於全落在人物傳記來呈現一個時代。

雖說正史的體裁推源到《史記》，不過後來的正史卻窄化為以「紀傳」為基本條件。沒有「紀傳」，史書就無法成立；相對地，缺乏貫時性的〈表〉或制度描述，卻沒那麼關鍵。有「紀傳」，就被認定為一般、正常的歷史；沒有「紀傳」，那就必須另外分類，被看作歷史的特定分支，不被視為歷史本身。

02 下品無世族、上品無寒門的九品中正制

「清議」這種議論人物高下的觀念與方法，到了曹魏時期，被固定為人才晉用的「九品中正制」。「清議」原先是對已經擁有官位、擁有權力之人的評頭論足，看看他們是否適合那個位子、在位子上做得好不好；而「九品中正制」將程序倒過來，是去評判什麼樣的人可以被放置在

什麼位子上。

九品中正制有其現實上的需要，朝廷必須重建人才晉用管道。漢代原有的管道，在戰亂中基本上都瓦解了，中央的經學教育與考核系統蕩然無存，地方的薦舉也無法有效地進行。於是就改由在京的地方代表為各自出身地方的人才評等級，從「下下」到「上上」，分為九等評級。

這樣做的道理是，一方面朝廷認定這位代表對自己地方的人才有一定的認識，另一方面也善用此人已在京城的方便性，不必再依賴戰亂中早就不可靠的地方行政系統。會如此方便行事，另有一個不容忽視的背景，那就是中央官僚體制難以維持像漢帝國時期的規模與作用，許多官位變成了「虛官」，還有很多官位根本就消失了。

九品中正制的另一個背景，是中央和地方關係的改變。歷經漢末動亂、分裂割據，中央對地方的掌控失效了，地方的自主性愈來愈高，中央無法有效統治地方，很難確切地拔擢地方人才，因而改以由代表進行評等的做法，維持人才仍然來自各地的表象。也只有透過地方上的「中正官」，中央朝廷才能建立和地方人才的關係。

地方分權的態勢形成，使得中央放棄介入地方人事與權力的分配。不像以前的太學，從教育到考核有完整的過程，九品中正制的評斷帶有高度的主觀性。基本上全權委託給中正官，由他自由心證來打分數。能當上中正官的，是在地方和中央都有影響力的人，毫無例外都屬於豪門世家出身，沒有那樣的出身，做不到這樣的官職。

這樣的人，很自然就依照地方上的現實權力狀況，而不是人才的未來潛力打分數。少數和中正官同樣出身於豪門世家的子弟，必然得到「上上」、「上中」、「上下」這種等級，這叫做「下品無世族」，他們的評等絕對不會掉到「下」的那一區。至於沒有豪門世家身分的，中正官怎麼會認識呢？有什麼理由給他高的評價？這叫做「上品無寒門」，出身背景不好的，永遠擠不進「上」的這一區。

沒有門第背景的人，要靠九品中正制在政治、社會地位上向上提升，簡直沒有一點機會。於是，九品中正制從原本設計的人才晉用機制，轉型成為豪門世族鞏固、壟斷政府職位的手段。他們藉此劃定出愈來愈清楚、也愈來愈封閉的權力區域，緊緊固守，不讓「非我族類」輕易進入。那是他們的權力禁區。

03 門第：封閉的親族組織，社會的真正重心

什麼是「門第」？從來源看，門第很好理解，就是來自宗族組織。自周代建立了全面、嚴密的封建制度後，宗族、宗法就發展為中國社會最基本也最強大的組織力量。

門第基本上就是將周代封建秩序的邏輯與精神，再度抬高、發揚，以親族關係安排人的組

織。宗族關係中的親疏遠近是最重要的標準，決定一個人能擁有什麼樣的地位和財富，以此確立、強調宗法的森嚴秩序。

一個人對某件事有什麼意見，能夠在家中或族裡有多大的決定權、發言權，都與親族宗法身分密切關聯。其他因素、其他力量就算有影響，也不能超越、顛覆、逆轉家族內部的宗法規範。

在形式上，門第將傳統的親族制度予以重建，並更加嚴格化。秦漢帝國建立後，帝國的「編戶齊民」凌駕於原來的封建宗法之上，使得宗法變得沒那麼重要，變得鬆散了。但到了魏晉，宗族內部的親屬稱謂和身分，又變得愈來愈講究。例如，從前統納在「甥」這個稱呼下的關係，如今在門第裡，就要更嚴格區分究竟是自己姊妹的兒子，還是妻子姊妹的兒子，兩者有明顯不同的對待方式。

過去依隨著封建而來的「禮」，此時也重建且強化了。不過魏晉時期的「禮」和周代封建的「禮」有著一項截然差異，那就是適用的範圍。周代封建的親族組織帶有外延性格，以姬姓王族為中心，擴散到分封過程中的所有姓族，再從士大夫等貴族擴散到一般平民。到後來，不管身分高低貴賤，人人皆有其宗族宗法，普遍的封建組織原則適用於整個社會。

如此巨大、綿延的宗族網絡，並未在魏晉時代完全複製。魏晉的親族組織是封閉性的，有著嚴格的邊界，只適用於豪門世族內部，與平民和寒門無關。平民和寒門依附在豪門世族外圍，作為部曲、佃客，他們自己的宗親關係並不重要。雖然他們也必定有自己的家族，但那就是一般的自然身分，不受人為制定的、複雜的「禮」規範，更不涉及權力和利益的分配。

魏晉社會有著這樣的區分：門第以內，有森嚴的宗族秩序；門第以外，這種宗族秩序並不存在，或不重要。宗族秩序的講究於是就成為門第的一項特色，講究或不講究宗族之「禮」，就將社會上的貴族與其他人分別開來。

貴族的內部文化中「禮」很重要，「禮」在當時有了另一個名稱——「名教」。貴族的生活、舉止都有「名教」規定，是什麼樣的身分，就要依循什麼樣的行為方式。而在貴族之外，宗族就只是鬆散的日常關係而已。兩者形成了強烈差異。

門第正是這段三百七十年歷史中，中國社會真正的歷史重心。

04 帝國體制不在了，會是怎樣的情況？

三百七十年，是從漢獻帝建安二十四年（西元二一九年），算到隋的統一（西元五八九年），也就是中國在政治上長期分裂的一段時期。

在這三百七十年間，就算是西晉表面上的短暫統一，實質上帝國體制都沒能真正一統運作。這個帝國體制，是東周封建崩壞後，歷經長期的變化演進，才於秦代形成，再到漢代完整建立起來的。長達四百年的時間，中國處於這樣的帝國狀態下，一旦帝國體制不再能夠運作，帝國體制不存在了，那會是一種什麼樣的情況？

將魏晉之後、隋唐之前的中國和秦漢時代相比，可以明確地看出幾項關鍵差異。

第一，即便西晉統一全國，也只是表面上的統一，並不具備可以統一推行政務的官僚系統。沒有由中央到地方一貫的官僚系統，那就不叫帝國。九品中正制可以評定地方人才任官的資格等級，卻絕對不是一個完整的任官制度。有了資格，不見得就有官職可做；此外，這段時期裡更突出的現象是：有了資格，不見得就願意當官。

九品中正制的深層意義，是將東漢的大姓聯合政體進一步嚴格化，藉此保證會得到任官資格的，一定都是這些豪門世族的子弟。而且大家為了在亂世中自保，聯合起來支撐著中央朝廷，那是一種豪門之間的聯盟形式，不是真正的考核任官機制。

第二，從桓、靈兩朝開始，經過三國時的大戰亂、人口的大流徙，許多城市沒落、甚至消失了。失去了城市的功能，連帶就失去了以城市為中心的商業貿易活動。帝國成熟的階段，逐漸提高了城市裡商業活動的重要性，而有《史記・貨殖列傳》和《漢書・食貨志》所記錄的熱鬧現象。但從漢末以降，城市、商業貿易又隨著帝國的淪喪而瓦解，很長一段時間中無法恢復。

活絡的商業貿易需要有效的貨幣，有效的貨幣有賴強大的政治保障。魏晉以降，大家都能信任、同時具備價值交換與儲藏功能的貨幣基本上消失了。沒有通行的貨幣，交易很難進行；而交易一旦萎縮、停滯，城市就更難復甦了。

交易退回到以物易物的形式。實物交易，缺乏貨幣中介，就不可能在較遠的距離間進行，於是運輸、買賣都成為地區性的。沒有貨幣，沒有經濟中心，連帶地朝廷的租稅系統也很難正常運作。沒有正常運作的租稅系統，沒有穩定的收入，朝廷又如何維持帝國所需的龐大官僚體制？這是另一個使得官僚體系癱瘓的致命因素。

九品中正制授予任官資格，但官職在哪裡？更關鍵的是，官俸在哪裡？過去漢代官制中的三百石、五百石、二千石，如今只剩下地位象徵意義，沒有實質的收入保障。所以，什麼樣的人能當官、當得起官？就是背後擁有家世所提供的經濟基礎的人，也就是擁有門第支持的人。

05 莊園：亂世自保、自給自足的經濟中心

魏晉時期，門第成為社會真正的重心，他們不只是表面上地位隆崇的大姓大族，實質上還控制著巨大的莊園。莊園成為當時的經濟中心，是一個個自給自足的單位。世家大族管轄著莊園，在莊園裡養著部曲和佃客，在自給自足、不假交易的單位中進行自然經濟生產。

沒有方便的交易，莊園作為經濟生產單位，就必須有一定的規模，要能自己生產所有生活所

需的東西。而且在戰亂環境中，這樣的生產、生活中心還必須擁有自衛的武力。這樣的武力，受限於經濟條件，不會太大、太強，僅止於自保的功能。莊園與莊園之間基本上互不侵犯，莊園的世家主人們彼此在朝廷體制中和平相處，九品中正制及其產生的官僚名義，就成為他們進行權力互動、利益協調的地方。

門第，也就是世家大族，各有各的莊園，到處林立著這樣的自然經濟單位，這是魏晉時代興起的新的社會與經濟型態。這種莊園，明顯是從東漢的土地兼併與大地主制中脫化出來的。在戰亂中，大地主才有機會關起門來保衛自家領域，將之轉化為自給自足的安全區，避免失序瓦解。其他實力不夠強的團體，在大亂中不足以自存，就只能流離他處，尋找可以安身的新地方。大地主的封閉領域是他們嚮往的目標、他們投身的選擇；而收留這些人作為勞動與軍事力量的來源，也進一步鞏固了大地主領土的安全。一個個莊園就以這種方式形成了。

莊園是內向性的，以在亂世中自保為其主要精神，不太可能向外侵略。他們必須面對的主要威脅，小一點的是無組織的流民，大一點的則是有組織的軍隊。而流民與軍隊，往往也只是規模不同，一線之隔、名義差別而已。

有組織的軍隊足以控制朝廷、支持新帝王，以武力壓服廣大的區域。帝王靠著武力起家登基，一時之間令所有的門第臣服。但「馬上得天下」卻無法「馬上治天下」，立刻就遇到根本的問題：如何養活龐大的軍隊？沒有固定、合法的軍費來源，軍隊就會立刻變回流民，皇帝是當不成的；而要有固定、和平的軍費，皇帝一定需要門第莊園的協助。

國家的經濟命脈掌握在門第莊園手中，莊園都有自己的武力，一名剛崛起的武人，絕對不可能攻破所有的莊園。為了保護自身的封閉經濟體系，門第願意和武人妥協，名義上奉武人為新皇帝，接受改朝換代，並為他提供一定的經濟支持，交換一段不打仗的寧靜時間。

不打仗了，皇帝卻不能任意解散軍隊。於是，一個選擇是持續依賴門第提供的經濟協助，另一個選擇就是依循曹操的老路，將軍隊轉化為生產勞動力。先實行軍屯，再逐漸變成民屯，原來具備軍事身分的部曲逐漸轉型為佃客。在這樣的過程中，原本草莽出身、打仗起家的新帝王勢力，也就莊園化、世族化了。

軍事構成的勢力一旦安定下來，就變成另一個大族、另一個大姓，和原有的莊園勢力平起平坐，直到另一個軍事勢力崛起，打破脆弱的聯合和平狀態。這三百七十年間，類似的情況反覆發生，不管這新興的軍事勢力來自中原，還是來自北方外族，終究都是以這種方式融入、並強化了門第莊園環境。

06 皇帝的意義改變了，階層的流動近乎零

從司馬氏成立晉朝之後，皇帝的意義改變了。我們不能再用秦漢時代的概念來看待、想像這三百七十年間的皇帝。他們不是秦皇漢武，他們甚至不是東漢大族共治下的明帝、章帝。

這個時期的皇帝，並沒有一個官僚體系可以讓他發號施令，遂行統治意志。真正的經濟、社會權力中心，在於門第所控制的莊園，以及門第之間形成的貴族連結組織。面對這既成的經濟、社會組織，皇帝是外來的，是靠著軍事武力硬擠進來的。因為你有能力帶來巨大的破壞，原本的成員不得不接受你，在組織中挪出位子接納你。

但你還是得在這個組織裡當皇帝，而不是高於這個組織，更不可能控制這個組織。魏晉南北朝時期的這些王朝、皇帝，不管名義上統轄多大的領土，實質上都不可能用秦漢時期的方式，透過從中央到地方的官僚系統進行控制、管理。

西晉後期中原大亂，外族開始大舉入境。歷史上有「五胡十六國」的說法，「五胡」再加「十六國」，足夠讓學生背到昏頭轉向了。將「五胡」和「十六國」都背下來，不能說不是認識歷史的一種方式，卻很容易讓我們產生錯覺，忽略了這段歷史中更根本、變動得沒有那麼快的結構性現象。

那就是在「五胡」來來去去、「十六國」起起落落之間，在快速變化的軍事、政治事件後面，北方的豪門世族一直存在。他們從頭到尾都在那裡，沒有消失。他們用不同方式和這些外族勢力打交道，並且抱持著一貫的精神與信念——你來、你征服，但畢竟有一天你會走；等到你走時，我還會在，我一直都在。

例如顏之推在《顏氏家訓》中如此強調家族規範的重要，也讓我們看到，在各個外族政權來來去去底下真正的社會骨幹。政治上分裂的時代，社會的重心不在朝廷、政府，而在這些世家大族。一部分的世家大族，隨著司馬氏的政權搬遷到了南方，成為「僑姓」。南方有南方特殊的環境，但是這些世家大族的基本性質並沒有改變。三百七十年間由世族大姓主導的社會，產生了相應的文化，那是不折不扣的貴族文化。

中國中古時期的社會結構，不同於歐洲中古時期的封建制度。沒有分封等級，沒有大貴族管轄中貴族、中貴族動員小貴族的機制，就只是一群從漢末大地主脫化出來的貴族，每一家管理著一個在亂世中提供保護的莊園，再以他們的資源互相連結，對抗帝王及其軍事武力。沒有分封系統，莊園裡也沒有複雜的工藝行會或工匠組織，這些門第貴族在組織上遠比歐洲的封建貴族來得單純。

貴族社會、貴族文化的第一個特色是，少數人壟斷了幾乎所有的資源；第二個特色是，在資源分配上是嚴格層級化的，愈上層的人分到的愈多，而且是以誇張的倍數區別的。這樣的社會形成了僵化的層級系統，也使得不同階層之間流動的可能性近乎於零。

過去存在的社會流動因素，這時都消失了。《史記》、《漢書》記錄的那種貿易致富的情況，隨著貨幣、城市、商業機制的瓦解而變得徹底不可能了。《史記．貨殖列傳》羅列了各種不同行業中致富的人，並清楚地指出關鍵所在，那就是「不同行業」的社會分工帶來了各種創造財富的機會。然而相對地，在這三百七十年間的經濟主流，是自給自足的莊園經濟型態，有資源、有本事做五百件皮衣一點用處都沒有。大家都自己做皮衣，交易退回到以物易物的形式，自然沒有現成的銷售管道，五百件皮衣又能賣給誰？

更重要的，沒有固定、通用的貨幣，就算生產者偶爾創造出經濟上的特殊價值，就算幸運地找到五百名買主，但每個人給他的是一份不同的實物，很多是他用不到、更多是他無法儲藏的，這些東西可能會變壞、變得無價值，他就無法儲藏自己所創造出來的價值，更沒有累積價值的工具。

過去社會流動的另一個重要管道，是帝國官僚系統晉用人才的太學教育和薦舉制度。這樣的管道現在也沒有了。幾乎沒有人能透過學問知識得到任官的機會，進而當官之後提高自己和家庭的地位。現在運作的邏輯是反過來的，也就是一個人必須出身門第，才有機會在九品中正制度中得到任官的資格，而且就算做了官，官職能給予的社會地位，遠遠比不上原本在門第中就已經擁有的。

還有一個流動的可能，就是城市空間。大量人口聚集的城市提供了冒險、奇遇、非預期結果的機會。在城市裡，人與人的關係沒有那麼固定，人們能遇到不在既有人際網絡中的人，提供了脫離既有地位限制的可能。但現在，城市也幾乎無法運作了。

07 經學傳統、私家著史仍在世族內部延續

這個時代最明確的現象就是「身分決定一切」。一個人在出生的那一刻，生在哪個家庭，是男是女，甚至排行第幾，這幾個條件幾乎就確定了這個人會過什麼樣的人生。曹魏時留下了曹植「七步成詩」的戲劇性故事，其中一個關鍵點就在於，即便才高如曹植，都不可能憑藉自身的才能改變作為弟弟的次等地位。作為弟弟而擁有才能非但不是好事，還會招來殺身之禍。這不只是曹植個人的悲劇，而是那個時代社會架構下的必然。

談到曹植，談到迫害他的哥哥曹丕，就一定會聯想到「建安七子」[13]，想到當時興盛的文學成就，還一定會聯想到「竹林七賢」[14]。「竹林七賢」不是以「反名教」聞名的嗎？他們個個不

13 建安七子，指的是漢獻帝建安年間的七位文學家。曹丕《典論．論文》：「今之文人，魯國孔融文舉，廣陵陳琳孔璋，山陽王粲仲宣，北海徐幹偉長，陳留阮瑀元瑜，汝南應瑒德璉，東平劉楨公幹；斯七子者，於學無所遺，於辭無所假，咸以自騁驥騄於千里，仰齊足而並馳。」建安七子常與三曹（曹操、曹丕、曹植）並稱。

14 竹林七賢，即阮籍、嵇康、山濤、劉伶、阮咸、向秀、王戎，為魏末晉初名士，也是玄學代表人物。《世說新語．任誕》：「陳留阮籍，譙國嵇康，河內山濤，三人年皆相比，康年少亞之。預此契者：沛國劉伶，陳留阮咸，河內向秀，琅邪王戎。七人常集於竹林之下，肆意酣暢，故世謂『竹林七賢』。」

都是很有個性、不受拘執的人嗎？從「建安七子」、「竹林七賢」再到熱鬧的「清談」風氣，不都是追求自由、表現自由的嗎？和前面所說的身分規範豈不互相矛盾？

如果不停留在表面的熱鬧，而能看得更全面、更完整，就會知道，名士、清談、玄學實際上與經學、禮學同時存在，而且互相應證、互為表裡。名士、清談、玄學正是作為經學、禮學的反動和對照而出現的，如果不是貴族文化的底層有著那麼強烈而堅固的經學、禮學限制，也不會刺激出那麼誇張的名士、清談、玄學風氣。

雖然沒有了帝國人才晉用上的意義，沒有了太學，經學卻並未真正荒廢，而是改變了功能，同時改變了性格。經學，尤其是其中涉及「禮」的部分，成為亂世之中世家大族維繫內部秩序的根底。講究經學，尤其是高度講究「禮」，才能夠維繫世家大族的團結，樹立他們內在的規矩，使之不至於解體。

放浪形骸的名士只是極少數人，正因為是少數，所以突出。更重要的，這些名士其實個個都是貴族出身，都有世家身分，他們受過「名教」的強烈拘執，才用那麼激烈的方式表達反抗。

名士以生活顯現自由、以言論突出玄學的同時，絕大部分的人都還是「禮教中人」，經學的傳統仍然在世家大族內部延續著。這個時代出現了幾部突破性的經書注釋，像是何晏注的《論語》、王弼注的《周易》，都是經學史上的重要著作，一路流傳至今。也是在這個時代，出現了後來困擾中國經學研究一千多年的文本《古文尚書》，直到清朝，靠著閻若璩的詳密考據，才證實是由東晉時的梅賾偽造的。梅賾能夠偽造出欺瞞後人上千年的文本，正顯示出那個時代在經學知識上的深厚根基。

也是在這個時代，有了深深影響唐代乃至宋代的王肅《毛詩注》，這部書訂定了一種看待、解釋《詩經》的方式。而這些都還不是魏晉經學的核心，在普遍性及重要性上，還不足以和「三禮」的研究相提並論。

如果沒有「三禮」中的《周禮》，沒有對《周禮》的認識與研究，就不會有後來北朝制度的建立。北方世族以他們維繫的經學知識與外來的「蠻族」勢力合作，創建出北朝的制度，進一步奠定了後來隋唐的基礎。北朝而非南朝的政治制度，是隋唐所繼承、發展的。

從這個角度看，隋唐新帝國在制度上依賴的便是南北朝時北方世族的禮學，尤其是對於《周禮》的研究。除了《周禮》之外，《儀禮》、《禮記》也都很重要。《儀禮．喪服》在這個時代格外受到重視。《隋書．經籍志》中登錄的和《儀禮．喪服》有關的著述就有七十一種。

喪禮、喪服最是講究親屬關係，用明確、固定的儀式與服裝，嚴格標示出宗族架構下人與人之間的親疏遠近關係。喪禮有個不變的中心，那就是死者，所有其他人必須依照和死者的關係來安排，穿適當的衣服，表現規定的行為。而且喪禮是一整套的，將所有人都包納在其中，也就是讓每個人都以死者為中心而有一定的位置。

北朝世族門第格外強調宗族內部的秩序，這種規範絕對不能打折扣、更不能出錯，那是他們最為根深柢固的意識形態，是他們建構世界觀的核心，也是他們獲得集體安全感的依據。在這樣的情況下，喪禮、喪服也就區分得愈來愈細，要將所有的親疏等差都顯現出來，而每一次進行喪禮，也就加強了一次這套等差秩序的規範力量。

親族關係會隨著世代而改變，若要保持嚴格的親族秩序，就有賴於固定、明確的譜系記錄。家譜、祖譜在這個時代取得長足發展當然不是偶然。從家譜、祖譜向外擴延，就產生了相關的潮流——私家著史。

能夠查得到的私家著史，其中後漢史有十三種、三國史有十五種，兩晉歷史則有二十多種。有意思的是，這些著作都不是官方主導的，但大多有意識地沿用了《漢書》的體例與精神。《漢書》是官書，是公家著史的原型，私人著史卻模仿《漢書》，顯現出過去的朝廷體制，到這時不可能再期待由朝廷來運作，其功能必須改由世族來承擔。這些有資源、有能力修史著史的人，當然都來自世族門第。

08 表現身分區分的貴族文化與五石散

魏晉南北朝是這樣的貴族社會，自然有著貴族社會相應的特殊需求。其中一項是表現身分區分的需求。喪服之所以格外重要，部分原因也在於藉由喪服衣著，人與人之間的身分等差明白地表現於外，不會混淆、也不必猜測。一眼看過去，就知道誰的身分比誰高，誰和誰的關係屬於哪個範疇。

愈是擁有較高地位的人，愈是有著將自己和別人區分開來的衝動。不表現出這種差距，豈不白費了自己的身分地位，無法換來身分較低之人的尊敬嗎？所以貴族社會必定發展出誇張、複雜的服飾風格，實際上等於將身分的等級差別穿在身上，避免外人混淆。

十八世紀歐洲的宮廷文化中，男男女女都要化妝，男人要戴假髮，女人要穿上誇張又不方便的蓬裙，這就是典型貴族社會的表徵。中國魏晉南北朝的貴族也發展出類似的風格。

這個時代的貴族生活中，有一項外表的變化和道教的發展有著微妙的關聯。早在漢末，隨著帝國中央瓦解而興盛的道教，產生了不同的支脈，其中一支是「符籙派」，另外一支是「金丹派」。

「符籙派」直接從漢代的感應信仰中脫化出來，其功能在於控制感應、改變感應的結果。有符、有籙，還有各種作法門道，旨在介入自然五行的運作，號稱能夠幫人家「改運」、趨吉避凶。「金丹派」則是來自求仙、求長生不死的信仰傳統，試圖煉出金丹，人吃下去就可以不死、可以成仙。

魏晉之後，符籙派繼續存留在社會底層，相對地，金丹派則進入門第貴族的生活中，產生了很大的影響。影響最大的反而不是長生不死藥，畢竟這種藥很難成功見效，信了、吃了的人還不是都死了？能夠立即見效的，是一種求仙的丹藥，叫做「五石散」。

吃了五石散，能夠在很短時間內改變一個人的外表，讓他的皮膚變得細膩白淨，而且白裡透紅，漂亮極了。於是當時的人便相信，服用五石散可以讓人脫離原來的世俗狀態，愈來愈趨近於「仙」。「仙」長得和人不一樣，五石散的作用正好符合當時的人對於「仙」的想像。

會產生這種神奇的作用，主要靠的是五石散中所含汞的成分。汞元素有毒性，所以五石散其實是毒藥，皮膚的變化是身體中毒的一種表徵。但當時的貴族對如此漂亮的皮膚趨之若鶩，因為貴族社會有高度的表演需求，極度講究在外表上和地位不夠高的人區分開來。吃得起五石散，弄出吹彈可破的不一樣的皮膚，正符合這項貴族條件。

魯迅的名文〈魏晉風度及文章與藥及酒之關係〉中寫得很精彩：

> 「五石散」是一種毒藥，是何晏吃開頭的。漢時，大家還不敢吃，何晏或者將藥方略加改變，便吃開頭了。五石散的基本，大概是五樣藥：石鐘乳，石硫黃，白石英，紫石英，赤石脂；另外怕還配點別樣的藥。但現在也不必細細研究它，我想各位都是不想吃它的。
>
> 從書上看起來，這種藥是很好的，人吃了能轉弱為強。因此之故，何晏有錢，他吃起來了；大家也跟著吃。那時五石散的流毒就同清末的鴉片的流毒差不多，看吃藥與否以分闊氣與否的。現在由隋巢元方做的《諸病源候論》的裡面可以看到一些。據此書，可知吃這藥是非常麻煩的，窮人不能吃，假使吃了之後，一不小心，就會毒死。先吃下去的時候，倒不怎樣的，後來藥的效驗既顯，名曰「散發」。倘若沒有「散發」，就有弊而無利。因此吃了之後

不能休息，非走路不可，因走路才能「散發」，所以走路名曰「行散」。比方我們看六朝人的詩，有云：「至城東行散」，就是此意。後來做詩的人不知其故，以為「行散」即步行之意，所以不服藥也以「行散」二字入詩，這是很笑話的。

走了之後，全身發燒，發燒之後又發冷。普通發冷宜多穿衣，吃熱的東西。但吃藥後的發冷剛剛要相反：衣少，冷食，以冷水澆身。倘穿衣多而食熱物，那就非死不可。因此五石散一名寒食散。只有一樣不必冷吃的，就是酒。

吃了散之後，衣服要脫掉，用冷水澆身；吃冷東西；飲熱酒。這樣看起來，五石散吃的人多，穿厚衣的人就少；比方在廣東提倡，一年以後，穿西裝的人就沒有了。因為皮肉發燒之故，不能穿窄衣。為預防皮膚被衣服擦傷，就非穿寬大的衣服不可。現在有許多人以為晉人輕裘緩帶，寬衣，在當時是人們高逸的表現，其實不知他們是吃藥的緣故。一班名人都吃藥，穿的衣都寬大，於是不吃藥的也跟著名人，把衣服寬大起來了！

還有，吃藥之後，因皮膚易於磨破，穿鞋也不方便，故不穿鞋襪而穿屐。所以我們看晉人的畫像或那時的文章，見他衣服寬大，不鞋而屐，以為他一定是很舒服，很飄逸的了，其實他心裡都是很苦的。

更因皮膚易破，不能穿新的而宜於穿舊的，衣服便不能常洗。因不洗，便多虱。所以在文章上，虱子的地位很高，「捫虱而談」，當時竟傳為美事。……

化學家劉廣定受到魯迅這篇文章的啟發，整理了魏晉南北朝的史料，憑藉他的化學專業知識，得出了一個長期被忽視的結論——這段時期的皇帝可能有半數都是慢性中毒而死的。服用五石散的習慣，還形成了政治上的不穩定變數。

09「清談」談什麼？從才性到名教自然

魏晉「清談」發展到後來，愈來愈像是表演，不只講究談的內容、談的形式，甚至也要講究談的道具和場景。

今天若要拍以魏晉南北朝為背景的電影，一定少不掉的道具是「麈尾」，在竹條或木條的一端綁上一串馬尾毛，可以拿在手上揮來揮去。後世的戲劇中，演到和道家、神仙有關的劇情，總要讓角色手裡拿一根麈尾，這種聯想就是源自魏晉的清談。

為什麼要有麈尾？很簡單，講談中一定會使用手勢加強效果，到後來光憑兩隻手做出的手勢不夠用了，那就再加上麈尾助談，也就是增加談話內容的表演戲劇性。

清談的戲劇性提高了，現實性也就隨之不斷降低。清談剛開始所談的主題之一是「才性」，明顯是延續「清議」而來的，關心人們究竟如何辨識與理解人才。人有怎樣的天性，會產生什麼樣的能力？不同的天性反映在才能上時，會帶來什麼樣的優缺點？這樣的優缺點適合做什麼事，不適合做什麼事？這也就是劉劭的《人物志》裡關注的焦點及論述的方式，有其在亂世中任用人才的現實需求。

這樣的話題到後來愈來愈抽象，也就愈來愈遠離現實。清談的焦點不再是如何辨識人才、如何用人，而是「才」和「性」兩者之間的關係，也就是討論一個人的天分和他的能力，到底是同一回事還是兩回事。

不只議題是抽象的，甚至還有了各自明確的立場，大致分成四種：才性同、才性異、才性離、才性合。第一種認為，能力和天分是一樣的，一個人表現在外的能力，同時就代表他內在的天分。第二種認為，能力歸能力、天分歸天分，一者後天一者先天，是兩種不同的東西。第三種認為，能力和天分是分別的兩種概念，是我們看人的兩種不同角度。第四種認為，天分和能力雖然是兩種東西，但它們緊密結合在一起，無法分開。

清談進行的時候，與談者要選擇自己的立場，然後搖著麈尾，或優雅或雄辯地說出自己的理由，之後再和不同立場的人互相詰難問答。清談變成了辯論比賽，在一定的規則下進行。那是一個表演舞臺，看誰能在規則中表演得最好，遠比談出什麼有智慧、有啟發的言論重要。

因而，清談的主題也就出現了一波波的流行。「才性」這個主題流行了好一陣子，之後談太多也談不下去了，於是轉而流行談「自然與名教」。談這個題目毋寧是理所當然的。「名教」是實質上維繫當時集體秩序的主要力量，這些人都活在「名教」的規範裡。然而亂世造成的秩序瓦解，又必然帶來一種反人為秩序、不相信人為秩序的悲觀看法，於是對立地抬高「自然」，提出以追求「自然」為時代出路的主張。「名教」與「自然」之間有緊張、衝突的張力，二者又都是廣泛的大題目，很適合作為辯論的主題。

討論「名教」與「自然」還有一項社會功能，就是合理化「名教」背後的貴族階級安排。有人就主張「名教即自然」。為什麼有貴族階級，為什麼有人高高在上，而其他人相較身分低下？那就是「自然」，至少是「自然」秩序的一部分。在清談中，名士就以具備高度表演性質的方式，談論並凸顯各自的價值觀。

清談的表演戲劇性，從有限的談論形式，又擴展到生活中的其他面向。因而不只出現了說話時「語不驚人死不休」的風格，還有人將自己的生活也刻意活得和別人不一樣，刻意追求驚世駭俗的風格。這些名士主張：「名教」是「反自然」的，而「自然」應該高於「名教」，那就應該依照「自然」，過一種「反名教」的生活。

強調「自然」、「反名教」，他們一方面從《周易》、《莊子》、《老子》書中汲取關於「自然」的種種觀念與說法，後來又添入外來的佛教教理；另一方面則追求在生活上也要戲劇性地「反名教」，要外顯地表演出來。這派名士中最有名的，前有「八達」[15]，後有「七賢」，「七賢」的名聲比「八達」更響亮。後世講魏晉歷史，就一定要提到「竹林七賢」，他們成了那個時代的代表性人物。

10 個人個性的空前展現與藝術追求

「竹林七賢」中的個別人物，如阮籍、嵇康，在思想與文學方面有很不一樣的成就，需要另外仔細探索。不過就整體來看，「竹林七賢」是和當時貴族社會中巨大的表演需求相應和的。其中存在著那個時代看似矛盾卻實質互補的歷史現象——在嚴格的宗族秩序與名教規範之上，生出了一種反動的、表演性的個人主義的自由追求。

在門第裡，每個人隨時都被牢牢綁在宗族身分上，必須依照名教的規範來行為，然而藉以顯示宗族身分的行為，卻同時帶著濃厚的表演性，於是發展出一種生活中高度的表演自覺。他們日常生活的一項重點就是凸顯差異，刻意將等級差異表演出來。包括喪禮、喪服在內的種種禮儀，也都是在表現差異，作用在於讓人不能忽略差異，每個人必須依照各自的身分活著。

因而這種貴族文化，一方面是集體性的，另一方面卻又不斷提醒個人在集體秩序中的差別身

15 也稱江左八達，見《晉書．光逸傳》：「（光逸）屬輔之（胡毋輔之）與謝鯤、阮放、畢卓、羊曼、桓彝、阮孚散髮裸裎，閉室酣飲已累日。……遂與飲，不舍晝夜。時人謂之八達。」

分，由此喚醒了個人意識，尤其是鼓勵了個人表演。個人與個性，在這套貴族文化中得到空前的展現。

這方面，曹丕的《典論．論文》最足以代表文學價值觀的轉變。這個時代的文學信念，首先相信個性和文章是分不開的，什麼樣的人就會寫出什麼樣的文章，這勉強不來，也騙不了人。其次，讀文章時我們不能不注意到文章背後的那個人，他是什麼樣的個性，他的個性使得他擅長寫怎樣的文體，相對不適合寫怎樣的文體。正因為人有個性、有差別，所以不會有那種跨越文體的全才，不同的文體對於人的個性需求是彼此衝突的，會寫這種文體的人，幾乎必然在個性上就不適合寫另一種文體。

當然，對於個性的討論僅限於貴族階級，會寫文章的這些人可以有個性，應該好好辨識他們的個性。至於不識字、不屬於貴族階級的人，不在討論範圍內，沒有什麼個性不個性的問題。討論個性時，不言而喻的前提就是，切分開了有個性的少數貴族，與無個性、無個別面貌的非貴族大眾。這種區分帶著強烈的歧視，個人、個性只屬於貴族，是貴族文化的一部分。

於是在貴族的小圈子裡，培養出強烈的藝術化傾向。他們有資源、有餘裕，在生活中不只追求奢侈華美，還能追求精緻雕琢。同時，要表現個人、個性，除了少數人以衝撞名教的方式過著放縱的生活外，對大部分貴族而言，比較安全也比較容易的選擇，畢竟是往精緻藝術方面去表現。而且，貴族們還不能不表現。要是找不到能夠表演自我、凸顯個性的方法，在這個貴族社會中，就不會有合理的存在地位。

這樣的環境條件，說明了為什麼魏晉南北朝會出現那麼精彩的藝術表現。貴族社會的藝術化傾向，容許並鼓勵了對於精緻的追求。

這樣的傾向也反映在思想上，玄學、玄理愈說愈玄，一層層向內探索，形成了中國抽象思維的一個高峰。在文學上，講究文字與文字之間的關係，進而講究聲音與聲音之間的關係。這個時期受到外來語言的影響，中國的聲韻之學有著大幅跳躍式的發展，加上精美化的藝術性追求，因而產生了「駢文」。讓聲音、文字安排上的巧妙秩序，優先於經驗與想法的表達，這是駢文創作的前提。

隋唐之後，貴族社會與貴族文化逐步瓦解；到了近世以降，甚至連這段時期的貴族文化背景都被遺忘了。連帶地，這段時期產生的這種藝術追求的動力，尤其是對個人與個性的強調，也經常受到忽略。近世帝國重視的集體性壓過了個人與個性，以至於後世的人若想要對抗集體抹煞個性的文化價值時，幾乎都回到魏晉南北朝的文獻中尋找力量，也幾乎都提倡、愛好魏晉南北朝的思想與文學。

也就是說，在帝國不斷取消個性的變化發展中，魏晉南北朝的文化為後世中國人難得保存了一個展示個人與個性的窗口，不時繼續透進光來。

11 佛教：貫通上下的特殊力量

這樣一個高度層級化的貴族社會，有著種種維持層級結構的方式，而隨著時間推移，上下之間的差距愈來愈大，也就愈來愈隔絕。在這種情況下，只有一個特殊的力量能夠貫通上下，那就是外來的佛教。

佛教在魏晉南北朝發達的另一層意義，在於保留了社會階層能夠上下貫通的一個管道。佛教能發揮這樣的作用，和它的非本土性有著密切關聯。非本土，使得佛教沒有固定、必然的社會位置，反而有較大的游離空間。翻譯過來的外來內容，更使得佛法具備高度曖昧性，有更大的解釋空間。

佛教一方面有抽象、高深的教理，比如說空、說因緣、說因明等等，需要較高的智識能力才能理解，形成了貴族社會所需的門檻，適合拿來當作「清談」的題目。但另一方面，佛教又有純粹信仰層次的內容，比如相信輪迴，教人如何追求解脫，確認「苦」是有道理、是可以解釋的等等，這就給了活在紛擾亂世裡的人很大的紓解與安慰。

上層的人能夠以佛教教理來炫耀學問，下層的人能夠皈依以求得心安，兩種不同的途徑，卻都屬於佛教系統。自東晉以降，佛教就開始在中國建立自己的組織，擺放進原有的社會結構中。

中古六朝的寺院組織和貴族門第一樣，擁有龐大的莊園，在經濟上能夠自給自足，取得和帝王、貴族平起平坐的地位。許多在社會上流離失所或在其他地方得不到發展的人，就進入寺院。佛教的興盛，在一定程度上緩和了當時貴族社會的僵化趨勢，為社會創造、留住一點平行及垂直流動的機會。

這裡存在著中國後來從魏晉南北朝的貴族社會走出來的關鍵。沒有佛教的作用，我們很難想像此後在隋唐帝國出現的、逐漸打破嚴格社會層級的變化要如何產生。

佛教不是憑空在中國獲得如此重要地位的，從印度的佛教到中國的佛教，是一條漫長的歷史演變道路。

第十講

原始佛教與早期格義

01 中國統合秩序的斷裂式打擊

中國文明始於新石器時代的多元起源，後來逐漸出現了一些聚攏統合的力量，最主要的就是部落聯盟。在東邊有商、中間有夏、西邊有周，等到周人向東方發展，帶來了空前的組織化影響。經過漫長卻極有效率的歷史演變，周人成功地以封建制度統合整個地區，還不斷向外擴張。

後來我們所認知的中國文化，就是在這個基礎上建立起來的。從周到秦，政治組織又發生了一番大變化，即從封建變成帝國。然而這塊地區統合性的文化已經形成，有其內在的獨特性與凝聚力。秦來自西陲，先在周代的封建體系中經過長時期的涵化，才開始帶著異質的成分向東發展，在結束戰國的混亂後，以中央集權的帝國體制取而代之，但秦的影響不至於動搖中國核心地區的文化統合。

這樣的情況，到漢末完全改變了。一大批游牧民族，在和中原地區只有短暫接觸的情況下，從北方湧了進來。這是一項前所未見的變數。不只如此，另有一股外來勢力從西邊過來，不是大量人群的遷徙、入侵，而是思想，那就是經中亞轉手進入中國的佛教。

佛教後來在中國建立了一個龐大的系統，生根留了下來。也因此，我們很容易忽視佛教初來乍到時所帶來的強烈衝擊。魏晉南北朝時，佛教的異質成分，以及帶來的破壞性衝擊，不亞於政治、軍事上的「五胡亂華」，它們都是對周代以降就存在的中國統合秩序的斷裂式打擊。

02 漢傳佛教的關鍵角色：貴霜王朝

佛教最早進入中國，主要是從西域的大月氏傳過來的。大月氏原先的地理位置在河西走廊至天山一帶，因為匈奴人和烏孫人的接連追擊，大月氏被迫放棄原有的根據地，往西遷移。西元前一三〇年左右，大月氏遷到中亞的阿姆河流域，後來又征服了大夏國。為了適應新的地理條件，他們逐漸從游牧轉為半農耕，既具備了農業生產優勢，又保留著游牧民族的高度機動性。到西元五〇年左右，統一的貴霜王朝出現了，其勢力版圖不斷擴張，西元二世紀為其鼎盛期。

對於曾短暫存在、後來消失了的王朝，我們傾向於遺忘、忽視其範圍與影響。貴霜王朝的疆域很廣，東至恆河流域中游，西達裡海地區，幾乎全中亞都在這個王朝的統領範圍內。如果沒有這樣一個連結印度半島和中亞的貴霜王朝，印度文化很難碰觸到中國。

但是進入中國的印度文化，首先經過了大月氏人的選擇，並不是所有的印度文化元素都傳過來，甚至傳過來的不見得是印度文化中最主流的部分。貴霜王朝的興盛時期，與佛教在印度半島北部流行的時間大致重疊，因而大月氏人所接收的印度文化，不是在印度更為普遍的婆羅門教信仰，而是佛教。

印度佛教起源於西元前六世紀，而到了十三世紀德里蘇丹國占據印度北部時，佛教在印度幾乎消失了，不再具備實質的影響力。但奇特的是，這近兩千年間，佛教不斷向外傳播，具備了高度的擴張性。當佛教在印度本土式微時，印度以外的很多地方都產生了基礎穩固的佛教勢力。

佛教外展的關鍵時期，是孔雀王朝（約西元前三二四年—前一八五年）的阿育王在位時。阿育王統領的孔雀王朝是佛教與政治力量結合得最緊密的一段時間。阿育王將佛教定為國教，於是佛教便隨著孔雀王朝的國勢向外強力傳送。其中一支向南傳，從印度傳到斯里蘭卡，再以斯里蘭卡為據點傳到東南亞。

另一支北傳的就進入中亞，接觸到當時中亞最大的政治勢力——大月氏的貴霜王朝，再由大月氏進一步將佛教向東傳。大月氏興盛時，積極和中國地區往來，發展出很成熟的交通條件，讓商人、僧侶得以方便進入中國。

傳到中亞的佛教，成為印度佛教和漢傳佛教、藏傳佛教之間的橋梁。藏傳佛教基本上有兩個來源，一部分是從中亞傳過去的，另一部分是後來經由中國漢傳佛教進入西藏的。漢傳佛教後來繼續往東傳，發展出了日本的佛教——和傳佛教。這是佛教傳播的大致情況。

03 大乘？小乘？中國為何以大乘為主流？

要了解西元以後的亞洲歷史，非得了解佛教不可，佛教在亞洲的勢力與影響實在太大了。但有兩項因素構成我們理解佛教的障礙。第一，佛教的體系龐雜，各分支之間不管是教理或組織或宗教儀式，都有很大的差異。雖然都叫「佛教」，卻存在著截然無法統合的差異。而且在佛教發展的漫長歷史中，不曾存在過中心組織，沒有像基督教的羅馬教廷、拜占庭的東正教中心，能夠積極統合各種地方差異。

第二，佛教不只是歷史，而是一個至今仍然極其活躍的宗教。在現實中有很多佛教信徒、很多習佛者，他們所知道、所認定的佛教，和歷史上的佛教內容往往有很大的差異。從歷史角度研究「佛教」，現實中的理解與想像經常會扭曲歷史的事實。

因而，要回溯佛教究竟是什麼，然後追查佛教進入中國後所經歷的變化，恐怕需要將原本既有的印象先放在一邊。你所知道、所認定的佛法，很可能和原始佛教的主張已經有著很大差距、甚至矛盾之處。

我學習過佛教，卻從來不曾「習佛」，也就是說，我一直將佛教教理視為知識來吸收、做分析，而不是將它當作指導生活的信仰。過去學習佛教的背景對我產生了奇特的影響，我比較熟悉古老的、原始的、剛傳入中國的早期佛教，相對地，對後來輝煌發展的中國佛教教派，例如華嚴、天台、禪宗等等，愈是高度中國化的，我愈是沒有把握自己理解得夠深刻、夠明確。

原始佛教及其早期格義，當下佛教界很少人關注的內容，是我的研究領域。我的佛教啟蒙是在美國念研究所時期，跟隨一位日本教授學的。這位日本老師是我見過在佛教哲學領域方面最博學的人，他精通古巴利文、梵文和藏文，當然也懂日文和中文，所以能夠從根本佛教、原始佛教一路講到漢傳佛教、藏傳佛教、和傳佛教，清楚說明其間的流變來歷，以及各家各派的差異。

我會選擇學習佛教，是出於研究中國思想史、尤其是魏晉思想史的需要。所以我的日本老師就讓我先專注從根本佛教和原始佛教學起，我甚至學了一點古巴利文和梵文，花了五年時間打下了一點基礎。

以根本佛教、原始佛教為基礎，我看待中國佛教時會有不太一樣的態度。例如過去談佛教，人們習慣一定要分別「大乘」（Mahayana）和「小乘」（Hinayana），並且理所當然認定「大乘」一定比「小乘」好、比「小乘」高明。我的日本老師講授佛教，幾乎從來不用 Hinayana 這個字。這個字是從「大乘」（即「大眾部」）本位出發，貶抑地給予敵對派別的偏見名稱。而那個派別自稱為 Theravada，即「上座部」。「上座部」來自原始佛教的發展，他們有其教理上的成就與堅持，不能簡單視之為低於「大乘」的「小乘」。

佛教南傳到東南亞，傳去的主要就是「上座部」的教理，而傳到中國的則以「大乘」為主流。對於這樣的分野，過去的說法似乎認為，佛教早在印度便有「小乘」和「大乘」之分，兩派傳入中國後，中國人很聰明地就選擇教理比較高深的「大乘」。這樣的看法忽略了佛教傳入中國過程中的種種變數，尤其是西域諸國如大月氏所扮演的關鍵角色。

在中國，之所以「大乘」大行，一部分原因是西域的大月氏人已經先進行了一次選擇，轉手傳入時，中國只能得到西域諸國偏好的部分佛教教理，從來不曾全面吸收後再進行選擇。正因為有這樣的周折限制，到了唐代，才會有玄奘法師要到佛教的始源地印度取經的強烈動機，為的就是跳過西域，直接面對原汁原味的印度佛教。

轉經西域的路徑，再加上佛教傳入中國的特殊時間，使得「大乘」在中國成為佛教正統。但這並不表示中國社會、中國文化必然傾向於「大乘」。如果換一個不同的歷史條件與歷史時期，佛教進入中國產生的影響當然也會不一樣。

04 婆羅門的墮落，耆那的因果與苦修

理解佛教最好的方式就是回到最根源的地方，弄清楚佛教原來的樣貌。印度佛教的起源，一部分來自婆羅門教的變化。早在西元前十世紀左右，婆羅門教已經建立起自己的傳統。婆羅門教

有四部《吠陀經》，作為其核心教義的經典。

古老的婆羅門教和古希臘的原始思想有類似、相通之處。他們也是假設有一個天上諸神居住的特殊領域，而諸神擁有操控、決定人的悲喜遭遇的能力。《吠陀經》的來源，據說是有人偷聽到天上諸神的啟示，偷偷傳達給人間，因而《吠陀經》的第一義就叫做「吠陀天啟」。《吠陀經》在人間的作用，就是教人如何理解天上諸神，找到對的方式討好、影響天上諸神。

因而，婆羅門教的另一個重要觀念是「儀式中心」。婆羅門教有很多儀式，咸信是有助於改善人和天上諸神關係的。這些儀式源自《吠陀經》，延續著《吠陀經》中教導人如何避免惹諸神生氣、保持與諸神良好關係的用意。

諸神中最大的就叫「天神」。由天神嘴巴中呵氣而成的人，就是人之中等級最高的「婆羅門」。只有他們真正是天神所生的，於是擁有了特權地位，只能由他們掌管儀式。西元前十世紀左右，隨著婆羅門教的形成，同時有了印度的「種姓制度」，從此印度成為一個階級森嚴的「種姓社會」。

印度種姓制度主要將人分為四個階級——婆羅門、剎帝利、吠舍、首陀羅，他們在社會上是有上下分工的，分別是祭師階級、王公階級、平民階級，還有奴隸階級。最重要的，種姓之間是不能交流、混和的，必須保持嚴格的區分。

婆羅門教與種姓制度發展了幾百年，到佛祖釋迦摩尼誕生時，印度的社會組織產生了嚴重的問題，那就是婆羅門階級和剎帝利階級之間的關係日益緊張。一邊擁有的是宗教的神聖權力，另一邊擁有的則是統治的世俗權力，而且兩者又保持隔絕、不能混和。雖說在名義上，婆羅門的地位高於剎帝利，然而控制在剎帝利手上的權力更現實、更具體，兩者之間很難不互相侵犯。婆羅門地位最高，但他們的權力是向上的，也就是服務天上諸神的。他們可以聚攏財富和特權，但無法直接統治吠舍和首陀羅階級，遇到世俗事務時，他們不得不依賴剎帝利。剎帝利擁有絕大部分的世俗權力，但在相當程度上仍然必須依賴婆羅門，因為諸神的終極真理是透過婆羅門轉達的。

到釋迦摩尼出生時，婆羅門階級在長期享有特權的情況下嚴重墮落，過著極度奢華縱欲的生活。一個代表天神的階級，在世間卻如此縱欲享樂，感覺上和超越的神聖性沒有一點關係，總是不太對吧？

於是婆羅門內部發生了爭議與分裂，後來陸續分化為六個不同的門派，它們對神與人的關係，以及對婆羅門階級的自我認知，產生了不一樣的主張。這六個門派分別是：數論、勝論、正理論、吠檀多、彌曼差和瑜伽。

另外一個相關聯的變化，是剎帝利階級中有人開始試圖突破婆羅門階級的壟斷解釋權，開始在婆羅門的權威之外思考：人生是什麼、宇宙是什麼，什麼又是最後的真理？於是產生了另外兩個「非正統」的派別，因為他們不在婆羅門階級中，所以說是「非正統」。這兩個派別，一個是「耆那」，另一個是 Carvaka，一般譯作「唯物論者」。

耆那和唯物論者所提出的主張，明顯都是針對既有的婆羅門正統而來，因而我們可以藉由他們的主張，反推並了解那個時代婆羅門階級所提供的思想出了什麼問題。耆那的特色在於強調因果，人的行為一定有因有果，所以最重要的就是消除惡果。惡果有其因，惡行帶來惡果，要消除惡行帶來的惡果，那就必須透過苦行。苦行是善因，能夠帶來善果，還能解消過去惡因所積累的惡果。

他們主張並實踐極端的苦行。耆那中有一派叫「白衣派」，另一派叫「裸衣派」，意味著連衣服都不穿，忍耐極度的貧窮和因為貧窮、貧乏所帶來的種種痛苦。忍耐貧乏、痛苦能夠帶來善。這樣的信念，凸顯了他們對於當時婆羅門階級奢華生活的不滿，將婆羅門視為惡。

耆那是明顯的苦行苦修派，相對地，唯物論者有時就被對比當作縱欲派。但這樣的形象模糊了重點。唯物論者仍然是針對婆羅門現況而發的，他們特別強調「自然律」，也就是在因果的思考上，比耆那更徹底、更講究。耆那講的因果集中在人的行為上，惡行帶來惡果是根本；但唯物論者不認為人的行為是最重要的，甚至不認為人的行為可以決定因果、改變因果。

唯物論者看重的是自然物理的變化，那樣的變化不會隨著人的意志、人的行為而移轉。這種思想有著高度的宿命、頹廢色彩。後世之所以會將唯物論者視為縱欲者，實際上是因為他們主張，人不管做什麼事，都不會影響、改變自然和物理的運轉，那麼人要做什麼事情都可以，都沒有關係。

唯物論者會有這種極端的想法，其實還是針對婆羅門階級的墮落而來。為什麼天神的後裔在我們之間看起來如此敗德醜陋？為什麼他們看起來壞事做盡，卻依然享有天神的恩寵地位？為什麼他們做壞事卻不會遭受懲罰與報應？這些是當時婆羅門以外的其他人心中真實、痛苦的疑惑。唯物論者為大家提出了解釋：因為這個世界的因果與人的行為無關，人怎麼做不會帶來相應的後果。是在這個論理上，唯物論者與耆那形成了強烈的對比。唯物論者以一種犬儒、頹廢的態度，來看待、解釋婆羅門階級的糜爛和敗壞。

釋迦摩尼就是在這些思想騷動的時代誕生的。

05 悉達多的疑惑，數論派的物我平衡

釋迦摩尼本名是 Siddhartha（悉達多），姓 Gautama（喬達摩），後來人們稱他為釋迦摩尼，是源自 Sakyamuni 的音譯，意指在他的族 Sakya（釋迦族）裡產生的聖者，那是他得道之後別人給他的尊號。

悉達多是中天竺一個小國的王子，屬於剎帝利階級。他出生的國夾在兩三個大國之間，其中一個大國非常有野心，常常發動戰爭，製造了許多災禍痛苦。悉達多雖然貴為王子，但經常離開皇宮，到處看到人民所承受、忍耐的痛苦，產生了根本的疑惑：人生為什麼那麼苦？如何能夠擺

脫、離開這些苦？

二十九歲時他決心離家，不願再過王子的生活。他經歷了一段時間的浪遊，直到三十五歲才在菩提樹下得道。他的浪遊分為幾個階段，每個階段都有其意義。

離家之後，他首先遇到的是「數論派」的修行者。數論派基本上是婆羅門內部的改革者，是反對階級內部腐化的一股力量。對於世界如何構成，數論派提出了和傳統很不一樣的說法。傳統婆羅門教認為世界是由諸神創造的，也由諸神控制，卻並未解釋諸神如何創造世界。數論派提出說法，主張世界是由兩股力量構成的，其中一股力量叫 purusa，另外一股力量則是 prakriti。簡單、通俗的翻譯將這兩股力量說成「我」與「物」，世界就是由「我」和「物」互動產生的。

數論派所說的「我」，指的是欲望，也就是構成人的最主要力量；而他們所說的「物」，指的不是我們眼前看到的具體、現實的東西，而是指一種狀態，一種特殊的平衡狀態，每一樣東西都在其應有位子的狀態。比較適切的翻譯，應該是「物各付物」，即所有的「物」都處於最自然、最自在的平衡狀態中。

世界是如何產生的？依照數論派的說法，就是一個帶著欲望的自我意識，打擾了原本「物各付物」的平衡狀態，催生出不穩定，於是而有了「五大」——地、水、風、火、空，相應又有了「五支根」和「五作根」，前者是五種最主要的感官，後者是五種最主要的器官。

如此，世界產生於不安定，也破壞了原本的平衡定靜。數論派的這個說法影響了悉達多，他將世界視為痛苦的。依隨著這樣的世界觀，數論派所追求的，就是要將「我」與「物」再度分開，消除構成「我」的欲望，不要再打擾「物」的狀態。而數論派主張用來取消欲望的手段和耆那派很像，主要是透過苦行，藉由苦行消除了欲望，世界會回歸平衡、平靜。

不過，數論派作為婆羅門教的一派，和耆那派的不同之處在於保留了諸神。人的苦行，主要是彰顯給諸神看的，諸神看到人放棄了欲望，便會賜給人安靜、平衡。

悉達多和數論派的苦行者在一起一段時間，之後就離開他們。離開的主要原因，就在於他不能接受苦行的目的竟是為了討好天上諸神，他覺得一定還有更根本的道理。此外，數論派遵循原先婆羅門教的種種儀式，對儀式的看重也無法讓他信服。例如對於這些苦行者殺羊祭祀的儀式，他找不到祭祀的意義何在。

06 瑜伽的非想非非想，釋迦牟尼的苦行到中道

和數論派苦行者分道揚鑣之後，悉達多找到了瑜伽派的教師。那個時代，瑜伽派的核心概念是「禪定」。幾千年來，瑜伽都強調身體，專注於讓身體進入某種狀態，人在那樣的狀態中就可以解決很多問題。瑜伽藉禪定要進入的狀態，主要是「非想非非想」。

「非想非非想」意思是靠著身體上的動作或呼吸吐息，清空思想，進入一種像是沒有思想的狀態。但也不能真的變得腦袋空空的，那就像是東西，不再是人了。必須既非如平常在腦袋裡塞著許多想法，也不是徹底的空洞無意識，而是在「非想」與「非非想」之間。那是一個複雜、曖昧的境界，在「非想」之前，沒有想法本身也成了一個想法。

悉達多跟著瑜伽派的修行者學習這一整套禪定的方法，這些方法後來也進入佛教，成為佛教修行的一部分。然而悉達多還是不滿意，因為「非想非非想」只是一種狀態，不能真正解決他所看到的生老病死痛苦。人進入禪定，卻不可能一直停留在那樣的禪定階段中，也沒有辦法從不斷反覆的痛苦裡真正解脫出來，只是在禪定中暫時遺忘痛苦，假裝痛苦不存在。

於是他又離開了瑜伽派教師，繼續浪遊，同時親身體驗苦行，以當時流行的「日食一麻一麥」，整整過了六年。之所以進行漫長的苦行，是為了追索苦行應該有比討好天上諸神更根本的意義。六年後，他覺得自己找到了，所以停止苦行。

期間發生了一個有趣的插曲。在苦行的挨餓過程中，他曾經接受一名牧羊女給的乳糜，就是用牛奶煮的稀飯，幫助他恢復體力。然而同行的苦行者就指責他經受不住飢餓的考驗，受了誘惑，背棄了苦行的原則，因而他們離開了他。對悉達多來說，這是證道的一個關鍵，迫使他回頭理解人為什麼要苦行？苦行本身不應該是目的，而是為了教人看懂一些平常看不清的道理的手段。一旦看懂、看清了，就沒有必要繼續苦行。

脫離苦行之後，悉達多進入新的「中道」時期。不放縱卻也不刻意苦行，這叫做「中道」。

不特別用意志壓抑基本的欲望，例如吃東西的欲望，但也不追求純粹滿足欲望以上的享受。這樣的「中道」來自他六年苦行的經驗，婆羅門教中的各個不同派別，都同樣強調體驗，以自己身體上的感受為達到宗教目標的主要途徑。

從苦行到中道，悉達多開始將佛教建立在不一樣的、特別的宗教元素上。雖然保留了強烈體驗的部分，但佛教更要講究「思辨」。在菩提樹下得道之後，悉達多變成釋迦摩尼，而佛教的第一步重大發展就是「初轉法輪」——他將當時為了牧羊女給乳糜這件事而離開他的五位同修找回來，對他們說法，說服了他們。這些人成為他最早的信徒。

07 佛祖最初說法：苦集滅道和八正道

佛祖釋迦牟尼「初轉法輪」所留下來的內容，奠定了根本佛教和原始佛教的基礎。所謂「根本佛教」，指的是佛祖還活著時所傳的佛教教義；「原始佛教」則是指佛祖圓寂之後，到正式的教派劃分出現之前的階段，也就是曾經親身聽過佛祖說法的弟子，積極地整理、記錄佛祖說法內容的階段。

根本佛教和原始佛教有幾個重點。首先，佛祖反對「神創」，也就是反對是由一個更高的力量（不管有沒有意志）創造了世界、創造了人的說法。如果說是神的力量創造了世界與人，那麼作為神創世界中的一環，人就沒有了自主意志，這是佛祖「初轉法輪」時就明白反對的。佛祖也反對「神通」，就是人透過儀式與諸神溝通，這等於推翻了《吠陀經》的傳統。

「初轉法輪」時，佛祖明確地不講太深奧或最根本的道理。《中阿含經》中有鬘童子的故事，留下了「十無記」（另有一說是「十四無記」）的說法。「十無記」指的是十個是非難明的問題，由鬘童子提出來問佛祖。十個問題實際上分成四組，前面三組各有兩個問題，第四組有四個問題。

第一組問題是，這個世界是有固定規律且依照規律運行的，還是沒有？第二組問題是，這個世界是有限的，可以看到、找到其邊界，還是無限的？第三組問題是，我們的身體和我們的靈魂，到底是一還是二？身體和靈魂能夠分開嗎？或者說靈魂能夠離開身體而存在嗎？

後面四個問題則是同一個問題的四種可能答案，問的是關於生命的終結。現實生命結束了，就什麼都沒有了嗎？還是生命會繼續下去？還是生命會繼續，但不是以我們熟悉的方式繼續？還是生命既不會以我們熟悉的方式繼續，也不會以我們熟悉的方式結束？

這些問題是許多人的困惑，也是世界上之所以有宗教存在的理由。這些問題不是靠人的一般經驗和思考能夠解決的，卻又不可能就輕易放下而不被困擾。宗教，尤其是創立宗教的教主，往往就是藉由提供了關於這些問題或聰明或決斷的答案，才得到信眾的佩服和追隨。

面對這樣的提問，佛祖卻有很不一樣的回答方式，顯示了根本佛教的特殊態度。佛祖會不斷回到當時離家的初衷，那就是被人的生老病死之苦所震撼，所以要去尋求讓人解脫痛苦的方法。也就是說，真正重要的是離開痛苦，如果無助於人離開痛苦，那麼這些問題不管其他人認為有多了不起，對他而言都沒有迫切回答的必要。何不就將這些問題放著，先處理其他的。

依照後來佛教的發展，即佛祖後來的說法內容，對於像「世有常」或「世無常」這樣的問題，他當然是有想法、有答案的。但在「初轉法輪」時，他不回答鬘童子的提問，那是因為他反對空洞的、為問題而問題的態度。他回答之前，先要追究：為什麼要問這些問題，回答這些問題和消除人生痛苦有什麼關係？如果一個人弄不清楚其間的關係，那就先不要問這些複雜難解的問題，別把時間和精力耗在這上面。

因而佛祖一方面阻止鬘童子問「十無記」，另一方面舉出了「四聖諦」，給予不同方向的解答。取代那些是非難明的問題，值得人們知道的，是「苦苦」、「習苦」、「滅苦」、「滅苦道」，又稱為「苦集滅道」。這些都是和人生之苦直接相關的，是解釋並處理人之恆常痛苦的道理。

首先，「苦苦」指的是經驗人生之苦，在現實層面感受苦，承認並接受人生是苦的。然後要「習苦」或「集苦」，意味著人要了解「苦」是怎麼形成的，要明白「苦」是由諸多因緣聚集合攏而構成的。再來要「滅苦」，靠著了解這些因緣來歷，得以消除「苦」，從「苦」中解脫出來。

但這樣還不夠。還有最後一個階段，要「滅苦道」，不只從現實經驗上消除「苦」，還要徹底解決造成「苦」的原因。

人生有「四苦」、「八苦」，所以每個人隨時都在體驗「苦」。「四苦」是生、老、病、死。「八苦」則再加上「怨憎會」，老是遇到自己討厭的人或事；「愛別離」，自己喜愛的人或物或事，卻很難一直在身邊；「求不得」，我們會有欲望，想要卻得不到；最後是「五陰熾盛」。

「五陰熾盛」指的是五種黑暗力量的經常作用，分別是「色」、「受」、「想」、「行」、「識」。「色」就是我們的肉體，是構成人的物質條件。「受」是我們的情緒變化。「色」和「受」都是具體的、現實的，然而人還會被非現實的、虛空的事物侵擾，那就是「想」。例如回憶，明明已經過去、已經消失了，卻會不斷被我們召喚回來，干擾現實。我們的猜測、推斷、反思等等，都是「想」。「行」指的是我們的所作所為，包括促成行為的意志，行為之前會有的欲望、動機，以及行為之後帶來的後果。最後還有「識」，那是我們和外界交接，受到外界刺激所產生的種種影響。

「八苦」之中最苦的是「五陰熾盛」，所以佛祖用了火燒的比喻。這五種黑暗的力量，在我們生命裡像火一樣，一直在燒，燒得我們不能平靜，隨時受折磨。要「滅苦」，就必須消滅「五陰」所燒的火。

在理解「苦」時，佛祖特別強調，「樂」非但不是「苦」的對立面，反而是造成「苦」的一個原因。生命之所以苦，關鍵就在於有短暫的樂，讓人產生誤解，無法充分、真實地掌握「苦」，便連第一步的「苦苦」都跨不出去。人習慣於得到一點點稍縱即逝的快樂，這樣的「習」壓過、蒙蔽了對於「苦」的理解。

要「滅苦」，佛祖提出了「八正道」，也就是八種修行。第一種是「正見」，對這個世界要有正確的認識與理解。第二種是「正志」，要有對的決心，看到世界是痛苦的，知道快樂是虛假的，就下定決心離開虛假的快樂，追求真理。第三、第四種是「正語」和「正業」，依照正確的認識，說對的話、做對的事。第五種是「正命」，選擇自己人生的道路，出家或不出家；如果不出家，什麼是你該從事的行業，以及對待別人的方式，要選擇清楚。第六種是「正方便」（或譯作「正勤」），要找到對的方式修行，得到修行的效果。第七種是「正念」，維持純正的思維和見解，時刻消除一切妄想。最後是「正定」，不因邪念、邪說，或任何外界刺激改變原本修行所得到的。

靠著「八正道」修行，可以「滅苦」；修行到至極處，那就能「滅苦道」，徹底擺脫「苦」了。這是佛祖最初說法奠定的佛法基礎。

08 由解決痛苦衍生出的「十二因緣」

根本佛教最核心的關切是解決痛苦，所有的說法和解釋都密切扣回解決痛苦的需要。而解決痛苦的開端，是重新解釋這個世界，也就是訴諸於人的思維認識。根本佛教非常強調思維、思辨，有時甚至不太像宗教，因為它標舉的是「思」，是靠解釋、說服的，而不是「信」。佛法的開端是用想的，人如果不能正確地了解這些道理，就不可能得到解脫。

由這個核心進而衍生出「十二因緣」，又稱「十二支」。在佛祖的世界構成圖像中，最重要的就是「因緣」。他將耆那派思想發展的觀念推到極致，強調事物皆由「因緣」構成，而且「因緣」是個龐大、完整、複雜的大鎖鍊，世上沒有無果之因，也沒有無因之果。從這個原則推論：我們在人生中遇到的任何事，都是有來歷、有理由的，而且現在所做的任何事，也都在創造後果。這是人生最大的正諦，也是最需要正確把握的。

「因緣」中有「業」，就是過去的因所造成的果；還有「法」，是現在的因，其果還沒有「現」，是隱藏著的。佛法的因緣解釋極其複雜，再加上原本婆羅門教的輪迴觀，布成了天羅地網，將我們生命中的一切都納入其中。沒有任何事是偶然的，即便所種的因沒有現實之果，也會形成潛在的「法」，將來有一天會「現」。

「十二因緣」本身是一個因果連結，最先起於「無明」，意味著人對於世界、人生的看法不正確，就如同陷入黑暗中。「無明」所造之果就是「行」，這是妄動。然後由「行」而引發出「識」、「色」、「入」、「觸」、「受」，分別有「六識」、「六色」、「六入」、「六觸」、「六受」。這些源自「無明」的刺激和反應，造成了前面所說的「五陰熾盛」，使人進入不安寧、不安定的境地。

「六識」就是我們的六種感官（眼、耳、鼻、舌、身、意）；「六色」講的是外界刺激與感官之間的關係；「六入」則是感官受刺激之後產生出來的；「六觸」是因為「六入」而引起的反應；「六受」則是這些反應成為下一個行動的中間連結。

「十二因緣」中，前面的都是後面的「因」，後面的都是前面的「果」。到了「六受」，經由這些感官反應，進一步產生「愛」，也就是保惜的欲望，或者說控制與占有的欲望。有了「愛」，接著就會「取」，去追求、爭取更多，然後就要「有」，認定這些是屬於自己的，把自己的存在連結在這些事物上。

這些都是強求，當然也就都是痛苦。人要「取」、要「有」，所以就有「生」的痛苦，有「生」便必然有「老、死」，如此繞了一個因果之圈，「老、死」返回「識」，或返回「無明」與「行」。人對於「老、死」的知覺與恐懼帶來更多的盲動，甚至以錯誤的方式試圖防止、避免「老、死」。

「十二因緣」也幫我們解釋了另一層的因果，那是「惑」、「業」、「苦」。「無明」是「惑」，有「惑」因而造「業」，「業」便帶來「苦」。在當下之前，就有造成現實之「苦」的種種過去之因，產生了現在之果；現在之果又進一步刺激讓人想要去愛、去取、去擁有，那就形成了現在之因，又繼續造出未來之果。這叫做「二世一因果」。

整個「十二因緣」圖是「三世二因果」，從兩個層次完整地包納了人生中的每一項遭遇、每一種感受，讓人明白為什麼自己身上會發生這種事，從而才能探求：那又該怎麼辦？

該怎麼辦？佛祖提出的基本教導是「三法印」。「諸行無常」、「諸法無我」、「涅槃寂靜」，是之謂「三法印」，是我們一定要掌握的真理。「諸行無常」，意思是你的任何造作，無論是對事或對物，都會帶來不穩定。因為任何行為、造作都不可能是恆常的，沒有恆性、有所改變，那就都是破壞。這項主張明顯是受到數論派關於「我」與「物」互動概念的影響。

「諸法無我」，意思是所有的原理、規律都沒有本性，沒有內在真實性，不應該執著於此。執著於任何原理、規律，認定其非如此不可，那就掉入「十二因緣」中了。

因而真正能解決所有痛苦，也是人應該追求的終極目標，就是「涅槃寂靜」。但「涅槃寂靜」是怎樣的一種狀態？全部都不動，如同槁木死灰般沒有任何不安穩，就能去除所有的「苦」嗎？

應該不是。根本佛教闡釋的「涅槃寂靜」，毋寧比較接近數論派所想像的世界之初：在「我」的欲望發生干擾之前，「物各付物」，即每樣事物各居其位的狀態。

09 佛教的分裂：上座部與大眾部

上述便是根本佛教的大要，很明顯地都環繞著「苦」，並試圖找出解決「苦」的方法。解決「苦」，必須依靠正確的思辨、理解，而不是靠信仰，更不是靠儀式，這才是根本佛教的精神。

從佛祖的弟子到再傳弟子，陸續舉行了「五百集會」和「七百集會」這兩次重大的聚集。到了第三次聚集，教團就開始分裂了。主要是因為佛教從來就不是一個組織嚴密的團體，在佛祖去世後，很難一直維持不分裂的狀態。分裂之後產生的諸派別中，最主要有兩個派別，一個是「上座部」，另一個是「大眾部」。

上座部與大眾部的分裂，可以明確地追溯到一個叫「大天」的人。大天是個犯五戒甚至犯六戒的人。他父親不在家中，他和母親亂倫，父親回來後，他怕父親發現他和母親的關係，就和母親聯手殺了父親。他在家中待不下去了，就出外流亡，遇到了一位「阿羅漢」。「阿羅漢」指的是在佛教教團中修行到一定程度、有資格接受世人供養的人。這位阿羅漢向大天傳道，大天聽了不耐煩，竟然也將阿羅漢殺了。流亡一段時間後，他回到家中，發現母親和家中的一名學徒私通，於是又將母親殺了。亂倫、弒父、弒母、殺羅漢，真是壞事做絕了。

但是，他一度在僧團裡聽見誦經，聽見天聲，受到了啟悟，於是逐漸在教團中崛起，成為一個小團體的領袖。這就引發了巨大爭議：這樣的人，犯了五戒甚至六戒，冒犯過教團的人，也能進入教團，帶領信眾嗎？

大天必然是個很有領袖魅力的人，即便有那樣的過去，依然能夠號召一群人，他們因為大天而主張，即便犯了五戒，都能悔悟成為佛弟子。這些人就構成了大眾部。而教團內另外有一些長老，他們強烈反對大天，認為必須嚴格遵守教團戒律。分裂之後，他們就形成了上座部。

上座部與大眾部因為大天的爭議而分裂，許多教義、思想也隨之有了派別差異。其中最根本、最重要的，在於如何看待釋迦摩尼的身分。上座部承襲原來的記錄，將釋迦摩尼視為人；但大眾部則接受許多人的既有信仰，回到婆羅門教的傳統中，轉而將釋迦摩尼抬高為神。

另外，上座部將阿羅漢的地位看得很高，他們追隨佛祖提示的道理，經過長期修行，被認定有代表佛祖解釋真理的資格，所以該受供養。但大眾部在大幅抬高佛祖身分的同時，也大幅貶低阿羅漢的地位。

大眾部創造出圍繞著大天的新教理，那當然是佛祖所傳的教理中原本不會有的，例如所謂的「大天五事」。

大天五事說法的來歷，便是大天將自己視為阿羅漢，又提升許多人為阿羅漢，這樣的做法引來批評，有人舉出大天身上的五件事，質問他：這樣也配當阿羅漢嗎？

大天五事第一事是「余所誘」。大天平常睡覺時會夢遺，在團體生活中很容易被發現，於是便有人質疑：阿羅漢也會被女色誘惑嗎？大天的解釋是，修行可以克制內在的誘惑，阿羅漢能夠達到這點，但例如夢，這是外在不確定處所來的，阿羅漢就無能為力，要成為佛，才能抗拒這種誘惑。

第二事是「無知」。有人質問：阿羅漢有不知道、不懂的事嗎？大天認為當然有。只有佛才能掌握所有必需的知識，阿羅漢不是佛，只能掌握內在的知識，對於外在的智識，一定會有很多空缺。

第三事是「猶豫」。質疑及回答基本一樣，都是說阿羅漢不是佛，所以雖然對己身的事不會猶豫，卻不可能對外在的事物也都沒有猶豫。

第四事是「他令入」。指的是阿羅漢會不會不知道自己已經是阿羅漢，需要別人來告訴他，由外力來認定嗎？大天的答案是：是的，阿羅漢不是佛，沒有能力也沒有權力知道自己的阿羅漢身分。

最後一事是「道因聲故起」。那是來自大天睡覺時會做惡夢，會在夢中大叫，有人便質疑：阿羅漢也會做惡夢，也會被虛幻的疑惑刺激而產生不自主的行為嗎？大天的解釋是：會的，這就是阿羅漢的限制。

從大天五事可以清楚看出，在大眾部中，阿羅漢的地位和佛的地位被拉開來，不再是程度上的差異，而是層次上的差異了。而且要成為阿羅漢的標準降低了，更多的人可以在教團裡升為阿羅漢。

10 理解原始佛教，擺脫中國大乘佛教本位偏見

後來在中國流行的「大乘」，追根溯源，便是從大眾部，尤其是大眾部和上座部的分裂區隔中產生的。「大乘」同樣神化佛祖的身分，佛祖不再是一位歷史人物。而且在阿羅漢之上又多加了「菩薩」，菩薩介於阿羅漢和佛之間；甚至進一步將上座部所追求的修行目的，矮化為只是為了成為阿羅漢。於是在中國出現了「自了漢」[16]的說法。

「大乘」重「菩薩道」，意味著不只要解決自身的痛苦，還要幫助別人解決痛苦。在價值上，自己得道而從痛苦中解脫，低於幫助別人解脫痛苦。這是大乘佛教中特有的菩薩道。世人不離地獄，我誓不離地獄，是菩薩發願的關鍵內容。在這裡，大乘佛教區分了根本佛教、原始佛教中沒有的信眾階層，其中有救人者與被救者，而不再只是得解脫者與未解脫者之間的差異而已。甚至原本地位崇高的得解脫者，在大乘佛教中也被降級了，地位低於救人者。

大乘佛教因而「重救渡」，強調救人的高貴性質，相對地則「輕戒律」。因為救人要有各種方法、用各種工具，依照被救者的程度善加運用。於是大乘佛教在戒律的強調上，便沒有上座部那麼嚴格。

相較於上座部，大乘佛教有著強烈的人間性，因而在家居士的重要性被抬高了。上座部中，

出家才是修行的正道，比丘、比丘尼受到尊崇。相對地，大乘佛教中有《維摩詰經》這樣的經典，彰顯的是在家居士維摩詰的智慧與能力。因為「重救渡」，留在俗世人間的在家居士，比起和俗世隔離的比丘、比丘尼更有機會，也更能有成就。

大乘佛教直接主張，我們所體驗的世界是空幻的。這也不是根本佛教中佛祖的主張。萬事萬物皆由因緣而成，和萬事萬物皆虛空，這是兩回事。在大乘佛教中，尤其在龍樹的《中觀》思想裡，才將所有因緣所據者論述為空。中國最為流行的佛教經典如《心經》、《金剛經》，都來自如此主張「空」的路數。

做上述比較是為了提醒：理解佛教傳統，聯繫到中國佛教的興起，不能太過中國本位立場。要主張中國佛教的特質，畢竟還是得先弄清楚佛教原本的樣貌，才能藉由比對，找出合乎史實的說法。很多凸顯中國佛教獨特性的說法，往往言過其實，也低估了從印度佛教傳過來的內容。

另外也要提醒：因中國本位而產生的偏見，認定「大乘」高於「小乘」，因而中國佛教就高於南傳佛教，也經常過於誇大其辭。「大乘」和「上座部」有明顯的區別，卻不見得可以分出高下。上座部佛理有其自身價值，不應該被以「小乘」稱呼任意一筆帶過。

16 自了漢，意指只顧自己、無利他之念的人。《景德傳燈錄》曾提及：「洪州黃蘗希運禪師……後游天台逢一僧。與之言笑，如舊相識。熟視之，目光射人乃偕行。屬澗水暴漲，乃捐笠植杖而止。其僧率師同渡。師曰：『兄要渡自渡。』彼即褰衣躡波，若履平地。回顧云：『渡來渡來。』師曰：『咄，這自了漢！吾早知，當斲汝脛。』」

漢傳佛教和藏傳佛教，都衍生出不同的內容。但我們不能認定，只要是從中國、從西藏另外延伸出來的，就一定比較有價值。看待歷史時，最好別急著評價，先弄清楚事實比較重要。

具備了對於原始佛教的基本認識，我們才能夠較清晰地掌握佛教在中國的變化，也才能進一步認識佛教在其中扮演著重要角色的中國中古歷史。

國家圖書館出版品預行編目（CIP）資料

不一樣的中國史. 5：從清議到清談，門第至上的時代-東漢、魏晉 / 楊照作. -- 初版. -- 臺北市：遠流, 2020.08
面； 公分.
ISBN 978-957-32-8844-2(平裝)

1.中國史

610　　109009864

不一樣的中國史 ⑤
從清議到清談，門第至上的時代——東漢、魏晉

作者 / 楊照

副總編輯 / 鄭祥琳
副主編 / 陳懿文
特約編輯 / 陳錦輝
封面、內頁設計 / 謝佳穎
排版 / 連紫吟、曹任華
行銷企劃 / 舒意雯
出版一部總編輯暨總監 / 王明雪

發行人 / 王榮文
出版發行 / 遠流出版事業股份有限公司
地址 / 臺北市南昌路2段81號6樓
電話 / (02)2392-6899 傳眞 / (02)2392-6658 郵撥 / 0189456-1
著作權顧問 / 蕭雄淋律師

2020年8月1日 初版一刷
定價 / 新臺幣380元 (缺頁或破損的書，請寄回更換)

ISBN 978-957-32-8844-2

遠流博識網
http://www.ylib.com
E-mail: ylib@ylib.com
遠流粉絲團 https://www.facebook.com/ylibfans